KB115128

한 조선인 가미카제 대원의 영혼을 귀향시키기 위한

어느 일본인 여배우의 지극한 마음의 기록

그래도 나는 포기하지 않는다

한 조선인 가미카제 대원의 영혼을 귀향시키기 위한

어느 일본인 여배우의 지극한 마음의 기록

그래도 나는 포기하지 않는다

구로다 후쿠미(黑田福美) 지음

조양욱 옮김

타임라인

새로운 출발을 위하여

이 책은 내가 한국에 '귀향기원비歸鄕祈願碑'라는 석비를 건립한 뒤 현재에 이르기까지의 경위를 엮은 것입니다. 지금으로부터 27년 전인 1991년, 기이한 꿈을 꾸고 나서 태평양전쟁 당시 많은 조선인 이 일본군 병사兵士·군속軍屬으로 희생되었다는 사실을 알게 되었 습니다. 그래서 어떻게든 그들을 위령하는 석비를 그들의 고국에다 세우자면서 동분서주한 경위를 적은 것입니다.

여기에 쓴 것은 당연히 모두 '실화實話'입니다. 저자인 나의 시점 視點에서 그려진 것은 부정할 수 없습니다만, 가능한 한 객관적으로 있는 그대로를 적어서 남기자는 취지에서 집필했습니다.

그동안 생겨난 일련의 사건 가운데에는 과거사 문제가 내포되어 있습니다. 그로 인해 지금도 우리 앞에 엄연히 가로막혀 있는 '한국과 일본의 벽壁'이 무엇인가를 부각시켜 준다고 생각합니다. 그리고 당연한 일이로되, 이제부터 이 책을 읽을 독자 여러분은 이 석비 건립에 관계되는 등장인물에 대해 다양한 감상을 갖고 평가하게 되겠지요.

개중에는 나를 포함한 등장인물들에 비판적이거나, 또 혹은 애당초 석비 건립 자체에 비판적인 시각을 가진 경우도 있을지 모르겠습니다. 그렇게 생각하니 어떤 식으로 글을 써야 할까, 표현에 관해서는 신중하지 않으면 안 된다고 다짐했습니다. 이 일련의 일들을 써서 기록으로 남기는 것이 누군가에게 상처를 주어서는 안 되기 때문입니다. 가령 석비 건립을 방해한 인물이더라도, 그 사람의 처지나 생각도 존중해야 한다고 봅니다.

이 책은 결코 누군가를 비난하는 게 아닙니다. 그러나 실제로 일어난 일은, 쓰기가 주저되더라도 망설임 없이 써야 한다고 믿었습니다. 너무 배려한 나머지 사실을 피해 나가다가는, 아무래도 아귀가 맞지 않는 부분이 생겨나기 마련이기 때문입니다.

실제로 이렇게 돌이켜보니 결국 인간의 질척질척한 '욕심'이 뒤섞이고, 거기에 우롱당한 부분이 있었던 것으로 여겨집니다. 겉으로만 번지르르하게는 도저히 매듭이 지어지지 않습니다. 사실을 분명하게 기록하는 것이 아니라면, 이 책을 쓸 의미도 없다고 생각합니다.

이 책에서는 인물 이름, 날짜, 금전의 과다 등을 유별나게 상세히 적었습니다. 그것은 그 내용이 사실과 기록에 기반을 두고 있다는 점, 석비 건립 자금이 자기 자금과 독지가의 기부 이외에는 없었다는 점을 명시하기 위해서입니다.

그런 가운데 어느 인물에 한해서는 실명이 아닌 가명으로 처리하는 등의 배려를 해야 하지 않을까 고민했습니다. 그렇지만 석비 건립과 연관된 일련의 사실은 이미 한일 두 나라에서 크게 보도되어, 잠깐 검색만 해보아도 금방 알아낼 수 있습니다.

게다가 가명으로 하면 사실상 혼란을 초래할 염려가 있었습니다. 가명으로 하는 게 그 인물을 부정하는 것처럼 여겨져, 도리어 실례를 저지르게 되리라 판단했습니다. 그렇기는 해도 여러모로 고민한 끝에, 몇몇 주요 인물들은 결국 영문 이니셜로 대신하기로 했습니다.

솔직하게 말씀드리자면 이런 글을 적는 것은, 내가 맛본 신산辛酸과 상처를 재확인하는 것 같은 작업이기도 합니다. 또한 내 상처나 남의 상처를 다시금 드러내는 듯한 고통스러운 일이기도 했습니다만, 용기를 내어 펜을 들기에 이르렀습니다.

석비 건립은 '과거사와 거기에 이어지는 현재'가, 연관된 사람들의 행동이나 사고방식 속에 투영되어 있다고 봅니다. 석비 건립을 위해 동분서주하면서 항상 내 머릿속에 있었던 것은, 특공기지가 자리했던 가고시마(鹿兒島) 현 지란(知覽)에서 '특공의 어머니'로 불린 도리하마 도메(鳥濱卜メ) 씨였습니다.

출격하는 특공 병사를 온갖 정애情愛를 다하여 보내고, 전쟁이 끝난 뒤에는 산화한 젊은이들을 그리며 스스로 변변치 않은 목비木碑를 세워 날마다 그들의 명복을 빌었다는 분입니다. 그 옛터에는 평화기념관이 세워지고, 지금은 목비가 아니라 훌륭한 관음당觀音堂이 건립되었습니다. 여기서는 해마다 특공 위령제가 열리고 있습니다.

그리고 도메 씨의 심정은 수많은 일본인들에게 감명과 공감을 던져주고 있답니다.

본시 위령이나 추도는 조용히 치러야 합니다. 떠들썩하게 세상의 이목을 끌어들여, 이렇게 책으로 만드는 것이 과연 옳은지 고민이 없지도 않았습니다. 나 역시 이제는 도메 씨처럼 담담하게 위령을 이어가자는 경지에 도달했습니다.

하지만 역시 '그 꿈'을 떠올리면, 죽어서 더욱 더 "일본 이름이 아니라 조선인으로서 죽고 싶었다"면서 아무 인연이나 연고도 없는 내 꿈에까지 나타나 한탄하던 청년을 생각하면, 누군가가 그의 바람을 전해 주어야 한다고 믿었습니다. 아마도 '그렇게 하는 것이 내 사명이 아닐까?' 하는 느낌이 들어, 용기를 갖고 펜을 들었습니다.

기이한 꿈에 이끌려 무슨 수를 쓰든 위령비를 건립해야겠다고 작정한 경위, 그리고 건립을 이뤄낸 뒤 석비가 무참히 부서져 간 그 전말. 그런 과정에서 어떤 사람들의 도움을 받았고, 또 어떤 사람들의 의도에 의해 우롱당하여 '지금'에 이르렀을까?

이번 일에 관여하신 여러분에게 경의의 마음을 간직하면서, 온 힘을 다하여 있는 그대로 썼습니다.

2018년 8월 15일이 다가오는 여름날
구로다 후쿠미(黑田福美)

차 례

한국어판 서문　　새로운 출발을 위하여　　　　　　04 ~ 07

프롤로그_반일反日의 표적이 된 위령비　　13 ~ 20

조선인 병사를 떠올린다 / 이런 꿈을 꾸었다 / 묘한 꿈은 이어지고 있었다 /
왜 '자위대'라고 했을까?

**01_두 개의 이름, 미쓰야마 후미히로(光山文博)와
탁경현卓庚鉉**　　　　　　　　　　　21 ~ 48

'혐한嫌韓'이라는 단어가 등장하고… / 처음 찾아간 야스쿠니신사(靖國神
社) / '그 꿈'을 신문에 발표하다 / 일명 미쓰야마 후미히로, 탁경현은 누구
인가? / '특공의 어머니' 도리하마 도메를 다룬 텔레비전 프로그램 / 부산
으로, 친척들과의 대면 / 예전에 있었던 '탁경현 현창비顯彰碑' 건립 움직
임 / 탁경현의 고향을 찾아가자!

02_지란, 오키나와에 세워졌던 조선인 특공병 위령비

49 ~ 74

아카바 레이꼬(赤羽礼子) 씨와의 대화① ― 꿈속의 청년 / 아카바 레이꼬 씨와의 대화② - 청년의 참모습 / 아카바 레이꼬 씨와의 대화③ - 청년의 최후 / 위령제와 '나데시코대隊' / 나만이 아니었던 '꿈' 이야기 / 해마다 열리는 지란 특공기지 전몰자 위령제 / 소녀들의 환영幻影 / 오키나와로① - 첫 번째 목적, 평화의 초석 / 오키나와로② - 두 번째 목적, 하얀 산호 조각

03_한국에서 만난 탁씨 일족의 수수께끼

75 ~ 92

서울에서 살다① ― 『서울의 달인』 최신판 / 서울에서 살다② ― H선생과의 만남 / 서울에서 살다③ ― 피부로 느끼는 한국 / 서울에서 사는 탁씨의 본가本家 사람 / 탁성룡 씨와의 대면 / 석비 건립 장소를 발견?

04_학적부에서 발견한 또 하나의 이름 '다카다 현수(高田賢守)'

93 ~ 106

2천만 원의 땅값!? / 리쓰메이칸 중학 시절, 제3의 이름 / 교토 약학전문학교 시절, 조기 졸업 / 쓰야마 일가가 살던 교토를 거닐다 / 마음에 스미는 메일

05_석비 비문을 에워싼 갈등   107 ~ 126

부지敷地를 구하느라 벌인 행각 / '친일파'로 여겨지지 않도록 / 손자에게 이어진 레이꼬 씨의 꿈 / 제공받은 조그만 부지를 앞에 두고 / 꼬리를 물고 생겨나는 석비의 과제 / 장부 대신 은행 계좌를 개설 / 일본에서의 평가

06_이야기가 거대해져 가는 한국판 '평화의 초석'
         127 ~ 156

'귀향기념비' 투어를 결정 / 사천시장의 등장 / 한국 미디어의 호의적인 보도 / 석비 디자인은 권위 있는 조각가의 손에 / 지란과 사천의 불가사의한 인연 / 팸플릿 준비도 완료 / 석비에 관심을 기울여 준 군인 출신 한국인들 / H선생의 허풍 / 「평화의 초석 건립 시안」이란?

07_'한일 우호의 가교'에 떠돌기 시작하는 먹구름
         157 ~ 180

2백 평에서 3천 평, 그리고… / 비판의 목소리 / 팸플릿 배포 중지 / 단 세 글자 '위해서'로 인해 / 꽁무니를 빼는 한국관광공사 / 석비의 운명은 어떻게? / 수수께끼 같은 토목업자의 교란攪亂 / 격앙된 K교수와의 대결

08_반일 단체의 함성으로 저지된 제막식

181 ~ 218

최악의 각오를 한 제막식 전야 / 백지철회를 선언한 당국 / '반일' 딱지 붙이기의 위력 / 참석을 고사한 한국의 대학 교수 / 반대파와의 대치, 진보연대와 광복회 / 임시 모면의 사정 설명회 / "즉각 돌아가라!" / 우리만의 제막식 / '반일'은 '비단 깃발'? / 설마 했던 철거 / 시민 부재不在의 '시민 감정' / 천시내의 절에 드러누운 석비 / '반일'이라는 울타리 안의 슬픔을 보다

09_철거된 석비를 재건할 땅을 찾아서

219 ~ 238

10엔짜리 동전 크기의 탈모를 발견? / 불구덩이 속의 밤을 주워준 법륜사法輪寺의 자애 / 사천시에 대한 마지막 주장 / 진심을 담아 새로운 비문을 썼다 / 엄숙하게 거행된 의식과 함께 재건이 이뤄지다 / H선생에 대한 불신이 높아지다 / 뜻밖의 선물

10_광복회 관계자를 상대로 흘린 뜨거운 눈물

239 ~ 256

씨알도 먹혀들지 않는 광복회 간부 / 빈손으로 발걸음 돌린 광복회 본부 방문 / 한층 두드러지지 않는 곳으로 / 또 다시 넘어진 석비 사욕私慾을 넘어서 / 번져가는 공감의 테두리 / 언젠가 석비가 세워질 그날까지

에필로그_'진실을 말해줄 사람'이 없어지기 전에

257 ~ 280

미래를 향한 생각① / 미래를 향한 생각② / '진실을 이야기하는 사람이 없어진다!'는 안타까움의 수기 / 우 옹과 귀향기원비 / 어느 조선인 병사의 유족과 야스쿠니신사

개정판 후일담_법륜사와 더불어 걸어가련다

281 ~ 291

사천으로부터 10년째의 법요 / '전통 사찰' 지정이라는 반가운 소식 / 손님으로 온 공군 병사들

후기

지혜와 용기로 한일의 상극을 넘어서고 싶다 292 ~ 296

해설

구로다 후쿠미는 왜 배신당했나? / 구로다 가쓰히로(黑田勝弘)

297 ~ 304

반일反日의 표적이 된 위령비

조선인 병사를 떠올린다 /

이런 꿈을 꾸었다 /

묘한 꿈은 이어지고 있었다 /

왜 '자위대'라고 했을까?

조선인 병사를 떠올린다

태평양전쟁 당시 '일본병日本兵'으로 죽은 조선인 병사·군속은 22,182명. 그 수는 호적 등으로 추적이 가능했던 분들이고, 실제로는 더 많은 조선의 여러분이 일본인으로 남방南方의 여러 나라와 오키나와(沖繩), 사할린 등지에서 타계했으리라 여겨진다.

일본인은 전쟁이 끝난 여름이 가까워질 때마다 일본의 평화와 발전을 바라며, 죽어간 영령들을 회고하고 그 뜻을 칭송하며, 수많은 비극을 돌이켜보면서 항구恒久 평화를 기원한다.

그렇지만 우리의 기억 속에, '일본인으로 사라져 간 조선의 여러분'에 대한 감사와 애도의 마음은 과연 얼마만큼이나 있을까?

한국과 일본 사이에서 오랜 세월 우호를 바라면서도 두 나라의 상극相剋을 응시해 온 나는, 어떤 일을 계기로 '그들'의 존재에 깊숙이 빠져들게 되었다. 그리고 그 위령이랄까, 고향으로의 귀환을 이루겠노라며 한국에 위령비를 건립하기로 마음먹었다.

그것이 스스로 비명碑銘을 새긴 '귀향기념비'이다. 바로 그들 혼령의 '귀향을 기원'한다는 뜻을 담은 비석이었다. 그러나 유감스럽게도 그런 바람은 지금도 이루어지지 않은 채 남아 있다.

나는 한국과 일본 두 나라의 틈바구니에서 두 나라 양쪽에서 다 잊혀 간 그들의 명복을 누군가가 빌고 애도하지 않으면 안 된다는 일념이었다.

정치도 민족도 종교도 뛰어넘어, 모든 조선인 전쟁 희생자를 애도하는 비석으로서 건립했다. 그런 관점에서 '특공병의 위령비'라는 레테르가 붙여져, 한국의 일부 반일 단체로부터 반일과 군국주의 예찬의 상징이기라도 한 듯 비난을 받았다. 반일 세력으로서야 '일본인이 세운 조선인 희생자를 추모하는 비'로서는 낭패였으리라.

어쨌거나 이 작업은 내가 온몸을 던져 매달리는 일이다. 아직 도중에 멈추어 있기는 하지만, 내가 이 세상에서 삶을 얻은 사명이야말로 이 석비 건립에 있다고 믿는다.

그렇다면 어째서 '조선인 전몰자 모두를 애도하는 비'가 '특공병 위령비'로 왜소화된 것일까? 그것은 이 석비 건립의 원점이 기이한 일에서 출발했기 때문이다.

꿈…. '수면睡眠의 과학'은 여전히 연구가 진행 중이라고 한다. 하지만 '꿈에는 아무런 의미가 없다'는 것이 지금으로서는 정설인 모양이다.

'꿈'은 깨어 있을 때 본 영상을 잠잘 때 대뇌大腦가 정리하는 단계에서 나타나는 별 의미 없는 화상畫像에 지나지 않는다고 한다. 낮에 본 화상의 단편斷片을 대뇌가 잠자는 동안 정리하는 과정에서 나타나는 영상의 나열, 그런 것들이 우연히 만들어내는 단편적인 풍경, 그것을 꿈이라고 한단다.

가령 아무리 또렷하고 줄거리가 갖추어져 있더라도 사실은 뇌의 정리 단계에서 생겨나는 우연의 산물로, 의미 따위는 전혀 없다고 뇌 과학자들은 주장한다. 그렇다면 '그것'은 도대체 무엇이었을까?

지난 26년, '그 꿈'을 완결시키느라 온 힘을 다 쏟아왔다. 그리고 아마 내 생애에서 가장 중요한 일일지 모를 이 일은 모두가 '그 꿈'에서 시작되었으니….

이런 꿈을 꾸었다

1991년 7월 말, 나는 투숙했던 어느 호텔에서 이상한 꿈을 꾸었다. 이런 꿈이었다.

남쪽의 섬으로 여겨지는 아무도 없는 바닷가에 나 홀로 쪼그리고 있다. 하늘은 흡사 터쿼이즈(터키석)처럼 투명감이 느껴지지 않는 해맑은 푸른색이다. 수심이 얕은 긴 해안선에는 잔잔한 물결이 일었고, 레이스를 닮은 하얗고 조그만 파도가 이따금 해변으로 밀려들었다.

멀찌감치 맹그로브(紅樹林, mangrove)와 같은 짙은 숲이 보이고, 조그만 널다리(板橋)가 걸려 있다. 거기가 뭍에서 흘러내리는 샛강의 어귀쯤이리라. 다소 낙차落差가 있는 듯 물거품이 튀어 오른다. 그

물가를 검은담비 같은 조그만 동물이 가로질러 가는 것이 보였다.

고개를 들자 건너편에서 한 청년이 가만히 내 쪽으로 다가왔다. 반팔의 노타이 셔츠에다 바지 차림, 햇볕에 그을린 것이 아니라 원래 구릿빛이었던 것으로 여겨지는 건강한 피부색에다 하얀 이빨이 도드라졌다. 그는 따갑게 내려쬐는 햇살을 등 뒤로 한 채 붙임성 있는 미소를 지으면서 다가오더니 내 앞에서 멈춰 섰다.

청년은 내가 올려다보아야 할 만큼 키가 컸다. 나이는 스물 일고여덟 가량으로 여겨졌다. 그가 쾌활하게 웃으면서 나에게 말을 걸었다.

"저는 말이죠, 여기서 죽었답니다. 자위대 조종사였지요. 천황 폐하를 위해 목숨을 바친 것이 억울하지는 않지만 말이죠, 단 한 가지 아쉬운 게 있습니다. 그건 나는 조선 사람인데 일본 사람으로, '일본 이름'인 채 죽었다는 사실이랍니다."

그는 스스럼없이 미소를 지으며 그렇게 말했다.

여기서 나는 잠에서 깨어났다. 무척 또렷한 꿈을 꾼 것이다.

나는 나도 모르게 자리에서 일어나 '대관절 지금 꾼 꿈이 무얼까?' 하고 한동안 생각에 잠겼다. 어딘지 묘하게 끌리는 사람을 만난 듯한, 따뜻한 느낌이 가슴에 남아 있었다. 그렇지만 이내 '그냥 꿈이지 뭐' 하는 마음에 깊이 생각하지 않고 다시 누워 잠을 청했다.

묘한 꿈은 이어지고 있었다

그러자 이번에는 내가 다시 꿈속에서 나왔다. 케케묵은 편지가 가득 담긴 골판지 상자를 앞에 놓고, 쓸모없는 것은 내버리자면서 골라내고 있는 것 같았다.

나는 그 속에서 개봉되지 않은 한 통의 편지를 발견했다. 몹시 오래 된 것인 듯 전체적으로 누렇게 변했고, 네 모서리는 더욱 짙게 변색되어 있었다. 겉봉에는 그냥 '구로다 후쿠미 님'이라고만 가로 글씨로 적어 놓았고, 보내는 사람의 이름은 없었다.

이게 무얼까 하고 괴이쩍게 여기면서도, 나는 단단히 봉인된 봉투를 망설이지 않고 뜯었다.

안에서 두 겹으로 접힌 한 장의 편지지가 나왔다. 펼쳐 보니 가로로 적힌 딱 두 줄의 글이 눈에 들어왔다. 첫 번째 줄은 나에 대한 인사로, 별 다른 뜻이 없었던 탓인지 어떤 문장이었는지 기억나지 않는다. 두 번째 줄에는 이렇게 적혀 있었다.

'나는 성복誠服이었습니다.'

여기서 다시 잠에서 깨어났다. '성복이 무얼까?' 하고 생각에 잠겼다. 단지 어찌 된 영문인지 나로서는 앞서 꾼 꿈속의 청년이 나에게 보낸 메시지로 여겨졌다.

"갈피를 잡기 어렵긴 하나, 여하튼 주어진 임무에 '성실하게 복종했다'는 것을 나에게 전해 온 모양이다."

어째서 그런 생각이 들었는지는 잘 모르겠지만, 여하튼 나로서는 그렇게 받아들일 수 있었다.

'성복'이라는 일본어가 과연 실제로 있는지 어떤지는 알 수 없다. 사전을 찾아봐도 실려 있지 않았다. 하지만 그때는 아무 거리낌 없이 그 단어를 받아들였다.

그리고 나는 깊이 고민하지 않고 '어쩐지 묘한 꿈만 꾸는 밤이로군' 중얼거리고 나서는 다시 눈을 감았다. 날이 새려면 아직 한참 멀었다.

왜 '자위대'라고 했을까?

이튿날 나는 즉시 그 묘한 꿈 이야기를 친구에게 들려주었다. 아무런 토를 달지 않고 나는 꿈꾼 내용을 그대로 이야기했다.

나로서 가장 위화감이 느껴진 것은 꿈속의 청년이 자신을 '자위대'라고 밝힌 점이었다. 그의 말대로라면 전쟁 때 전사한 셈일 터였다. 그러나 자위대는 패전 뒤인 1954년에 창설되었으므로 '자위대 조종사'로는 시기적으로 도저히 맞아떨어지지 않는다.

그러자 친구는 그 대목을 이렇게 풀이했다.

"그게 말이지, 진짜는 '자위대'가 아니라 '특공대'였지 않아?"

과연 그럴 성싶었다. 만약 그렇다면 딱 맞아떨어진다.

한반도는 1910년 일본에 합병되었다. 당초 조선인은 일본군 병사가 될 수 없었다. 다만 육군에서 군속軍屬(군인 이외로 군에 속하는 사람)인 '헌병(군 경찰) 보조원'으로 많은 조선인이 합병 이후 채용되었다.

태평양전쟁이 시작된 것은 1941년이었다. 조선인이 일본군 병사가 되는 것은 1938년의 '육군 특별 지원병 제도', 1943년의 '해군 특별 지원병 제도'가 생긴 다음부터였다.

각자 지원한 다음에 사관학교를 졸업하면 일본군 병사가 될 수 있었다. 덧붙이자면 일본과 마찬가지로 징병제도가 조선에서 시행된 것은, 전황戰況이 급박하게 돌아가던 패전 직전의 1944년부터였다.

태평양전쟁 당시 일본 군인으로 전사한 조선인은 6,178명, 군속은 16,004명, 합쳐서 22,182명의 조선인이 일본 '군인·군속'으로 세상을 떠났다.

이 같은 역사적 사실을 감안하자면 꿈에 나타난 청년은 일본 군인으로 전사한 조선인일 가능성이 있었다. 나아가 그들 가운데 조선인 특공병이라는 존재가 있었다는 것일까?

만약 그가 특공대원이었다고 한다면, 그는 어째서 '특공대'라고 해야 할 것을 '자위대'라는 말로 바꿨던 것일까?

남쪽 섬의 아름다운 풍경 속에서, 눈부신 태양 아래에서, 실로 쾌활하게 미소까지 머금은 채 나에게 말을 걸어온 것은, 어쩌면 자신이 사자死者라는 사실을 밝힘으로써 내가 두려워하지 않도록 배려한 것인지 모른다는 생각이 들었다.

'자위대'인가 '특공대'인가, 꿈속의 인물이 어떤 표현을 썼든 결국 내 기억 속의 일이다. 따라서 이런 사소한 것을 놓고 이러쿵저러쿵 장황하게 해석할 필요조차 없을지 모른다.

그가 '자위대 조종사'가 아니라 '특공대 조종사'라고 밝혔다고 한들 어차피 내 꿈속의 이야기다. 남이 알 턱이 없다. 그렇긴 하지만 그 꿈이 풍경에서부터 말 한 마디의 세세한 부분까지 너무도 선명했던지라, 아퀴를 맞추려 일부러 이야기를 지어낼 수야 없는 노릇이다.

그토록 또렷한 꿈이었던 것이다.

1

두 개의 이름, 미쓰야마 후미히로 (光山文博)와 탁경현卓庚鉉

'혐한嫌韓' 이라는 단어가 등장하고… /

처음 찾아간 야스쿠니신사(靖國神社) / '그 꿈'을 신문에 발표하다 /

일명 미쓰야마 후미히로, 탁경현은 누구인가? /

'특공의 어머니' 도리하마 도메를 다룬 텔레비전 프로그램 /

부산으로, 친척들과의 대면 /

예전에 있었던 '탁경현 현창비顯彰碑' 건립 움직임 /

탁경현의 고향을 찾아가자!

'혐한嫌韓'이라는 단어가 등장하고…

여기서 내가 한국과 이어진 경위를 간단히 소개해 두기로 하자.

첫 한국 방문은 1984년이었다. 나는 다소 엉뚱한 계기로, 일본에서 사는 재일 한국인이나 남북한에 대한 차별의식에 강한 반발과 의문을 품게 되었다. 당시에는 거의 모든 매스컴에서 한반도에 관한 보도 자체가 '다룰 수 없는 테마'였다.

이 책의 주제에서 크게 벗어나므로 이야기를 자르겠지만, 1980년대 당시의 일본에서는 정치와 경제를 제외하고는 매스컴이 외면함으로써 한반도에 관한 정보, 특히 사람들의 생생한 생활상이나 문화 현상 등이 일본으로 전해지지 않았다. 그로 인해 이웃나라에 대해 무지한 상태가 이어지고 있었다.

무지야말로 '차별의식을 온존溫存시키는 원인遠因'이라고 판단한 나는 좀 더 폭넓은 한국 보도의 필요성을 절실하게 느꼈다. 그래서 조금이나마 보도에 간여하고 싶다는 뜻을 굳혀 갔다.

그렇긴 하나 나 역시 한국에 대한 지식이 전혀 없었던지라 우선 스스로를 '인재人材'로 키울 필요가 있었다. 그래서 라디오 강좌를 통해 한국어를 배우고, 한국 방문을 거듭하면서 먼저 나 자신부터 무지에서 벗어나야겠다고 다짐하기에 이르렀다.

그런 식으로 수시로 한국을 찾아가는 사이에 '여행, 사람과 사람이 만나는 일'이 얼마나 서로를 이해하는 데 중요한지를 실감했다. 이후 오늘에 이르기까지 가이드북을 만들거나, 단체여행을 기획하거나 하면서 여행을 통한 교감을 소중하게 여기고 있다.

그런 나에게 있어서 '이 꿈을 꾼 1991년'이 어떤 해였던가 하면, 우선 서울올림픽이 끝나 '혐한'이라는 말이 처음으로 일본 사회에 선보인 시기였다.

독자 여러분으로서는 요즈음 들어 과열하는 '위안부 문제'나 '역사 문제'를 에워싸고 소위 혐한 서적이 범람하게 됨으로 해서, '혐한'이라는 단어를 최근의 유행어처럼 받아들일지 모르겠다.

그렇지만 30여 년에 걸쳐 한국을 바라보아 온 나로서는, 서울올림픽을 정점으로 한 1986년부터 1988년까지 무렵이 일본에서의 첫 '한류韓流'였던 것으로 기억된다.

그때까지 매스컴 스스로 규제해 온 한국 보도가 이웃나라에서의 올림픽 개최를 계기로 단숨에 둑이 터졌다. 한국을 테마로 한 프로그램이 하루에도 두어 개씩 방송되는 일이 드물지 않았다.

나는 이것을 '제1차 한류'로 본다. 한국 보도는 우후죽순처럼 늘어났다. 그 무렵 나는 '여배우인데도 한국통'이라는 불가사의한 존재로 떠받들려져 리포터 등으로 활약할 기회가 한층 늘어났다.

그러나 엄청나게 불어났던 한국 보도도 올림픽 종료와 더불어 급격히 줄어들었다. 흔들리는 추시계가 자연스레 반대쪽으로도 가듯이, 넘쳐난 한국 보도에 사람들은 식상해 갔다. 하필 그럴 무렵 등장한 것이 '혐한 무드'였다.

이때의 혐한은 지금처럼 명확한 팩트가 있었던 게 아니다. 그저 한국 보도의 과잉으로 지치고 만 것이었다. 질렸다고 할까. 따라서 혐한이 아니라 '혐한 무드'라는 표현이 종종 쓰였던 것이리라.

한때는 배우 활동을 중단하고 한국 보도에 매진하던 나 또한 본업으로 돌아가, '다음 한 수'를 궁리하고 있었다. 그것이 그 꿈을 꾼 1991년이었다.

한국에 대한 침체 무드가 번진 일본 사회에서 나는 무엇을 새롭게 내놓아야 할지 만지작거리고 있었다. 형해화形骸化된 한국 가이드북의 문제점을 알아차리기 시작했다. 나중에 '진짜로 서울을 아는 사람이 쓴 서울 가이드북이 필요하지 않을까?' 하는 데 생각이 미친 결과, 1994년에 『서울의 달인達人』이라고 하는 새로운 형식의 가이드북을 제작하기에 이르렀다.

다시 말해 1991년이라는 해는, 한국에 대한 관심을 잃어버리고 만 일본에 다음의 기폭제가 무엇일까를 모색하면서 '여행'이라는 콘셉트가 내 머릿속을 스쳐가기 시작한 시기였다.

그런 나에게 한일 간의 역사문제, 더구나 '조선인 특공병'이라고 하는 최고로 어려운 문제가 시야에 들어올 여지는 절대로 없었다. 아니, 없어야 했는데….

평소 이런 화제에 관심을 가졌거나 지식이 있었던 것도 아니다.

오히려 무지했다.

게다가 유령이나 UFO와도 전혀 인연이 없었다. '수면 마비痲痹'
따위 한 번쯤 체험해 보고 싶다고 여길 만큼 심령 세계와도 연이 닿
지 않는다. 하물며 결코 영감靈感 체질이 아니다. 그렇게 리얼리스트
인 나에게 어째서 이런 일이 생긴 것일까?

단지 그 꿈이 예사롭지 않다는 사실은 분명히 느꼈다. 꿈이라기보
다 나로서는 이미 '사실'처럼 여겨졌다. 오히려 그 꿈을 캐나가다 보
면, 반드시 어떤 사실을 찾아내게 되지 않을까 싶었다.

처음 찾아간 야스쿠니신사(靖國神社)

그로부터 한동안 나는 진지하게 그 청년이 다시 꿈속에 나타나 주
지 않을까 하고 기다렸다. 더 자세한 이야기를 듣고 싶었으며, 대관
절 내가 무엇을 해주기 바라는지 물어보고 싶었다.

하지만 유감스럽게도 그는 두 번 다시 내 꿈에 나타나 주지 않았
다. 오직 "조선 사람이면서 일본 이름으로 죽은 것이 아쉽다"는 한
마디가 내 가슴에 비수처럼 꽂혀 있었다. 1939년의 창씨개명으로 그
사람 역시 조선 이름에서 일본식 이름으로 고쳤던 것일까. 그렇다면
군인이 되어 전사한 다음에는 일본인으로서, 일본 이름으로 야스쿠
니신사에 모셔졌으리라.

설령 그가 스스로 지원하여 일본 군인으로 전사했다손 치더라도
'죽고 나니 역시 일본 이름이 아닌 조선 이름으로 죽고 싶었다'고, 저
세상에서 절절하게 애통해했을지 모른다.

나는 다시 한번 그를 만나 '그 기분, 분명히 알아들었어요!'라고

전해 주고 싶었다. 그럼에도 아무리 기다려도 그가 나타나지 않는다. 도대체 어찌 된 것일까 하고 초조해하다가 '그래, 그렇지! 추석에 야스쿠니신사로 가보자'는 데 생각이 미쳤다.

추석은 음력 8월 15일, 일본에서 말하는 '오봉(お盆)'과 비슷하다. 저 세상에서 혼령이 친족을 찾아오는 날이다. 한국에서는 이 날 돌아가신 조상을 공양하느라 호화로운 제사상을 마련한다. 친족들이 모두 모여 찾아온 혼령을 맛있는 음식으로 충분히 모시는 의미의 의식 儀式이 치러진다.

만약 그를 만날 수 있다면 그게 추석일지 모른다. 나는 그 해 음력 8월 15일이 양력 9월 21일이라는 사실을 확인한 뒤, 그 날이 오기를 기다렸다.

그런데 하필 그 날은 종일 촬영이 있어서 몸을 뺄 수 없었다. 그러나 다시 조사해 보니 진짜로 보름달이 되는 것은 오히려 22일이라는 사실을 알게 되었다. 나는 스스로 위안으로 삼으며 22일 야스쿠니신사에 가보기로 했다.

22일에도 긴자(銀座)에서 로케가 있었다. 하지만 오전 11시에 끝이 났던지라 당시 소니 빌딩 뒤쪽에 있던 조그만 꽃집으로 갔다.

자, 과연 어떤 꽃을 골라야 할지 망설여졌다. 한국에서도 장례에서는 국화를 장식하는데, 당시 나는 한국의 풍습을 몰랐다. 또 '일본을 상징하는 것 같은 국화는 싫어할지 모르지…' 하는 짐작으로 다른 꽃으로 눈길을 돌렸다. 지금은 드물지 않으나 당시로서는 그다지 눈에 띄지 않는 하얀 코스모스가 하늘거리는 것을 보고 마음을 정했다. 코스모스는 한국인들이 애처로움을 간직한 꽃이었기 때문이다.

꽃가게 점원에게 "하얀 리본을 달아 주세요" 하고 부탁하자, 다소 놀란 듯이 "그건 슬픈 경우에 택하는 색깔인데요…" 하고 머뭇거렸다.

"예, 그렇고말고요" 하고 대꾸해 주었다. 나는 꽃다발을 손에 들고 택시에 올라 야스쿠니신사로 향했다. 신사는 황궁을 왼편으로 바라보면서 계속 그 주위를 돌아가게 된다.

그는 "천황 폐하를 위해 죽은 게 억울하지는 않다"고 말했다. 황궁의 울창한 숲을 응시하면서 그 역시 내 눈을 통해 이 경치를 바라보고 있을까 궁금했다.

9월도 절반가량 지났음에도 그 날은 아주 맑고, 한여름처럼 더웠다. 택시에서 내리자 매미 소리가 일제히 나를 향해 쏟아져 내렸다.

경내境內에는 처음 들어가 보는지라 본전 이외에 어떤 건물과 전시물이 있는지 도통 몰랐다. 나는 하나의 석비石碑를 목표로 했다.

예전에 '경내에 조선과 관련이 있는 석비가 있는 모양이다'는 이야기를 설핏 들은 기억이 났다. 그게 필경 '조선인 병사의 위령비에 틀림없다'고 지레짐작하고 있었다. 실제로 그 석비는 나중에 일본에서 한국·북한으로 반환하게 되는 북관대첩비北關大捷碑였다. 러일전쟁 후 함경도에서 일본으로 가져간 문화재이다.

여하튼 나는 무턱대고 그 석비를 겨냥했다. 그렇지만 아무리 해도 그런 석비는 어디에서고 눈에 띄지 않았다. 지나가는 신사 직원을 붙들고 물었지만 "글쎄요, 모르겠는데요" 하는 대답만 돌아왔다. 그러더니 그 직원이 사무소에서 확인한 뒤 "아마 이쪽인 것 같습니다"며 안내해 주었다. 그것은 보기에도 무참한 석비였다.

현재의 야스쿠니신사는 개축되어 당시와는 건물이나 전시물 배치가 크게 달라져 버렸다. 하지만 당시 있었던 '백구白鳩회관'이라는 건물과, 전시되어 있던 기관차의 틈바구니, 철망이 둘러쳐진 비둘기

집 뒤편 잡초가 무성한 곳에 땅바닥을 기듯이 들어간 곳에 그 석비가 있었다.

햇볕도 들지 않고 바람도 잘 통하지 않으며, 건물과 담, 기관차와 비둘기집으로 사방이 막힌 음침한 한쪽 구석에 그 석비는 처연하게 서 있었다.

필시 덮어서 감춘 것이리라. 석비 아래쪽에는 비닐 시트와 노끈으로 둘러쳐 묶어 놓았으나, 그것 역시 아주 오랜 기간 방치해 둔 듯 흙탕으로 더럽혀져 있었다. 보기에도 안쓰러운 그 자태는 그야말로 유감스럽기 짝이 없었다.

나는 가져간 하얀 코스모스 꽃다발을 살짝 내려놓고 두 손을 모았다. 그리고는 진지하게 그 청년이 홀연히 나타나 주기를 기다렸다.

그렇지만 당연한 일이로되, 모기떼가 내 주위를 날아다닐 뿐 아무리 기다려도 누구 하나 나타나지 않았다. 나는 오직 '당신의 기분만은 잘 알았어요!'라고 내심 다짐하면서, 그 자리를 벗어났다.

'그 꿈'을 신문에 발표하다

그로부터 4년이 지난 1995년, 요미우리신문(讀賣新聞) 일요판의 여류 명사 집필 칼럼(여자의 시오리) 집필 의뢰를 받았다. 전후戰後 50년을 맞는 해였다.

석 달 동안 일요일마다 하는 연재니까 합쳐서 13회이다. 쓰고 싶은 것은 여러 가지 있었지만, 전후 반세기의 해였던지라 아무래도 그 꿈 이야기를 써보고 싶어졌다.

그 뒤 나 나름대로 조사를 해본 결과 조선인 병사 가운데 분명히

'특공병'이라는 존재가 있었다는 사실도 확인했다. 그래서 더욱 더 그 꿈에 대한 생각이 강해지고 있기도 했다.

그렇지만 한 번 쓰고 말기에는 분량이 모자랐다. 신문사의 칼럼 담당자에게 이렇게 내 의견을 제시해 보았다.

"첫 3회에 걸쳐서는 꿈 이야기를 쓰면 안 될까요? 물론 연재라고 해도 독자가 반드시 세 번 다 읽을지 어떨지는 알 수 없겠지요. 그러니 세 번의 칼럼을 따로 읽어도 하나의 독립된 글이 되도록 해볼게요."

게다가 나는 원고 마감시간보다 훨씬 빨리 세 꼭지의 칼럼을 다 써서 담당자에게 미리 넘겨주었다. 다행히 담당자가 선선히 받아들여 주어 내 바람은 이루어졌다. 연재 3회째에 나는 이런 투로 글을 마무리 지었다.

'신기하게도 전후 50년인 올해, 마침내 이 이야기를 발표할 기회를 얻게 된 것이 얼마나 불가사의한지 모르겠다. 그리고 나 역시 오랫동안 짊어져 온 짐을 이제야 간신히 내려놓은 듯한 기분이 든다.'

그 다음 이어진 연재 에세이에서는 이 화제에서 벗어나 평소 느낀 일들이나 에피소드를 다루었다.

독자들 반응도 갖가지여서, '이지메'에 언급한 글을 쓴 뒤에는 찬반 양쪽 의견이 맞섰다. 당시는 인터넷 시대인 지금과 달라서 독자 의견도 편지 형식이었다. 따라서 '인터넷을 달구었다'는 정도에는 미치지 않았으나 그래도 내가 제기한 문제의 반응이 즉각, 그리고 직접적으로 되돌아오는 것에 기쁨을 맛볼 수 있었다.

그런 어느 날, 신문사 편집부로부터 연락이 왔다. '야스쿠니신사 홍보실에서 칼럼을 읽었는데, 한 번 꼭 들러주셨으면 한다는 의뢰가 있었다'는 것이다.

신사에도 홍보실이 있는가 하고 고개가 갸웃거려졌다. 그리고 대체 무슨 이야기인지 의아스러웠지만 일단 들러보기로 했다.

마지막 무더위가 기승을 부리던 날이었다. 도로가 꽉 막혀 약속 시간에 늦고 말았다. 그런데도 하얀 기모노의 전통 옷차림을 한 홍보 담당자가 신사 사무소 앞에 서서 내가 도착하길 기다리고 있었다.

나는 먼저 '유슈칸(遊就館)'이라는 건물로 안내를 받았다(개축하기 이전이었으므로 현재의 상황과는 다르다). 한 걸음 안으로 발을 들여 놓는 순간, 나는 숨소리를 죽였다. 1층 입구에 '혜성彗星'이라는 이름 의 함상艦上 폭격기가 전시되어 있었고, 나지막하게 울려 나오는 노 래는 태평양전쟁 당시 군가였던 〈동기同期의 벚꽃〉이었다.

이어서 2층으로 올라갔다. 기기에는 특공대로 산화散華한 병사들 의 약력과 영정, 유품 등이 전시되어 있었다.

"쓰신 칼럼을 읽었을 때, 여기 모셔진 미쓰야마 후미히로 님이 당 신을 부르지 않았을까 하는 생각이 들었습니다. 저희들 잘못으로 지 척에까지 오셨는데도 보여 드리지 못했군요. 바로 이 사진입니다. 꿈에 나타났다는 청년이 바로 이 분이 아닙니까?"

미쓰야마 후미히로노미코토(文博命)

조선 출신, 본명 탁경현
육군 특별 조종 견습사관 1기
다이쇼(大正) 9년 11월5일 생生
쇼와(昭和) 20년 5월11일 몰沒
만 24세
육군 대위

조종사 복장을 갖춰 입은 미쓰야마 후미히로의 사진. 전사 후 대위로 2계급 특진

두 개의 이름, 미쓰야마 후미히로(光山文博)와 탁경현卓庚鉉 | 31

쇼와 20년 5월11일, 특별 공격대 '제51 진무대振武隊'대원으로서 일식一式 전투기 '하야부사(隼, 매)'에 탑승, 지란 기지를 출격, 오키나와 비행장 서쪽 바다 위에서 전사.

유리 케이스 안에는 전투복 차림의 늠름한 청년의 사진이 걸려 있었다. 과연 꿈에 나온 청년이 바로 이 사람이었을까? 나는 한동안 잠자코 유영遺影으로 변한 그 사진을 지그시 바라보았다.

그렇다고 여기면 그런 것 같기도 했다. 또한 그렇지 않다고 여기면 다른 듯한 기분도 들었다. 솔직히 말해 알 수 없었다. 오히려 단 한 번 꿈속에 나타난 청년의 얼굴을 뚜렷하게 구별할 수 있다면 그게 더 이상하지 않을까.

그 자리에서 센티멘털한 감정에 젖고 싶지는 않았다.

"아쉽지만 잘 모르겠군요."

나는 신중하게 그렇게 대답했다. 안내해 준 담당자 역시 다소 낙담한 듯이 비쳤다. 하지만 곧 당연하다는 것처럼 마음을 고쳐먹었는지 다른 대원들에 관해서 차례차례 소개해 주었다.

'○○노미코토 ○○노미코토'

신도神道에서는 타계하면 누구나 신이 되어 이름 다음에 '미코토(命)'를 붙여 부르는 모양이었다. 그 '미코토'라는 단어가 뇌리에 깊이 박혔다.

그러나 미안하게도 담당자의 해설은 하나도 내 귀에 들어오지 않았다. '미쓰야마 후미히로'라는 인물과 이런 모양으로나마 만난 것, 그리고 사안事案의 진위를 가리려는 기분이 마음속에 가득 차 들끓고 있었기 때문이리라.

이를 계기로 나는 커다란 힌트를 얻은 것 같았다. 꿈에 나타난 것이 미쓰야마 후미히로 그 사람이라고 한다면, 그가 이 세상에 분명히 존재했다는 증거로 남기고자 갈망했던 이름은 '탁경현'이었다는 것인가. 그 이름이 내 마음속 깊이 새겨졌다.

요미우리신문의 연재는 계속 이어졌다. 전후 50년이 되는 해에, 연재 열세 꼭지 가운데 첫 3회를 이 같은 '기이한 꿈'을 소재로 함으로써 야스쿠니신사로부터 연락이 와서 찾아가기에 이른 사연을 다시 칼럼으로 쓰고자 했으면 쓸 수도 있었다. 나로서도 그렇게 하고 싶은 충동이 일었다. 하지만 그걸 편집 담당자가 어떻게 생각할까? 나는 신문사에 들러 야스쿠니신사에서 일어난 이야기를 들려준 뒤 솔직한 의견을 구하고자 했다.

그러자 편집 담당자가 한 통의 편지를 나에게 내밀었다. 그것은 한국에서 요미우리신문으로 부쳐져 온 항공우편이었다. 편지를 쓴 사람은 한국의 어느 신문사에서 시사만화를 그리는 만화가라고 했다.

실로 달필達筆의 일본어로 꼼꼼하게 적은 편지였다. 내 연재를 읽은 모양이었다.

서두에 "댁이 여하한 인연으로 한국에 관해 알게 되셨는지는 모르겠습니다만, 이즈음 그 같은 흥미를 가지셨다니 다소 드문 일이로군요"라고 운을 뗐다. 한자 사용법이 아주 멋있었고, 더구나 고풍古風이어서 외경畏敬의 마음이 우러났다. 편지는 이렇게 이어졌다.

"꿈 이야기, 흥미를 자아냈습니다. 그 같은 젊은 한국의 청년들은 찾으려면 얼마든지 발견될 것입니다. 책으로 엮는다면 보은조차 받지 못한 채 혼령으로 떠돌 그들에게는 진혼鎭魂의 위로가 되겠지요. 일본에는 산화한 젊은이를 예찬하는 저술이 많이 나와 있습니다만, 한국 출신 젊은이들에 관한 것은 없습니다."

그는 자신에 대해 "이런 말씀을 드리는 나는 1931년에 태어나 한국 나이 열다섯에 일본 소년 특수항공병으로 참가하여, 구레(吳) 군항에서 종전終戰을 맞았습니다"고 소개해 놓았다. 편지 말미는 "서울에 오시면 꼭 연락 주십시오. 한 번 뵙고 싶습니다"고 맺었다.

소년 비행병이라고 했으나, 경우에 따라서는 일본 병사로 목숨을 잃었을지 모른다. 그런 생각에 내가 칼럼에 쓴 청년을 자기 자신처럼 받아들였을 수 있다.

야스쿠니신사에서의 일을 '써도 될 것인가?' 하는 내 물음에, 편지를 건네준 편집자의 마음은 '좋다'는 뜻을 나에게 시사한 것으로 여겨졌다. 그래서 나는 열한번째 칼럼에 그 이야기를 담았다.

일명 미쓰야마 후미히로, 탁경현은 누구인가?

야스쿠니신사에서의 일이 있고 나서 나는 우선 '미쓰야마 후미히로(탁경현)'에 대해 조사해 보기로 했다. 그리 많지는 않으나 특공대에 관해 쓴 책 등에 묘사된 그의 흔적을 조금씩 모아나갔다.

본적지는 조선 경상남도 사천군(현 사천시) 서포면 외구리 46번지.

어린 시절 여동생과 부모 등 가족 4명이 고향을 떠나 교토(京都)에서 살다. 리쓰메이칸(立命館)중학을 졸업한 뒤 교토 약학전문학교로 진학. 졸업 후에 육군 특별 조종사 견습사관 1기를 거쳐 종전의 해인 1945년 5월 11일, 지란의 비행장에서 출격하여 오키나와 서쪽 바다 위에서 타계.

간신히 이와 같은 개요를 파악할 수 있었다.

2007년의 합병에 의해 현재는 미나미규슈 시(南九州市)가 된 지란은 가고시마 현(鹿兒島縣) 남부의 마을이다. 육군의, 특히 일본 최대 특공기지가 있었던 곳으로 잘 알려져 있다.

'특공'이란 1944년 10월 20일에 창설된 '특별 공격대'의 약칭으로, 필리핀 전투와 오키나와 전투에서 실행에 옮겨졌다. 그 중에서도 해군의 특공은 '가미카제(神風) 특공대'로 불렸는데, 지금은 육군의 특공까지 포함하여 '가미카제'라 부르는 경우가 많다.

 지란 기지에서 오키나와를 향해 날아오른 특공기는 편도만의 연료와 250킬로그램의 폭약을 적재했다. 그렇게 스스로의 희생을 각오한 채 미국 군함으로 돌진, 격침시키라는 명을 받고 있었다.

 미군 군함은 상상조차 하지 못한 공격에 경악하고 두려움에 떨었다. 당초 몇 척인가의 함선을 격침시켜 전과를 올렸다. 그렇지만 미군의 무력 앞에서 도저히 상대가 되지 않아, 함포 사격을 받고 허무하게 잇달아 바다로 추락해간 특공기, 대원들의 심정을 떠올리면 너무나도 애처로워 가슴이 꽉 막힌다.

 지란에 있는 특공 평화회관에는 1천36주柱의 대원이 모셔져 있다. 그 중에서 '밝혀진 것만으로도' 11명의 조선인이 있다.

 당시 조선은 일본에 합병되었고, 그들은 일본인으로서 일본 이름을 썼다. 그러나 호적등본의 본적지로 '조선의 주소'가 적혀 있음으로 해서 조선 국적이었음을 구별할 수 있었다. 하지만 본적까지 일본 주소로 옮긴 경우에는 확인이 쉽지 않다고 한다. 그리고 바로 이 지란에서 출격한 조선인 특공대 11명 가운데 미쓰야마 후미히로가 있었다.

 특공병 중에는 너무나 비극적이며 애끓는 일화逸話로 인해 종종 들먹여지는 인물이 있다. 일종의 드라마틱한 에피소드를 지닌 주인공이다. 그 가운데 일명 미쓰야마 후미히로, 탁경현도 여러 책에 등장하는 사람이다. 특히 '특공의 어머니'로 통하는 도리하마 도메 가족과의 교류를 통해 전해지는 출격 전야 이야기는 너무나도 애처롭고 서럽다.

조선인이면서 일본 군인으로 이튿날 새벽이면 출격하게 될 그가, 전날 밤 도메 씨 댁으로 찾아가 마지막 순간에 "고향의 노래를 불러도 괜찮겠습니까?" 하면서 〈아리랑〉을 소리 높여 불렀다는 것이다.

깊숙하게 눌러 쓴 군모軍帽 아래로 눈물이 흘러내렸다. 평소 출격하는 병사들 앞에서는 결코 눈물을 보이지 않았던 도메 씨도, 자녀들과 함께 탁경현을 붙들고 울었다고 한다. 이런 사실은 도메 씨와 따님, 그리고 지금은 손자에게로 전해져 내려왔다. 그리고 수많은 일본인의 마음을 뒤흔들었다.

나 역시 다양한 책 속에 그려진 이 에피소드를 언급하면서 그의 심정을 헤아리지 않을 도리가 없었다. 너무나 무념無念한 그의 이야기는 시절을 넘어, 민족을 넘어, 나에게 무언가를 호소해온다.

그는 나를 골라서 꿈에 나타난 것인지 모른다. 일본인과 한국인의 역사적인 알력이 낳는 비극에 가슴 아파하고, 언제나 그 해결의 실마리를 열심히 찾아온 나를….

그런 나에게 화살을 겨누기라도 한 것처럼 그가 꿈속에 나타나 '이름을 잃은 민족의 슬픔'을 호소한 것일지 몰랐다. 지금도 여전히 무념 속에서 방황하고 있다는 사실을 전하면서 안주安住의 땅, 성불成佛할 수 있는 자리를 찾고 있음을 필사적으로 호소해 온 것인지 모른다.

나는 특공대 관련 서적에 등장하는 단편적인 미쓰야마 후미히로 묘사를 긁어 모으면서, 그의 무념을 떠올림과 동시에 어떻게 해서든 그걸 풀어주고 싶은 기분에 사로잡히곤 했다. 그리고 미쓰야마 후미히로, 아니 탁경현은 나에게 있어서 이미 어렴풋한 '꿈속의 인물'이 아니라, 리얼리티를 가진 한 사람의 인격으로 생생하게 느껴졌다.

토막토막 나기는 해도 그에 관해서 여러 가지가 드러났다. 그러나 아무래도 가족의 연緣이 옅었던 모양이다. 출격 전에 어머니가 별세하고, 게다가 아버지와 단 하나뿐인 여동생도 종전 후 잇달아 세상을 하직한 모양이었다. 그로 인해 친척이나 연고자를 찾기는 힘들어 보였다.

그리고 다시 몇 해가 흘렀다.

'특공의 어머니' 도리하마 도메를 다룬 텔레비전 프로그램

여행 프로그램 녹화를 위해 후쿠이(福井) 현 오바마(小浜) 시에 머물 때였다. 촬영을 끝내고 스태프들과 저녁식사를 마치자 호텔로 돌아왔다. 살풍경한 호텔 룸이라 일단 텔레비전을 켰다.

우연히도 '특공의 어머니'로 불린 도리하마 도메 씨를 다루고 있었다. 벌써 프로그램이 시작된 도중이긴 했으나, 나는 빨려들어 가듯이 텔레비전을 주시했다.

프로그램에서는 도메 씨의 생애가 소개되고 있었다. 그녀는 특공 기지 근처에서 '도미야(富屋) 식당'을 경영했다. 부근에는 다른 여관도 여러 채 있어서 면회 온 가족이나 지인들이 숙박하는 장소가 되었다.

그런 가운데 군사기밀을 보호하느라 도미야 식당이 군 지정 식당으로 정해졌다. 병사들로서는 엄격한 군대생활 중에 유일하게 한숨 돌릴 수 있는 휴게소이기도 했다.

전황戰況은 갈수록 어려워졌고, 물자 부족도 점차 심각해졌다. 그런 와중에도 도메 씨는 이익 따위는 안중에도 없이, 내일이면 조국을 떠나 출격하여 목숨을 버릴지 모르는 젊은 병사들을 위해 장롱 속의 기모노를 꺼내 한 벌씩 내다팔았다. 그걸로 사치품이었던 계란과 설탕을 구입하여 병사들에게 음식을 만들어 주었다. 제대로 밥값을 받지도 않았다고 한다.

병사들은 임무 수행을 위해 비행할 날이 정해져도 그 일정 자체가 군사기밀이었던지라, 가족에게 마지막 이별을 고할 수도 없었다. 단지 '나라를 위해' 결연히 임무를 수행할 따름이었다.

나이 스물 전후로 아직 앳된 얼굴의 병사들은 죽음을 목전에 두고 얼마나 어머니가 보고 싶었을까? "어머니라고 부르도록 해주세요!" 누구랄 것도 없이 도메 씨는 특공대원 모두의 어머니가 되어 갔다.

도메 씨는 자신의 아들 뻘인 청년들이 그런 식으로 목숨을 버리는 것이, 나아가 그런 모습을 그저 바라보고 다독거려 줄 수밖에 없었던 사실이 무척 괴로웠을 것임에 틀림없다. 그녀는 내일 출격한다면서 인사 하러 오는 청년들이 어떤 표정으로, 무슨 말을 남기고 갔는지, 그 마지막 모습을 하다못해 친족에게는 전해 주자면서 일일이 편지를 썼다.

또한 병사들이 가족이나 연인에게 마지막을 고하는 편지를 써서 맡기면, 몰래 부쳐준 적도 있었다. 그게 언젠가 헌병에게 발각되어 어느 날 갑자기 붙잡혀간 도메 씨가 상처투성이로 돌아오기도 했다. 무슨 보복을 당하든 나라를 위해 목숨을 바치는 청년들을 위해 무엇이든 해주지 않고는 견디지 못했던 것이다.

그리고 전쟁이 끝나자 들판에 나무 말뚝 하나를 세웠다. 그녀는 그것을 병사들의 명복을 비는 '묘墓'로 간주하여 자녀들을 데리고 날마다 참배하기를 게을리하지 않았다. 그 뒤 주변에서 도움을 주기도 하여 1955년에 '특공평화관음당'이 설립되고, 이후로는 이곳을 참배하는 것이 일과처럼 되었다.

나아가 1975년에 '지란특공유품관'을 개설하자 반향이 커서 찾아오는 사람들이 늘어났다. 그로 인해 1985년부터 2년에 걸쳐 현재의 '특공평화회관'이 건립되었다.

도메 씨는 1992년, 89세를 일기로 눈을 감았다. 장례를 치르는 그날, 영구를 실은 차가 평화회관과 관음당을 돌면서 이별을 고했다. 그런데 관음당을 지나쳐갈 때, 흡사 마지막으로 한 번 더 바라보려는 듯이 정면을 향하고 있던 도메 씨의 얼굴이 관음당 쪽으로 돌려지더라는 이야기는 유명한 에피소드다.

그 같은 도메 씨가 가장 가슴 아파하고 신경을 쓴 것이 아무도 면회 오는 사람이 없는 일명 미쓰야마 후미히로, 탁경현이었다고 한다. 지란에 있는 당시의 도미야 여관을 복원해 놓은 '호타루관館'['호타루'는 반딧불이임—옮긴이]에는 탁경현의 사진이 지금도 크게 전시되어 있다.

프로그램이 끝나갈 무렵, 탁경현의 친척이라는 사람이 화면에 나와 무언가 이야기를 했다. 그 사람이 사촌누이 탁정애卓貞愛 씨였다.

나는 깜짝 놀랐다. 틀림없이 친척이 없다고만 여기고 있었기 때문이다. 왜냐하면 도메 씨는 자신에게 남겨진 그의 유품을 꼭 친족에게 보내주고 싶다면서 NHK 라디오 방송의 사람 찾기 프로그램에 네 차례나 나갈 정도로 애를 썼다. 그렇지만 결국 아무도 나타나지 않았다고 했다.

그랬는데 이렇게 사촌누이가 있지 않은가! "오빠를 잘 대해 주셔

서 고맙습니다"고 눈물을 훔치며 도메 씨에게 감사 인사를 하는 탁
정애 씨의 모습을 보면서, 나는 나도 모르게 "드디어 찾았다!"고 마
음속으로 외쳤다.

나는 프로그램 마지막의 엔딩롤을 훑으면서, 문의할 프로그램 제
작 회사와 담당 프로듀서 이름을 메모했다.

"조선 사람임에도 일본 이름으로 죽는 것이 아쉽다."

나로서는 꿈에 나와 그렇게 말한 일명 미쓰야마, 탁경현의 이 말
이 죽었으면서 나에게 전한 '유언'이나 다름없었다. 유족이 있다면
'마지막의 마지막'인 이 말을 반드시 전해주지 않으면 안 된다. 나는
그렇게 다짐했다.

이 프로그램이 방영된 것은 1999년 5월 30일. 이제까지 제자리걸음이
던 탁경현의 신원 추적이 급격하게 전개되기에 이른다. 바로 그 1991년
의 '기이한 꿈'으로부터 어언 8년의 세월이 흐르려 하고 있었다.

부산으로, 친척들과의 대면

드디어 사촌누이 탁정애 씨를 만나기 위해 그녀가 사는 부산을 향
해 현해탄을 건넌 것은 2000년 2월 초순의 일이다. 마침 야마구치(山
口) 현 시모노세키(下關) 시에서 일이 있었던지라, 오래 전부터 타 보
고 싶었던 부관釜關페리에 올랐다.

부관페리는 1905년에 개설된 '관부 연락선'을 기원으로, 한일합병
이전부터 일본(시모노세키)과 조선(부산)을 이어온 100년이 넘는 역
사를 가진 항로이다. 일제시대에는 얼마나 많은 사람들이 이 배를 타
고 오가며 두 나라의 역사를 쌓아왔을지 돌이키면 감개무량했다.

틀림없이 탁경현 일가도 이 배를 타고 현해탄을 건너 교토로 가 정착하지 않았을까 하고 생각하니 더욱 감회가 깊었다.

배는 오후 6시에 출항했다. 2월의 오후 6시라고 하면 이미 꽤 날이 저물어 있을 때이다. 파도가 거친 현해탄으로 나간다. 선창船窓을 때리는 바람에 눈발까지 섞이기 시작했다. 나는 왠지 서글픈 기분에 시달리면서 넘실거리는 파도 속에 잠이 들었다.

사람들이 배 안에서 오가는 소리에 눈을 뜨자 창밖으로 환한 햇빛이 비쳤다. 오륙도 근처에 정박해 있던 배가 다시 엔진 소리를 내면서 부산항으로 입항할 참이었다.

배는 진작 부산항에 접근해 있었으나 세관이 문을 열 시간까지 앞바다에서 대기하다가 이튿날 아침 8시에 접안했다. 나는 서둘러 하선 준비를 했다.

부산에 있는 아리랑호텔 1층 커피숍에서 탁정애 씨와 만날 약속이 되어 있었다.

정애 씨 일행은 먼저 도착하여 나를 기다리고 있었다. 정애 씨의 아들, 탁경현의 사촌형인 탁남현卓南鉉 씨와 아내 이순남李順男 씨, 그리고 '1·20 동지회 참전 학도병 단체 부회장'이라는 직책을 가진 정기영鄭琪永 씨를 포함한 다섯 명이 나를 맞아 주었다. 도쿄제국대학을 졸업했다는 정기영 씨는 키가 크고 백발의 멋진 분이었다. 그는 조선인 특공대에 관해 자세히 알고 있었으며, 자료를 비롯하여 많은 준비를 해왔다.

나는 무엇보다 먼저 탁경현이 나에게 전해 준 '마지막 유언'이라 할 기이한 꿈 이야기를 했다. 정애 씨가 말했다.

"오빠는 말이죠, 자기 이름을 무척 소중하게 여긴 사람이었어요.

교과서 표지에까지 탁경현이라고 조선 이름을 반드시 썼다니까요."

탁경현보다 한 살 많은 탁남현 씨가 "사실 일본 이름 후미히로는 '이토 히로부미(伊藤博文)'에서 따 왔답니다"고 했다. 탁경현이 교토에서 살던 시절, 남현 씨는 오사카(大阪)에서 철도원으로 일했다고 한다. 나이가 비슷했던 두 사람은 일본에서 친형제처럼 사이좋게 지낸 모양이었다.

당시에 찍은 귀중한 사진도 여러 장 보여 주었다. 필경 일본 유학 시절에 사진관에서 찍은 것이리라. 교복 차림으로 두 사람이 찍은 사진에 나오는 남현 씨는 일부러 담배를 입에 물었고, 교모校帽를 약간 비딱하게 쓰고 멋을 낸 멋쟁이였다. 탁경현 쪽은 주먹을 쥔 두 손을 무릎 위에 가지런히 올려놓아 성실한 분위기를 띠고 있었다.

그건 그렇더라도 어째서 하필 한국에서는 숙적宿敵으로 치는 이토 히로부미의 이름을 따서 자신의 일본 이름을 지었을까? 만약 진실로 이토 히로부미를 흉내 낸 것이라면, 글자를 뒤집어 후미히로(文博)라고 한 것이 반역의 뜻을 담았다는 것일까? 아니면 정말 존경해 마지 않는 기분으로 지은 이름이었을까?

그 때 어째서 그것에 관해 물어보지 않았는지 지금도 후회막급이다. 당시 만 81세였던 남현 씨는 그로부터 얼마 지나지 않아 세상을 떠났던 것이다.

그러나 미쓰야마 후미히로가 조선 이름 탁경현에 집착했다는 사실을 정애 씨의 이야기에서 짐작할 수 있었다.

다음으로 나는 "부디 고향 땅에 본래의 조선 이름이 새겨진 비석을 행신行神처럼 조촐해도 좋으니까 꼭 세워 드리고 싶다"며 이렇게 제안했다.

"꿈에서까지 나타나 호소했다는 것은 예삿일이 아니다. 그는 분명히 조선 사람 탁경현으로 살았다는 증거를 찾으려 했다고 본다. 그러므로 하다못해 그의 흔적을 고향 땅에나마 새겨드렸으면 한다."

난생 처음 만난 내 이야기가 어디까지 진실인지 종잡기 어려웠으리라. 단지 그렇게까지 매달리는 내 기분이 통했던지, 다들 가만히 내 이야기에 귀를 기울여 주었다.

예전에 있었던 '탁경현 현창비顯彰碑' 건립 움직임

나는 탁경현의 본적지인 사천시 서포면에서 언젠가 '탁경현 현창비'를 세우려고 한 인물이 있었다는 정보를 어떤 책에서 찾아냈다. 『일한日韓 2000년의 진실』(1997년, 주피터출판)이라는 책으로, 다카치호(高千穗) 상과대학 교수였던 나고시 후타라노스케(名越二荒之助) 씨가 편찬했다.

나고시 교수는 소련에 억류되었던 경험이 있었고, 그 자신 전쟁의 참화를 헤쳐 나온 보수 학자이자 평론가였다. 그 책은 거의 700페이지에 달하는 두터운 분량이었다. 한국과 일본의 건국 신화에서부터 근현대사에 이르기까지 모든 사안에 관해, 그를 포함하여 17명의 연구자가 집필한 것이었다.

나고시 교수는 '한일 우호'를 지향하여 전쟁 중이었기에 생겨날 수 있었던 일본인과 한국인의 민족을 초월한 여러 미담을 소개해 놓았다. 그 가운데 자신이 직접 쓴 '조선인 특공병'에 관한 여러 칼럼이 있었는데, 한결같이 조선인 특공병을 향한 애틋한 심경이 느껴지는 글이었다. 그 가운데 〈환상으로 끝난 미쓰야마 후미히로 대위의 현창비〉라는 제목의 칼럼이 있었다.

당시 도메 씨가 미쓰야마 소위의 유족을 찾는다는 사실이 신문에
도 실려 있었다. 그 글을 읽고 나가사키(長崎)에서 거주하던 미쓰야
마 미노루(光山稔)라는 분이 우연히 성씨도 같다는 인연을 느꼈다.
그가 일본인으로서 이 가련한 조선인 청년의 영혼을 달래자면서 고
향인 사천시 서포면에 현창비를 세우고자 동분서주한 이야기였다.
1985년의 일이었다.

기사에 의하면 당시 마산에서 살던 특별 조종사 견습사관 3기생 박
병식朴炳植 씨 역시 현지에서 미노루 씨를 도우면서, 높이 2.5미터인
'고故 탁경현 현창비'를 제작했다. 비문碑文은 원래 이런 내용이었다.

> 아아, 일본 육군 대위 아리랑, 가미카제, 파일럿, 미쓰
> 야마 후미히로(탁경현, TAKGYEONHYEON)여. 지금
> 그대의 위대한 공적은 한일 친선을 위해 찬연하게 빛나
> 영원히 지워지지 않는다. 그대의 열렬한 충성과 존엄한
> 희생 위에 쌓여진 두 나라의 평화와 번영을 영구히 이끌
> 어 주소서. 이 땅에서 태어난 그대는 역시 이 땅의 숲에
> 서 잠드시라. 미쓰야마 미노루.

그런데 이런 사실이 매스컴에 알려지면서 '비문이 특공대를 찬미
한다'면서 현지에서 반대운동이 일어났다. 그래서 비문이 이런 식으
로 고쳐졌다.

> 오호嗚呼 탁경현(미쓰야마 후미히로). 남해의 여명에 하
> 늘 높이 솟구친 용맹스러운 모습, 다시는 돌아오지 않

는다. 때는 1945년 5월 11일. 평화의 초석이 되고자 한
그 장한 모습도 슬픔이어라. 지금 그대의 이름을 부르
며 외경畏敬을 담아 별밤의 그대에게 맹세하노라. 떠받
들어야 할 평화. 한일 우호의 노력을. '고향에 돌아온 혼
령이여, 모국의 품에 안겨 고향의 냄새를 맡으며 편안
하게 잠드시라.'
1985년 4월 길일吉日. 일본국 나가사키 미쓰야마 미노루

그러나 그래도 반대의 목소리는 잦아들 줄 몰랐다. 미노루 씨는
이 비석을 가져가 차라리 지란에다 세우려고 했다. 그렇지만 그 뜻도
이루어지지 않았고, 결국 비석은 석재石材가 되어 다른 용도로 쓰였
다고 한다.

이 칼럼에는 비석 사진도 첨부되어 있다. 칼럼 말미에는 나고시 교
수 자신이 다시 쓴 새로운 비문을 제안해 놓았다. 하지만 이 역시 고
전적인 미문美文이며, 이 3개의 안은 사실 크게 다르지 않아 보인다.

그렇지만 미쓰야마 미노루 씨가 아직 한국 여행이 쉽지 않던 당
시에 한국을 오가며 탁경현의 흔적을 남겨 주고자 애쓴 그 마음, 이
국異國인 일본의 미래와 평화를 위해 희생된 조선인 청년을 추모하
는 기분은 이들 비문에서 절절하게 전해져 온다. 이런 사실을 찾아내
고, 그 자신도 비문을 제안한 나고시 교수 역시 마찬가지다.

일명 미쓰야마 후미히로, 탁경현이라는 사람은 어째서 이렇게도
일본인의 마음을 뒤흔든 것일까.

또한 이 칼럼에는 미노루 씨가 '서포에 미쓰야마가 부모와 함께 잠든
묘가 있다'는 이야기를 협력자인 박병식 씨로부터 전해 듣고 성묘했다
는 기술이 나온다. 오키나와 바다에서 적함에 돌진하여 산화했을 미쓰

야마 후미히로가 '묘지에 잠들어 있다'니 대관절 어찌 된 영문일까.

만약 그런 곳이 있다면, 내 진심도 거기에 따르는 것이 걸맞을지 모를 일이었다.

탁경현의 고향을 찾아가자!

그런 이야기를 탁정애 씨 일행에게 물어보았다. 그러나 그 누구도 확실하게 모르는 것 같았다. 그래서 다 함께 서포로 가서 확인해보기로 했다.

정애 씨의 아들이 운전하는 승용차로 사천시 서포를 찾아갔다. 차에 흔들리며 2시간가량 시골길을 달려야 했다. 당시에는 아직 그쪽 형편에 어두웠는데, 지금 돌이키면 꽤 먼 거리를 이동한 셈이었다.

산길을 넘어 마을로 들어서자 가게와 집들이 나타났다. 거기에 먼 친척이 살고 있고, 그 분이 사정을 알고 있을지 모른다고 하여 다들 기대를 걸었다.

그가 멀리 보이는 산봉우리를 가리키며 "나도 어릴 때라 확실치 않지만 저 산에 무덤이 있었는데 폭우에 떠내려가 지금은 없어졌다" 고 했다.

그의 안내를 받아 호적에 본적지로 나오는 번지 부근을 찾아갔다. 그곳은 완전히 외딴 곳이었다. 집집마다 조그만 텃밭이 딸렸고, 염소를 키우고 있는 한적한 농촌이었다.

머리를 묶고 비녀를 꽂아 너무나 '조선 할머니'다운 모습의 토박이 노인에게 당시의 일을 이것저것 물어보았다. 노인이 말했다.

"이 부근에 탁씨 집이 있었으나 이제 싹 바뀌었어. 그 사람은 당시

종종 말을 타고 여기를 돌아다녔지."

　탁경현은 어린 시절 고향을 떠나 가족과 함께 일본으로 이주했다. 그런 어린 소년이 말을 타고 돌아다녔다니 탁경현의 아버지 이야기 인가? 그 무렵 이렇게 빈한한 시골에서 타고 다닐 말이 있기라도 했다는 것인가? 그럴 정도의 사람이라면 대관절 어떤 신분이었을까?

　잘 알 수 없었지만 여하튼 뜻밖의 키워드 '말'이 등장했다.

　고향 땅 서포에 가봤으나 뜬구름을 잡듯이 막막했다. 무엇 하나 제대로 밝혀지지 않았다. 그래도 나는 탁경현의 고향 땅을 밟을 수 있었던 것만으로도 기뻤다.

　"그가 여기서 살고 있었다."

　그런 사실을 떠올리자 서포가 나로서도 아주 소중한 곳으로 여겨졌다.

2

지란, 오키나와에 세워졌던
조선인 특공병 위령비

아카바 레이꼬(赤羽礼子) 씨와의 대화① — **꿈속의 청년** /

아카바 레이꼬 씨와의 대화② — **청년의 참모습** /

아카바 레이꼬 씨와의 대화③ — **청년의 최후** /

위령제와 '**나데시코대隊**' / 나만이 아니었던 '**꿈**' 이야기 /

해마다 열리는 지란 특공기지 전몰자 위령제 /

소녀들의 환영幻影 / 오키나와로① — **첫 번째 목적, 평화의 초석** /

오키나와로② — **두 번째 목적, 하얀 산호 조각**

아카바 레이꼬(赤羽礼子) 씨와의 대화 ①
— 꿈속의 청년

부산에서 2000년 2월, 탁경현의 집안사람들과 처음으로 만난 여행에서 귀국하자 나는 다음으로 아카바 레이꼬 씨를 찾아갔다. 레이꼬 씨는 도리하마 도메 씨의 둘째딸이다.

유감스럽게도 큰딸 미아꼬(美阿子) 씨는 이미 타계했다. 당시 도메 씨와 특공대원과의 교류나 하늘로 사라져간 대원 한 사람, 한 사람의 모습 등은 레이꼬 씨에게로 전해졌다.

레이꼬 씨는 신주쿠(新宿) 3초메(丁目), 전통 만담漫談 공연장인 스에히로테이(末廣亭) 앞에서 〈사쓰마(薩摩) 오고조〉라는 가게를 경영하고 있었다.[사쓰마 오고조는 사쓰마 지방 사투리로 '사쓰마의 여인'이라는 뜻 – 옮긴이]

고희가 넘었으나 아주 젊어 보였으며, 멋있고 건강한 분이었다.

미쓰야마 소위로 추측되는 분이 꿈에 나타났다는 사실, 그리고 그가 이 세상을 살았다는 증거로써 고향에 본명 '탁경현'이란 이름을 새긴 비석을 세워 드리고 싶은 마음을 먹게 된 경위 등을 그녀에게 이야기했다.

꿈에서 현실로 전개되어 가는 엉뚱한 이야기임에도 레이꼬 씨는 아무 위화감 없이 받아들여 주셨다. 처음 만난 자리였음에도 이상하리만치 마음 편하게 대화를 나눌 수 있었다.

레이꼬 씨를 만나면 먼저 확인하고 싶은 것이 있었다. 그것은 과연 꿈에 나타난 청년이 정말로 미쓰야마 소위였는가 하는 의문이었다.

"꿈에서 본 분에게는 몇 가지 특징이 있습니다. 우선 상당히 키가 컸다는 사실. 마주 섰을 때 내가 고개를 들고 바라보았지요. 그리고 가슴이 우람한 튼튼한 체격으로, 얼굴색은 검었습니다. 그것도 햇볕에 그을려 검은 것이 아니라, 원래 피부색이 검은 분으로 느껴졌습니다. 그리고 아주 상냥하게 웃는 얼굴이었고, 웃으면 하얀 이빨이 드러나 인상적으로 비쳤답니다."

여기까지 이야기하자 레이꼬 씨가 두 손으로 얼굴을 가리면서 조그맣게 외치듯이 말했다.

"아아, 미쓰야마 씨에요!"

역시 그랬구나 싶었다. 미쓰야마는 제51 진무대 소속이었다. 부대는 신장身長 순으로 나뉘어졌고, 미쓰야마의 제51 진무대는 당시 가장 키가 큰 그룹이었다고 한다.

그야 어쨌든 친족과의 연분이 없는 분으로 여겼음에도 어떻게 사촌누이 탁정애 씨와 소식이 닿았던 것일까?

"우리 어머니는 말이에요, 어떻게 해서든 미쓰야마 씨의 유품을 유족들에게 전하고 싶어서 가족 분들을 열심히 찾으셨어요. NHK 라디오 프로그램에 네 번이나 편지를 보내 호소하기도 했지만, 도무지 알아낼 수가 없었지요. 그런데 지금으로부터 3년 전입니다만, 한국의 MBC 문화방송이라는 곳에서 '출격 전야에 아리랑을 부른 특공대원에 관해 이야기를 듣고 싶다'는 취재 요청이 있었답니다."

어떤 경로였던지 미쓰야마가 출격 전날 밤, 최후의 순간에 아리랑을 부른 뒤 돌아오지 못할 길을 떠났다는 비화가 한국으로도 전해진 모양이었다. 미쓰야마 소위의 마지막 모습을 들려주자 방송 스태프들이 모두 사내답지 않게 엉엉 울었다고 한다. 눈물을 흘리면서 다들 아리랑을 불렀다는 것이다.

그 뒤 한국에서 이 프로그램이 방영되자 일명 미쓰야마 소위, 본명 탁경현의 유족이라는 분이 방송국으로 연락을 해왔다. 그 사람이 탁정애 씨였다.

이걸 계기로 레이꼬 씨와 정애 씨를 비롯한 친척들과의 교류가 시작되었다. 지란에서 해마다 5월 3일 거행되는 〈지란 특공기지 전몰자 위령제〉에 정애 씨와 사촌형 남현 씨도 참석하기에 이르렀다.

어린 시절의 단편적인 기억과, 정애 씨로부터 들은 당시의 여러 가지 사정. 그것을 맞춰 보니 또 다른 새로운 사실이 모습을 드러내기 시작했노라고 레이꼬 씨가 말했다.

아카바 레이꼬 씨와의 대화 ② — 청년의 참모습

미쓰야마는 리쓰메이칸 중학을 졸업한 뒤 1939년 4월, 교토 약학 전문학교(현재의 교토약과대학)에 입학했다. 1941년 12월 '전시戰時에 따른 조기 졸업'으로 되어 있다.

이듬해 교토에 있던 고요(伍陽)제약회사에 입사. 덧붙이자면 이 회사는 1944년 1월에 후지사와(藤澤)약품에 흡수 합병되어 교토공장으로 바뀌는 기업이다.

훗날 동료였던 분의 이야기에 의하면, 미쓰야마는 반 년가량 근무한 다음 갑자기 회사를 그만두었다고 한다. 그 후 1943년 지란에 있던 다치아라이(大刀洗) 육군 비행학교 지란분교에 입대. 육군 특별 조종사 견습사관 제1기(통칭 특조 1기)로 비행 훈련을 쌓는다.

그리고 이를 계기로 도미야 식당의 도메 씨 가족과의 교류가 시작되었다. 당시 미쓰야마는 22세, 레이꼬 씨는 지란 고녀高女 1학년으로 13세였다.

"미쓰야마 씨는 말이죠, 여하튼 원기왕성. 아주 밝은 성격이었어요. '레이 짱, 강으로 놀러가자'고 나를 데려가 강가에서 장난치면서 나를 강으로 밀어 넣으려는 시늉을 하여 깜짝 놀라게 만들기도 했고…. 그러다가 걸핏하면 '파일럿으로 나만큼 적성이 있는 자는 없다니까!'라며 항상 자신만만해했어요."

나는 어린 레이꼬와 미쓰야마가 강변에서 즐기는 광경이 두 눈에 선하게 떠오르는 듯했다. 한국인은 어린아이를 대단히 귀여워한다.

한국으로 오가기 시작했을 무렵, 아이들을 애지중지하는 한국인의 모습에 놀란 적이 있다. 제 자식에 대한 애정은 두말 할 나위가 없고, 동네에서 지나쳐 가는 아이들에게도 남녀를 가리지 않고 머리를 쓰다듬어 주곤 하는 것이었다. 게다가 이런저런 참견을 다하면서 아이들의 반응을 싱글벙글 웃으며 지켜보았다. 부모라고 다를 바도 없었다.

일본인이라면 지나쳐 가는 아이들에게 그렇게까지 하지는 않는다. 그러니 한국인의 어린이 사랑은 차원이 다른 것이다.

그런 내 체험으로 생각해 봐도, 미쓰야마가 실로 한국인다운 애정으로 도메 씨의 딸들을 대했으리라는 것을 상상하기 어렵지 않다.

미쓰야마에 관해 적어놓은 묘사는 '쓸쓸해 보이는 사람이었다', '홀로 있을 때가 많았다' 식으로 고독하고 그늘이 있는 청년상만 두드러진다. 미쓰야마는 조선인이라는 사실을 숨기지 않았다. 그러나 당시의 차별적인 분위기 가운데 주위와 잘 어울리지 못한 면이 있었을지 모른다.

레이꼬 씨로부터도 "이따금 말없이 식당 천장을 올려다보던 모습을 뚜렷하게 기억한다"는 이야기를 들었다. 이국땅에서 군인으로 살아가는 심경이 여간했을까.

면회 오는 사람도 없고, 쓸쓸해 하는 미쓰야마를 도메 씨는 더욱 애처롭게 여겨 가족처럼 대했다. 조선인이면서 온갖 갈등을 뛰어넘어서 일본이라는 나라를 위해 몸 바치겠다는 그 심경을 떠올리면, 도메 씨 역시 번민이 늘어갔을 것임에 틀림없다.

집에서는 목욕탕에 들어가 등을 밀어주기도 했다고 한다. 오랫동안 그런 교류를 해나가는 가운데 미쓰야마도 도메 씨 가족과는 흉금을 터놓고 지낼 수 있었다.

어린 딸들과 장난치며 노는 모습 역시 도메 씨와 두 자매에게만 드러낸 '참모습'이었을지 모른다. 미쓰야마도 도메 씨를 어머니처럼 따랐고, 항상 곁에 있으면서 무엇이든 도메 씨의 일을 도왔다. 그 모습은 진짜 어머니와 아들 사이 같았다고 레이꼬 씨가 돌이켰다.

그런 생활 가운데에서 미쓰야마는 이들 가족으로서도 스스럼없는 혈육 같은 존재가 되어 갔다. 반년쯤의 훈련 기간을 마치자 교육 비행대에 배치되어 실전기實戰機 훈련을 쌓은 다음, 실전부대로 옮겼다. 거기서 다시 훈련과 근무를 거듭하여 소위가 되었다.

미쓰야마는 얼마 뒤 지란에서 다른 근무지로 이동했다. 그리고 가는 곳마다 도메 씨에게 가족의 안부를 묻고 자신의 근황을 알리는 엽서를 보내 왔다고 한다.

아카바 레이꼬 씨와의 대화③ ─ 청년의 최후

마침내 전황이 극도로 나빠진 1945년 5월 초순, 도미야 식당의 문이 활짝 열리더니 미쓰야마가 불쑥 얼굴을 내밀었다. 그렇지만 웃는 얼굴로 맞을 수는 도저히 없었다고 한다. 이 시기에 지란으로 되돌아왔다는 것은, 특공대원으로 출격 명령이 내려진 것이라고 순간적으로 알아차렸기 때문이다.

"그 때 어머니나 우리나 아무 말을 하지 못했어요. 특공대원으로 출격할 것이라는 사실을 눈치 채지 못할 리 없었거든요. 오랜만에 만난 미쓰야마 씨는 한 해 전에 우리와 함께 지내던 미쓰야마 씨와는 완전히 다른 사람 같았어요. 그야 그럴 수밖에 없었겠지요. 이제 머지않아 특공대원으로 출격해야 했을 테니까요."

그 당시 사진 몇 장을 나에게도 보여 주었다. 인간이 이렇게 변할 수 있을까 싶을 정도로 출격 직전의 미쓰야마는 딱딱한 표정을 짓고 있었다. 신체 전체로부터 긴장감이 넘쳐흐르고 있었다.

출격 전날 밤이던 5월 10일, 미쓰야마가 도메 씨 집을 찾아갔다. 그날 밤에도 2층 방에서는 기염을 토하는 병사들의 웅성거림으로 떠들썩했다.

도메 씨는 평소 그다지 남을 불러들이지 않는 가족만의 거실로 미쓰야마를 데리고 가, 자매와 함께 마지막 시간을 안타까운 마음으로 보냈다.

"최후의 순간인데도 아무 것도 드릴 게 없군요. 이건 조선의 베로 짠 것입니다."

그렇게 말하면서 미쓰야마가 줄곧 지갑 대신으로 사용해 왔다는 조그만 직물 주머니를 도메 씨에게 내밀었다. 이것이 유일하게 남아 있는 미쓰야마의 유품이 되었다.

그런 뒤 미쓰야마가 "마지막으로 우리나라 노래를 불러도 괜찮겠습니까?" 하고 묻더니 문짝에 등을 기대고 군모를 푹 눌러쓴 채 아리랑을 부르기 시작했다. 도메 씨도, 미아꼬 씨도, 레이꼬 씨도 함께 불렀다. 군모 아래로 눈물이 뺨을 타고 주르르 흘러내리는 것이 보였다.

"지금껏 또렷하게 기억해요. 미쓰야마 씨 어깨의 선. 우리가 깜짝 놀랄 만큼 큰소리로 노래를 불렀어요. 우리도 어찌나 슬픈지 미쓰야마 씨를 붙잡고 펑펑 울어 버렸지요. 그리고 어머니도 말이지요, 미쓰야마 씨의 무릎에 엎드려 우셨어요. 어머니는 병사들 앞에서는 절대로 눈물을 보인 적이 없었어요. 그런 어머니가 그토록 울 리가 없잖아요? 지금 돌이키면 미쓰야마 씨로부터 여러 이야기를 이미 듣고 계셨던 게 아닌가 싶어요."

미쓰야마가 일어나 돌아갈 때, 도메 씨가 "잠깐 기다려!" 하고 붙잡더니 군복 상의 주머니에 자매의 사진을 넣어 주었다고 한다. 홀로 죽는 게 아니다, 우리는 항상 함께 있다, 그렇게라도 위로해주고 싶었던 것이리라.

미쓰야마 유족들과의 만남으로 해서 레이꼬 씨는 여태까지 몰랐던 미쓰야마의 배경을 알게 되었다.

"미쓰야마 씨는 아버지와의 갈등이 있었나 봐요. 출격하기 3년쯤 전에 어머니가 돌아가셨어요. 그런 지 얼마 되지 않아 아버지가 후처後妻를 맞아들였다는데, 미쓰야마 씨는 그런 아버지를 용서할 수 없었던 것 같아요."

미쓰야마는 아버지를 용서할 수 없어 절연絕緣 상태였다. 그러나 이윽고 출격이 정해지자 자신이 죽은 뒤 교토에 남겨질 아버지와 다섯 살 아래 여동생 덕지德只의 장래가 마음에 걸렸다. 교토가 위험하다고 판단하고 있던 미쓰야마는 철도에 근무하던 사촌형 남현 씨에게 관부연락선 티켓과 두 사람을 부탁했다.

여동생은 교토에 연인이 있었던 모양이어서, 고향으로 돌아가기를 거부했다. 아버지가 부산행 배에 오르는 그 날, 배웅을 하러 온 여동생을 아버지와 사촌형이 억지로 배 위로 끌어올려 강제로 귀국했다고 한다.

"어머니는 그런 미쓰야마 씨의 괴로운 사정을 이미 들어서 알고 계셨던 게 아닐까요. 그래서 그토록…."

어머니에 대한 사모思慕, 아버지와의 갈등, 여동생의 앞날, 그런 걸 혼자서 걸머지고 자신은 이국의 군인으로서 내일이면 임무를 위해 목숨을 바치러 가지 않으면 안 된다.

도메 씨가 남달리 미쓰야마를 걱정하고 정성을 쏟은 것이 그런 사

정을 알고 있었기 때문이 아닐까 하고 레이꼬 씨는 짐작했다. 그렇지
않으면 병사들에게 결코 눈물을 보이지 않겠노라고 맹세하던 도메
씨가, 그렇게 펑펑 울 리가 없다고 단언했다.

결국 여동생은 1945년, 스무 살의 홀몸으로 타계했다. 또한 아버지
재식在植(일본명 에이타로榮太郎)도 그로부터 3년 뒤 세상을 버렸다.

출격하는 날 아침, 도메 씨 가족은 새벽에 출격하는 미쓰야마 소
위를 전송했다. 그리고 오전 8시에 미쓰야마가 탄 전투기가 격돌했
다는 통보를 받았다. 미쓰야마 소위가 남긴 유시遺詩가 있다.

어머니의, 어머니의 모습이 그리워지는 야요이(弥生)
하늘의 아침 안개인가.

"출격한 게 5월인데 '야요이'가 무슨 뜻이었을까?" 하고 레이꼬
씨가 툴툴거렸다. [야요이는 음력 3월을 가리킴 – 옮긴이]

5월 11일. 기록에 의하면 이 날 일본군이 격침시킨 미국 군함은 없
다. 그 직전, 어떤 상념이 미쓰야마 소위의 가슴을 스치고 지나갔을까?

위령제와 '나데시코대隊'

2000년 4월, 야스쿠니신사에서 해마다 열리는 '특공대 합동 위령
제'에 참석했다. 활짝 핀 벚꽃, 그 하얀 꽃잎이 바람에 나부끼고 있
었다.

벚꽃처럼 깨끗하게 지기를 바랐기에 출격할 때 사람들이 벚나무 가지를 꽂고 배웅했던 특공 부대. 그리고 야스쿠니신사의 벚나무 아래에서 혼령이 되어 전우들과 재회를 약속한 그들. 유족들로서는 야스쿠니에 군신軍神으로 모셔진 것이 그나마 위로가 되었다.

바로 그 야스쿠니신사의 특공 위령제에 사람들이 모여든다. 아들이나 손자 세대인지 개중에는 젊은이들의 모습도 보인다. 아직 군모를 쓴 노인의 모습도 있다.

거기에는 레이꼬 씨를 비롯한 당시 '나데시코대'였던 이들도 오셨다. '나데시코대'란 지란 고등여학교(통칭 지란고녀)의 여학생들로, 근로 봉사에 동원된 학생들이었다. 지란고녀의 배지가 패랭이꽃(=나데시코)이어서 이렇게 불렸다.

레이꼬 씨의 이야기에 의하면, 어느 날 학교 선생님이 학생들에게 '나데시코대'로서 특공대원들의 수발을 들어주는 역할을 맡게 되었다고 말했다. 그렇지만 그런 사실을 '입 밖에 내어서는 안 된다'면서 함구령을 내렸다.

"그랬지만 열 서너 살에 지나지 않는 아이가 어찌 그런 사실을 부모에게 비밀로 하고, 저 혼자 가슴속에 감추고 있을 수 있겠어요? 집으로 돌아가자마자 바로 어머니에게 털어놓았지요."

'나데시코대'는 막사 청소와 식사 준비, 세탁과 옷 수선 등을 하면서 병사들을 뒷바라지했다. 사춘기 소녀들로서는 알지도 모르는 청년과 마주치는 게 부끄럽기도 했을 테지만, 나라를 위해 출격할 병사들을 오빠처럼 따르고 소중하게 여기면서 헌신적으로 도왔다.

수십 년 세월이 흐르면서 저마다 생활을 갖고, 나이를 먹고, 이제 다들 70대가 되었다. 도쿄 인근에서 사는 분들은 매달 넷째 토요일이면 마에다 쇼꼬(前田笙子) 씨가 사는 우라와(浦和)에 모여 옛일을 회고하고는 했다고 한다.

"결국 언제나 똑같은 이야기야. 그 때 누구누구 병사가 이런 투로 이야기를 했다느니, 또 누구누구는 최후의 순간에 이런 모습이었다느니 하면서…. 항상 똑같은 이야기를 그리운 듯이 되풀이 할 뿐이었다니까."

나는 그 이야기를 듣는 순간, 나이도 얼마 되지 않는 소녀들이 짊어지기에는 너무 엄청난 마음의 짐, 좀 더 분명하게 잘라 말하자면 '상처'를 짊어지고 만 것이라고 여겼다.

당시 '나데시코대'였던 분들의 일기에는 '오라버니'라는 표현이 종종 나온다. 오빠처럼 따르고, 좋아하고, 그래서 뒷바라지 한 병사들이 차례차례 특공대원으로 출격하여 돌아오지 않는 사람이 되어 간다. 그런데도 눈물을 흘리면서 슬퍼할 수도 없이 '멋진 최후'라고 부추기지 않으면 안 되는 괴로움.

순진한 소녀들이 그런 잔혹한 일을 날마다 거듭해야 했던 것이다. 다른 누구와도 공유하지 못할, 자신들 외에는 알 턱이 없는 '마음의 고통'. 매달 모여서 '똑같은 이야기를 되풀이하여' 서로 나눔으로써, 그 같은 괴로움에서 풀려나고자 했던 것인지 모른다.

위령제에는 바로 그 '나데시코대'의 여러분이 오시고, 또 지란의 정장町長도 참석했다.[정장은 한국의 동장洞長 격 - 옮긴이]

야스쿠니에서의 위령제가 종료되자 사학私學 회관 연회장에서 열리는 '재단법인 특공대 전몰자 위령 평화 기념협회' 주최의 간담회 자리로 옮겼다. 연회장을 가득 메운 사람들은 오랜만의 만남에 떠들썩하게 대화를 나누고 있었다. 여러 개의 둥근 테이블이 놓인 가운데, 불쑥 '끼어든' 나는 '나데시코대' 여러분이 모인 자리에 실례했다.

내빈들의 인사말 등이 끝나고 분위기가 다소 차분해졌을 즈음, 레이꼬 씨가 모두에게 나를 소개해 주었다. 그 가운데 아라키 시게꼬(荒木しげ子) 씨가 계셨다.

미쓰야마가 소속된 '제51 진무대'는 아라키 하루오(荒木春雄) 소위가 대장이어서 '아라키대隊'라고도 불렸다. 그 아라키 대장의 미망인을 바로 눈앞에 대하면서, 시공을 초월한 듯한 묘한 그리움을 느꼈다.

레이꼬 씨가 나와 미쓰야마의 꿈을 통한 기이한 인연을 이야기하자 "으이크, 또…" 하면서 새삼 나를 말끄러미 쳐다보았다. '또…'라는 의외의 말에 영문을 몰라 여쭤 보았다.

"당신뿐이 아니랍니다. 예전에도 그런 기이한 이야기를 들었지요. 미쓰야마 씨에게는 필시 무언가 깊은 기억을 남기는 면이 있었던지 모르지요."

나만이 아니었던 '꿈' 이야기

이이오 겐시(飯尾憲士) 씨의 저작 가운데 『가이몬다케(開聞岳)』라는 작품이 있다. 1985년 잡지 《스바루》에 발표한 뒤 출판사 슈에이샤(集英社)에서 단행본으로 출간되었다.

가이몬다케는 사쓰마(薩摩) 반도 남쪽 끄트머리에 있는 높이 924미터의 화산이다. 완만한 원추형의 아름다운 산이다. 그 아름다운 모습으로 해서 '사쓰마 후지(富士)'라고도 불렸는데, 특공대원들로서는 가이몬다케 상공에서 남쪽으로 선회하여 오키나와 방면으로 향하는 '표적'이기도 했던 산이다. 그들이 고향을 바라보는 마지막 풍경

가운데 언제나 한결같이 가이몬다케가 자리하고 있었던 것이다.

이이오 겐시 씨는 아버지가 조선인, 어머니가 일본인이었다. 그 자신도 육군사관학교로 진학한 씩씩한 '군국軍國 청년'이었다.

그 같은 배경을 가진 저자가 몇 명의 조선인 특공대원을 타깃으로 삼아 '하필 왜 특공이라는 길을 택하기에 이르렀는가?', 그 흉중을 헤아려 가면서 쓴 역작力作이 『가이몬다케』였다.

진실을 알아내려고 관계자들을 일일이 찾아다님으로써 차츰차츰 드러나는 병사들의 인물상人物像과 속마음. 그런 철저한 취재 활동에서는 이이오 씨 본인의 집념과 기백이 전해져 온다.

작품 가운데 미쓰야마 소위의 족적을 밝히고자 동분서주하는 구라가타 모모요(倉形桃代) 씨에 얽힌 에피소드가 그려져 있다. 도쿄에 거주하는 그녀는 다카키 도시로(高木俊朗) 씨가 쓴 『지란』에 묘사된 미쓰야마 소위의 이야기에 감동을 받는다. 이국땅에서, 더군다나 특공대원으로 사라져간 조선인 병사 미쓰야마 소위의 서글픔에 마음이 끌려간다.

그래서 유족을 스스로의 손으로 찾아내고자 결심한다. 호적이나 학적부를 뒤지고, 기상청을 방문해서 출격 당일 날씨까지 알아낸다.

마침내 미쓰야마 소위가 소속된 제51 진무대, 아라키 대장의 미망인인 시게꼬 씨를 만나게 된다. 여기서 미쓰야마 소위의 사진을 입수한 그녀는 그것을 방에 걸어두려고 했다. 그 때의 일이다.

"미쓰야마 소위의 사진을 내 방에 걸기 직전의 일입니다. 나는 아버지에게 내 행동을 알리지 않았습니다. 어느 날 밤, 아버지의 꿈에 한 명의 군인이 나타났답니다. 그 사람은 바다에서 상반신을 드러내 놓고 있었으며, 비행복 차림이었고, 눈을 크게 뜨고 있더라는 것입니다.

그리고는 이내 사라졌는데, 하룻밤에 두 번이나 똑같은 꿈을 꾼 아버지는 어째서 그런 사람이 꿈속에 나타났는지 이상하여 어머니에게 이야기를 했답니다. 어머니는 내 행동을 알고 있었으므로 아버지에게 털어놓았겠지요. 나는 미쓰야마 소위가 우리 집을 찾아오신 것이라고 믿었습니다. 틀림없습니다."

그녀는 이이오 씨에게 보낸 편지에 이렇게 적었다.

"전쟁은 올바른 일이 아닙니다만, 그로 인해 목숨을 바친 사람들의 행동을 부정해서는 안 됩니다. 그리고 미국이나 일본도, 옛 군인이나 민간인도, 희생된 분들의 명복을 빌어야 마땅하지 않을까 생각합니다. 두 번 다시 그런 엄청난 일을 일으키지 않기 위해서라도…."

그 후 구라가타 씨는 조사를 진행해 나가는 과정에서 만난 자위대 파일럿과 맺어진다. 그 남성은 가까운 친척이 해군 파일럿으로 전사했고, 아버지 역시 비행병飛行兵이었다고 한다. 분명히 미쓰야마 소위가 맺어준 연분으로 느꼈음에 틀림없다.

"미쓰야마 후미히로라는 미지의 조선 분에게 그리움을 느꼈다고 말할 수 있습니다. 그렇지만 결혼 전에 미쓰야마 소위의 사진을 치우지 않으면 곤란하겠다고 생각했습니다."

자위대 파일럿과 결혼하면서 미쓰야마 소위와의 일을 정리한 뒤 시집간다. 그러나 그 후에 보내온 편지에서는 이렇게 털어놓았다.

"얼마 전 남편의 책상 서랍에 내가 남편에게 복사해 주었던 미쓰야마 소위의 사진이 반듯이 보관되어 있는 것을 알고 기쁨을 금할 수 없었습니다."

아라키 하루오 소위의 미망인 시게꼬 씨가 나를 소개받자마자 별안간 '또…'라면서 놀란 이유가, 바로 이 구라가타 모모요 씨의 일이 있었기 때문이었음이 분명했다.

그녀는 결혼함으로써 하나의 '매듭'을 지었다. 그러나 모모요 씨의 뜻은 어느 결에 나에게로 이어진 것인지 모른다.

해마다 열리는 지란 특공기지 전몰자 위령제

2000년 5월 3일. 해마다 가고시마 현 지란에서 거행되는 지란 특공기지 전몰자 위령제에 참석했다.

가고시마 공항에서 지란까지는 버스로 약 1시간 15분. 종점인 지란 정류소에서 평화관음까지 가는 2,3킬로미터의 길가에는 기증寄贈되어 세워진 석등롱石燈籠이 길게 늘어선 광경이 압권이다.

현재 그 숫자는 1천290기인데, 석등을 기증하고 싶다는 분이 꼬리를 문다. 하지만 유감스럽게도 이제는 설치 장소가 없어 접수를 일단 중지하고 있는 상황이라고 한다.

이런 현상 하나만 두고 보더라도 특공대의 비화가 여태 많은 사람들에게 깊은 감명을 던져주고 있음을 알 수 있다. 위령제에는 도쿄에서도 아카바 레이꼬 씨를 비롯한 '나데시꼬대' 여러분이 참석했다.

도쿄에서 만났던 분들은 지란까지 찾아온 나에게 "수고가 많아요!"라면서 격려의 말을 해주셨다. 지란 현지에 남은 '나데시꼬대'의 여러분들과도 처음으로 인사를 나누었다. 또한 부산에서 탁정애 씨도 오셨다.

위령제가 시작되기 전, 레이꼬 씨가 평화관음으로 안내해 주셨다. 평화관음으로 가는 참배 길은 벚나무 가로수 길이었다. 이미 5월, 벚나무들은 아름다운 신록으로 덮어 가고 있었다. 참배길 입구에는 지난해 세워졌다는 조선인 특공대원을 기리는 석비가 건립되어 있었다. 석비의 비문은 이렇게 새겨졌다.

> 아리랑의 노랫소리 멀리 어머니 나라에
> 미련 남기고 흩어지는 꽃잎, 꽃잎

석비 바로 곁에 곁들여진 돌기둥에는 또 이런 글이 새겨져 있다.

> 한반도 출신 특공용사 11명의 영혼을
> 위로하기 위하여 이 노래비를 세웠습니다.

또 석비 뒷면에는 이렇게 되어 있다.

> 헤이세이(平成) 11년 10월 23일
> 지바현(千葉縣) 아비꼬시(我孫子市)
> 무라야마 쇼호(村山祥峰)
> 에토 이사무(江藤勇)

조선인 특공대원의 위령비는 틀림없이 한국 분이 세웠을 것으로 지레짐작했다. 그러나 그게 아니라 이 또한 일본인 유지有志가 건립한 것이었다.

특공 평화관음당 바로 곁에 '특공 영령 방명芳名'이라는 석비가 있었고, 여기에 병사 1천36명의 이름이 새겨져 있다. 지란에서 출격한 병사는 439명. 1천36명이라는 것은 오키나와 전투에서 육군 특공대로 전사한 병사의 숫자다.

덧붙이자면 인접한 특공 평화회관에는 1천36명 전원의 영정과 유품이 전시되어 있다. 그 가운데 알려진 것만으로도 11명의 조선인 특공병이 있다. 그들은 다들 일본 이름으로 모셔져 있다.

나는 '특공 영령 방명' 비석에 새겨진 이름 가운데에서 '미쓰야마 후미히로'라는 글자를 간신히 찾아내어 손가락으로 어루만지며 혼잣말을 했다.

"그렇지만 진짜 이름이 아니잖아요."

특공 평화관음당 앞 텐트에는 1천 명 가량의 참가자들이 모여 헌화하고 기도를 올렸다. 맑고 무더운 날씨였다.

나는 '나데시꼬대' 여러분들 사이에 섞여 자리를 잡았다. 흡사 나도 '유족'이 된 기분이었다. 내빈 인사가 끝나자 참석자 전원이 군가를 합창했다. 만감이 서린 〈동기의 벚꽃〉 노랫소리가 울려 퍼졌다.

소녀들의 환영幻影

여기서의 세리모니가 일단 막을 내리자 '나데시꼬대'를 위시한 수십 명의 사람들이 '삼각병사三角兵舍'를 향해 산길을 올라갔다. 울창한 송림 가운데 건물이 윤곽을 드러냈다.

'삼각병사'란 특공대원이 출격하기까지 며칠을 지낸 반 지하의 막사로, 지상에는 삼각형 지붕만이 보였다. 당시에는 지붕 위에도 나무를 쌓아서 은폐했었다고 한다.

건물 안을 들여다보니 한복판에 통로가 있고, 양쪽은 한 단段 높게 되어 있다. 오직 그것밖에 없는 막사였다. 병사들은 거기에 몸을 누인 채 잠들지 못하는 밤을 지냈던 것이다.

현재의 '삼각병사'는 견학용으로 복원했는데, 레이꼬 씨의 이야기에 따르면 당시에는 훨씬 작았다고 한다. 아무런 설비도 없이, 그저 웅크리고 출격을 기다릴 뿐이었던 보잘 것 없는 오두막 같은 곳. '나데시꼬대' 소녀들은 여기서도 병사들을 뒷바라지 하느라 부지런히 움직였다.

이 '삼각병사' 근처에도 석비가 서 있었다. 몇 분이 석비를 향해 인사말을 던지는 모습이 보였다. 그것이 끝나자 '나데시꼬대' 여러분이 준비해 온 술과 차, 사쓰마아게[어육魚肉을 갈아서 당근, 우엉과 함께 기름에 튀긴 음식 – 옮긴이] 등을 차렸다.

준비해 온 비닐 시트를 깐 뒤 보온병에 담아온 뜨거운 물로 솜씨 좋게 차를 타서, 술을 드시지 않는 분들에게 권했다. 남성들에게는 종이컵에 술을 부어 돌렸다. 바지런한 그 몸놀림을 보고 있자니 어찌된 영문인지 눈물이 자꾸 나와 낭패스러웠다.

'나데시꼬대' 여성분들이 예전의 그 소녀들 모습과 오버랩되었다. 분명히 그 때도 이런 식으로 정성껏 일을 했으리라.

해마다 그랬던 것처럼 당연하다는 듯이 움직이는 그 모습. 자신들은 조금도 알아차리지 못하겠지만, 내 눈에는 갸륵한 소녀들의 모습이 생생하게 떠올라 애처로움을 어쩔 수 없었다. 그리고 '나데시꼬대'의 여러분들로서는 관음당에서의 위령제보다 여기서의 위령이야말로 당시를 추억하는 시간이리라고 여겨졌다.

오키나와로① — 첫 번째 목적, 평화의 초석

그해 추석에는 오키나와로 가보자는 결심을 했다. 목적은 두 가지였다.

하나는 오키나와 전투가 마지막으로 끝난 곳 이토만(絲滿) 시 마부니(摩文仁) 언덕에 있는 '평화기념공원'을 찾아가는 것이다. 오키나와 최후의 격전지인 오키나와 최남단의 땅 마부니 주변은 당시 류큐(琉球) 정부에 의해 '오키나와 전적戰跡 정부립政府立 공원'으로 지정되었다(1965년).

나아가 오키나와가 일본으로 반환된 뒤인 1972년부터 본격적인 정비가 이뤄졌다. 이후 '평화기념자료관'과 '평화기념당', '국립 전몰자 묘비' 등이 드넓은 부지 내에 차례차례 건설되었다.

그런 가운데 스스로도 소년병이었던 체험을 가진 오오타 마사히데(大田昌秀) 씨가 오키나와 현 지사였던 1995년에 공들여 건설한 것이 '평화의 이시지(礎)'다.[이하 '평화의 초석礎石'으로 표기함 - 옮긴이]

오키나와 전투 종결 50주년을 기념하여 건설한 것으로, 비참한 전쟁의 교훈을 풍화시키지 않고 평화 창조의 이념을 일본 전국, 그리고 세계를 향해 퍼트려 가자는 취지로 만들어졌다.

이시지란 원래 기둥 등의 아래에 놓는 초석이다. 따라서 어떤 일의 기초가 되는 것, 근본이라는 의미를 지닌다.

여러 석비로 이뤄진 '평화의 초석'은 그야말로 평화의 근본이 되어야 했기에 희생자의 혼령을 위로함과 동시에, 잃어버린 생명의 소중함을 기억 속에 간직하자며 건설된 시설인 것이다. '평화의 초석'은 적과 아군, 군인과 민간인의 구분 없이 오키나와 전투에서 타계한 모든 분들의 이름을 기록하는 석비이며, 이름의 표기는 '모국어의 표기를 따른다'고 정했다.

여기라면 오키나와 전투에서 전사한 미쓰야마의 본명이 적혀 있을 터였다. 드넓은 부지 안에는 화강암으로 만든 병풍과 같은 모양의 석비가 줄줄이 늘어서 있다. 전부 118기. 여기에 오키나와 전투로 타계한 약 24만 명의 이름이 하나하나 새겨져 있는 것이다.

덧붙이자면 일본인 중에는 오키나와 출신이 약 15만 명, 그 외 각 지역 출신이 약 8만 명이다. 전몰자는 일본 47개 광역 지방자치단체의 모든 지역에 걸쳐 있다. 또한 외국 국적을 가진 사람으로는 미국 1만 4천9명, 영국 82명, 타이완 34명, 북한 82명, 한국 365명이다 (2016년 6월 현재).

9월, 오키나와 공항에 도착하자 나는 곧장 '평화의 초석'으로 향했다. 우선 광활한 부지에 압도당했다. 석비들은 가지런히 구분되어 있었다. 일본 각 지역별, 그리고 나라별로 나뉘어져 있었다.

홋카이도는 말할 나위도 없고, 당시에는 일본 땅이었던 사할린으로부터도 병사들이 파견되었음을 석비를 둘러보면서 새삼 알아차렸다. 그들로서는 오키나와가 거의 이국땅이었으리라. 아무 인연도 연고도 없는 머나먼 땅 끝의 들녘에서 쓰러지고, 절망 속에서 목숨을 잃어가는 것이 얼마나 쓸쓸했을까. 그 얼마나 고향과 어머니를 그리워했을까를 떠올리면, 저절로 가슴이 아파왔다.

미국과 영국 출신들의 석비는 가로글씨로 되어 있다. 한반도의 남북한에 대해서는 한자漢字 표기도 가나다라 순으로 새겨졌다.

미쓰야마의 본명으로 된 것이라면 여기밖에 없다는 생각으로, 그걸 내 눈으로 직접 확인해 보고 싶었다. 따갑게 내리쬐는 햇살 아래 마침내 대한민국 석비를 발견했고, 그 가운데 한자로 '卓庚鉉'이라 적힌 이름을 찾아냈다. '1998년 각명刻銘'으로 표기된 석비들 속에 있었다.

대한민국의 석비에 새겨진 이름은 한꺼번에 각명되지 않고 차례대로 새겨진 모양이었다. 유족이라면 누구나 그렇게 하듯이 나도 자연스레 '卓庚鉉'이라는 글자를 손가락으로 어루만졌다. 그가 꿈에까지 나타나 "조선의 이름으로 죽고 싶었다"고 말하던 바로 그 '조선 이름'이 여기 분명히 남아 있지 않은가.

그런데 글쎄, 어떨까? 그 글자를 자세히 살피니 한자가 틀리지 않은가. '庚'자에는 불필요하게 가로로 한 줄이 더 그었고, '鉉'자는 '鑛'으로 잘못 적혀 있었다. 도대체 왜 이렇게 해놓았지?

'배려에는 감사하지만 내 이름, 한자가 틀리잖아!' 하고 저 세상에서 미쓰야마가 쓴웃음을 지을 것 같았다.

이 석비를 관리하는 오키나와 현청의 '평화추진과'(당시)로 곧장 찾아갔다. 가네키(金城)라는 성씨를 가진 담당자가 정중하게 응대해 주었다. 기록을 위해 촬영해 둔 비디오 화면을 보면서 설명하자, 이내 몇 권의 파일을 가져와 확인하면서 말했다.

"그렇군요, 이건 원장元帳에서 옮겨 쓰면서 저희 직원이 잘못 적었네요."

"그럼 이제 어떻게 되지요?"

"바로잡겠습니다."

"그렇게 말씀하시지만 저리 커다란 비석에 새겨진 것을 무슨 수로 고쳐 쓰나요?"

"문제없습니다. 고칠 수 있습니다."

가네키 씨의 설명에 의하면 오키나와 전투에서의 대한민국 측 희생자는 후생성(당시)에서 나온 명부에 의존하는데, 당시 한반도가 일본에 합병되어 있었던 탓으로 명부는 모두 일본 이름으로 작성되었다고 한다.

'평화의 초석'에 이름을 새기기 위해서는 무슨 수를 쓰든 '조선명朝鮮名'을 밝혀내지 않으면 안 된다. 그래서 한국의 어느 대학교수에게 조사를 의뢰했다. 그 분이 후생성 명부에 기재된 본적지에서 한국 호적을 훑어, 일본 이름에서 한국 이름을 찾아냈다는 것이다.

나아가서는 '평화의 초석'에 이름을 새기는 것에 대해 유족의 양해를 구한 다음, 해마다 각명 작업을 하고 있다고 했다. 덧붙이자면 사정은 북한 쪽도 마찬가지일 텐데 "일본 측에서 타진했을 때 북한은 신속하게 명부를 보내왔습니다. 아무래도 다른 곳이니까요"라면서 가네키 씨가 미소를 지었다.

하지만 한국에서는 엄청나게 면밀한 조사가 이뤄진 모양이었다. 원장이 된 파일을 보니 꼼꼼하게 손으로 직접 쓴 글이 나열되었다. 일본 이름에 이어 밝혀낸 조선 이름, 본인의 본적지, 각명을 승인한 유족의 이름과 현주소, 친족 관계 등이 적혀 있었다.

이 조사 파일에 의하면 미쓰야마의 각명을 허락한 사람은 '손자'로 나와 있고, 이름은 '탁성룡卓成龍'이라고 되어 있다. 처음 대하는 이름이었다.

후생성에서 나온 대한민국 전몰자 명부는 약 400명이라고 한다. 이것을 한 명, 한 명 해명해 나가는 것은 예사로운 작업이 아니었으리라. 대관절 어떤 분이 조사를 담당하고 있는지 흥미가 일었다.

언젠가는 반드시 만날 날이 올 것이라는 예감이 들었다. 그 분은 홍종필洪鍾 교수, 명지대학 사학과 교수였다. 나는 그 분의 연락처를 확인한 다음 오키나와 현청을 나섰다.

덧붙이자면 몇 해 뒤 '평화의 초석'을 다시 찾아가 보니, 잘못 적힌 이름 부분을 도려내고 올바른 이름이 새겨진 석재가 박혀 있었다. 자세히 살피지 않으면 고친 사실을 알아차리지 못할 만큼 정교하게 바로잡아 놓았다.

오키나와로② — 두 번째 목적, 하얀 산호 조각

나아가 나는 도마리항(泊港)에서 배편으로 게라마(慶良間) 제도諸島의 자마미(座間味) 섬으로 향했다. 내가 처음 이 섬을 찾아간 것은 1996년 무렵이었으리라.

자마미 섬이 있는 게라마 제도는 세계에서도 굴지의 다이빙 스폿이다. 오키나와 본섬 남쪽 끝에서 보자면 서쪽에 위치한다.

수중 사진가인 나카무라 이쿠오(中村征夫) 씨와, 나가노(長野) 출신인데도 완전히 오키나와에 매료되어 지금은 오키나와에 정착한 사진가 다루미 겐고(垂見健吾) 씨의 소개로 '센도론(船頭殿)'이라는 민박에서 신세를 졌다. 이후 바다뿐 아니라 자마미의 아름다운 자연과, 민박 주인의 인품에 반해 거의 해마다 여름이면 이 섬을 찾아갔다.

지금 돌이켜보니 이 또한 불가사의한 인연이라고 밖에 말할 수 없다. 실은 자마미 섬은 1945년 3월 26일, 오키나와 전투에서 미군이 최초로 상륙한 섬이다. 여기서도 비참한 전투가 되풀이되었다.

이윽고 궁지에 몰린 섬에서는 수많은 사람들이 '자결'을 했다. 자결 현장이 된 곳에는 위령탑이 세워져 있고, 그런 장소가 섬 가는 곳마다 있는 것이다.

섬의 노인으로부터 자결을 시도했을 때의 이야기를 들어보았다.

그랬더니 수류탄 한 발을 둘러싸고 어깨동무를 하고 빙 둘러선 모양으로 내려다보면서, 수류탄이 터지기를 기다렸다고 한다. 치명상을 입지 않으면 오래 고통을 당한다. 그보다는 차라리 편하게 죽자면서 다들 필사적으로 머리를 수류탄 쪽으로 향해 서로 몸을 숙였다는 것이다. 그러나 다행히 수류탄이 불발되어 목숨을 유지할 수 있었다고 한다.

좁은 참호 속에 많은 사람들이 숨을 죽이고 숨어 있었던 일, 도망치느라 밤중에 캄캄한 산길을 헤매던 일. 너무나도 처절하고 서글픈 이야기들이 많았다.

자마미에서는 요즈음도 이따금 불발탄이 발견되어 앞바다에서 폭파 처리를 한다고 했다.

이곳에 오면 늘 묵는 '센도론'에서 약간 떨어진 곳에 내가 종종 들르는 옛 자마미 비치까지 오가는 버스 정류장이 있다. 바로 그 곁에 미군 상륙지를 알리는 비석이 서 있다. 이 비석은 1945년 3월 26일, 오키나와 전투의 발판으로 삼기 위해 먼저 상륙한 장소가 바로 이곳이었음을 알려준다.

비치로 갈 때마다 늘 별 생각 없이 쳐다보던 비석. 미쓰야마의 발자취를 조사하기 시작하자마자 비석이 던지는 의미의 무거움이 점점 더 나를 압박해 왔다. 미쓰야마가 추락한 것은 '오키나와 서쪽 바다 위'로 기록되어 있다.

오키나와 본섬을 공격하려던 미군은 먼저 이 자마미 섬으로 3월 26일 상륙했다. 그렇다면 5월 11일에 출격한 미쓰야마가 조종하던 전투기는 분명히 이 자마미 섬과 오키나와 남단南端을 이어주는 해역에 추락했던 게 아닐까?

내가 즐겨 찾는 옛 자마미 비치에는 하얀 산호 조각이 많이 밀려든다. 똑같은 자마미이건만 어찌 된 영문인지 다른 비치에서는 이런 산호 조각이 그다지 눈에 띄지 않는다. 게다가 하얀 산호 조각은 흡사 유골과 같기도 하다.

오키나와에서의 두 번째 목적은 그 산호를 줍기 위한 것이었다. 특공으로 바다에 가라앉은 병사들의 유골 따위는 있을 리 없다. 나는 하다못해 최후를 맞았던 바다 근처에서 유골로 간주하여 산호를 줍고자 했다.

그러려면 한국에서 혼령이 이 세상으로 돌아온다고 여겨지는 '추석'이어야 한다고 마음먹고 있었다. 2000년 음력 8월 15일은 양력으로 9월 12일. 오키나와에는 대형 태풍이 접근하여 아침부터 숲이 폭풍우에 휩쓸리고 있었다.

그래도 '어떻게 해서라도 유골을 모으는 것은 추석이 아니면 안 된다'고 작심한 나는 어렵사리 비치에 도착했다. 거기서 하얀 산호 조각과 예쁜 조개껍질을 모은 다음, 물에 빠진 생쥐 꼴이 되어서 숙소로 돌아왔다.

나는 그것을 도쿄로 가져가 날마다 물로 씻으며 기도를 올렸다.

3

한국에서 만난
탁씨 일족의 수수께끼

서울에서 살다① — 『서울의 달인』 최신판 /

서울에서 살다② — H선생과의 만남 /

서울에서 살다③ — 피부로 느끼는 한국 /

서울에서 사는 탁씨의 본가本家 사람 /

탁성룡 씨와의 대면 / 석비 건립 장소를 발견?

서울에서 살다 ① —『서울의 달인』 최신판

　세상은 한일 공동 주최가 된 2002년 월드컵 축구에 대한 기대가 높아지고 있었다. 한국과 일본에 연계된 활동이 평가를 받은 것인지 나에게 월드컵 일본 조직위원회 이사라는 역할이 주어졌다.

　그걸 계기로 나는 서울에서 살기로 했다. 오랜 세월 한국과 인연을 맺으면서도 본격적으로 살아본 경험이 없는 것을 아쉽게 여기고 있었기 때문이다. '살아봐야 비로소 알 수 있는 일이 분명히 있으리라'고 생각했다.

　당시는 지금처럼 한국 뉴스나 거기에 관여하는 인재가 풍부하지 않았던 탓으로, 월드컵을 앞두고 나에게 강연이나 한국 취재 등의 의뢰도 많았다. 좀 더 한국의 실태를 깊이 살펴서 정도精度가 높은 리포트와, 여태까지 선보인 적이 없는 충실한 책을 만들고 싶었다.

그러나 한국으로 떠나는 데 대해 주위의 이해를 얻지 못했다. '무얼 그렇게까지 할 필요가 있을까?' 하는 게 솔직한 심정이었고, 만약 현재의 내가 당시의 나로부터 의견을 구했더라도 자신 있게 등을 떠밀었을지 어떨지 모르겠다. 단지 주위 사람들은 누구나 내가 한 번 뱉은 말은 절대로 거두지 않는다는 사실을 잘 알고 있었으리라 본다.

2000년 후반부터는 한국 체류를 위한 준비를 시작했다. 우선 치과를 다니면서 완벽하게 치아 치료를 했다. 나아가 도쿄의 집에 우편물이 쌓이면 낭패니까 다이렉트 메일 등이 올 때마다 차단하도록 요청했다. 한편으로는 수시로 서울로 건너가 친구들에게 부탁해 둔 셋집을 돌아본 뒤 계약을 하는 등 착착 준비를 갖춰 나갔다.

2001년 1월부터 서울의 남산 언저리에 둥지를 틀고, 우선 석 달 동안 서강대학 어학 센터에 다니기로 했다. 이제까지 독학으로 공부한 한국어를 조금이나마 더 숙달시키고 싶었다. 사전 체크 결과 별안간 최고 단계인 7급으로의 월반越班이 정해졌는데, 읽고 쓰기 실력이 떨어지는 나로서야 어떻게 해서든 클래스메이트들을 뒤좇으려 집에서도 필사적으로 공부에 매달렸다.

내 인생에서 그토록 책상에 들러붙어 공부한 적이 없었다. 그렇지만 어른이 되고 나서 스스로를 위해 공부하는 것이 이렇게 신바람이 날 줄은 미처 몰랐다.

2002년 월드컵의 모든 일정이 끝날 때까지 꼬박 1년 반을 서울에서 지냈다. 물론 그 사이에도 한 달에 한두 번은 일 때문에 일본을 다녀오기도 했다. 또한 이따금 한국 매스컴에 등장하기도 했으나, 내가 거기에 중점을 둔 것은 아니었다.

내가 가장 중요하게 여겼던 것은 『서울의 달인達人』이라는 가이드북의 개정판을 만드는 작업이었다[『서울의 달인~최신판』 2002년 고단샤(講談社)]. 개정이라고 해도 새로운 콘셉트로 전부 새롭게 고치는 것이어서 석 달 간의 어학강좌를 졸업하고부터 매일 취재와 집필에 쫓겼다.

실제로 현장으로 달려가 관계자를 취재할라치면, 겉보기에는 서민의 부엌과 같은 재래시장에도 깊은 역사와 유래가 있음을 알게 되었다. 표면적이고 오락적인 내용뿐 아니라, '읽히는 가이드북'을 목표로 삼았다.

저자가 1년 이상 현지에 체류하면서 직접 취재하고, 사진을 찍고, 집필에 매달린 가이드북은 상당히 이색적이었으리라. 결국 이 책은 나로서도 '참고서'와 다름없는 존재가 되어, 요즈음도 무언가 깜박했을 때 종종 페이지를 넘겨보곤 한다.

『서울의 달인』에서는 항상 '읽을거리' 페이지를 덧붙였다. 가령 문화인류학 교수에 의한 한일 문화비교, 현재 15대 도공인 심수관沈壽官 씨가 수련을 쌓은 옹기 공방을 찾아가는 여행, 『애호哀號의 수수께끼』라는 제목으로 '아이고'라는 감탄사에 대한 일본인의 오해를 푸는 에세이 등등.

그리고 이 때의 개정판에서는 반드시 H교수를 다루고 싶었다. 오키나와 전투에서 타계한 조선인 전몰자의 발자취를 한 사람, 한 사람 더듬어 가는 작업은 결코 예사로운 일이 아니었을 터였다.

대관절 어떤 경위로 그 같은 작업에 손을 댔는지, 또 그 고생담도 여쭤 보고 싶었다. 한일합병의 역사와 태평양전쟁의 틈바구니에서 우리들 일본인이 꼭 알아야 할 부분이라고 여겼다. 또한 선생은 '미쓰야마 후미히로(탁경현)'에 관해서도 유족을 찾아가 각명의 허락을 얻어냈다. 각명을 허락한 '탁성룡'이라는 인물을 나는 짐작조차 하지 못했던지라 개인적으로는 거기에 관해서도 반드시 확인해 보고자 하는 생각이 있었다.

다른 글은 이미 전부 집필을 마쳤다. 홍 교수의 인터뷰, 그것이『서울의 달인~최신판』의 마지막 취재였다. 전화를 드렸더니 흔쾌히 취재에 응해 주셨다. 그래서 2002년 2월, 선생은 수많은 자료로 가득 채워진 여행가방을 끌면서 내 서울 집을 찾아주셨다.

서울에서 살다② — H선생과의 만남

선생이 전몰자 조사에 관여하게 된 것은, 1994년에 KBS에서 다큐멘터리 프로그램 〈홍길동〉을 제작하느라 예비조사를 위해 오키나와를 방문한 것이 계기가 되었다. 홍길동은 한국인이라면 누구나 아는 소설의 주인공으로, 네즈미코조지로키치(鼠小僧次郎吉)[소설가 오사라기 지로(大佛次郎)가 1931년에 발표한 소설 – 옮긴이]처럼 약자를 도와 강자를 물리치는 의적이다.

서민들의 영웅이었던 홍길동은 그 후 어느 섬으로 건너가 신분차별이 없는 이상향理想鄕을 세웠다고 한다. 한국 어린이들로서는 일본의 '모모타로(桃太郎)'처럼 친근한 동화와 같은 이야기다.

여담이지만 은행이나 관공서에 가면 서류를 작성하는 샘플이 있다. 그 샘플의 이름을 쓰는 칸에 일본이라면 '야마다 타로(山田太郎)'라고 해둘 곳을, 한국에서는 대개 '홍길동'으로 적어 놓았다. 그만큼 서민들에게 친숙한 캐릭터인 셈이다.

바로 그 홍길동이 이상향으로 삼은 섬이 오키나와였을 거라는 설이 있었다. 그걸 프로그램으로 제작하기 위한 '감수監修' 역할을 H선생이 담당했으리라. 말하자면 프로그램의 시나리오 헌팅을 하던 일행이 마침 '평화의 초석'을 건설중이던 현장과 마주친 모양이었다.

그러나 당시 H선생은 한국인 희생자가 각명되어야 할 석비가 공백인 채, 여태 단 하나의 각명도 이뤄지지 않고 있음을 목격하고 충격을 받았다고 한다. 후생성이 만든 명부가 일본 이름으로 작성되어 조선 이름을 알 수 없었던지라, 조사와 각명 작업이 진척되지 않았던 것이다.

H선생이 '평화의 초석'이 처한 현실을 알게 된 것이 인연으로 이어져, 오키나와 현이 정식으로 조사 의뢰 요청을 했다. H선생도 신중하게 검토하여 기초 조사를 한 결과, 도저히 맡기 어렵다고 일단 거절한 모양이었다. 하지만 재삼 요청을 받게 되자 어쩔 수 없이 맡게 되어, 1995년부터 제1차 조사를 시작했다고 한다.

이 조사는 누구라도 할 수 있는 것이 아니었다. 가장 중요한 것은 한자를 읽을 수 있어야 하는 점이었다. 일본의 명부와 호적부는 두말할 나위가 없거니와 당시 한국의 호적부도 간단한 토씨를 한글로 표기했을 뿐, 나머지는 모조리 한자로 적혀 있었다.

그로 인해 '일본어를 이해할 수 있을 것'과 '한자를 해독할 수 있을 것'이 필수조건이었다. 현대 한국에서는 한자를 '일본 문화의 잔재'라고 하여 전부 한글 표기로 바꿔버렸다. 그런 탓으로 설령 한글을 사용했더라도 한자가 섞인 자료라면, 그것이 자국의 자료라도 읽을 줄 아는 사람이 몇 되지 않는다는 결정적인 문제가 생겨난다. 실제로 한국에서는 자신의 이름조차 한자로 적지 못하는 사람이 많다.

H선생은 어릴 때 식민지 교육을 받았다. 나아가 교토대학과 도쿄

대학 객원교수로서의 경력도 있었으므로, 주로 한자로 적힌 한국의 옛 호적부 등도 아무 문제없이 읽을 수 있었다.

조사의 순서는 우선 일본 후생성이 제출한 명부에서 합병 당시 '일본인으로서의 호적부'를 뒤진다. 그런 다음 거기에 기재되어 있는 본적지에서 '한국의 호적부'를 발굴하고, 그것을 근거로 유족(직계 장손으로 이어지는 친족)을 찾아낸다고 했다.

그러나 한국에서는 이사가 아주 잦은데다가, 6·25전쟁으로 호적등본이 소실되기도 하여 유족 추적이 여간 어려운 작업이 아니었다. 또한 당시 징병 등으로 동원될 경우, 당사자 대신 머슴을 내보낸 케이스도 있었던 모양이다. 머슴은 원래 호적이 없기도 했던지라 그런 사람의 이름을 밝혀내어 유족을 찾기란 무척 어려웠다고 한다.

또한 혈통을 중요시하는 한국에서는 장남에게 징병 의무가 부과될 경우에도 속여서 차남을 보내는 경우도 빈발했다고 한다. 그런지라 실제 전몰자를 특정하기란 지극히 곤란한 일이었다. 경우에 따라서는 각지 공무원이나 경찰서, 국회의원들에게까지 도움을 요청한 모양이었다.

이 작업을 하느라 H선생은 한국의 전국 방방곡곡은 물론, 일본이나 중국에까지 이주자를 찾아 돌아다녔다. 관공서 등지에서 모르면 논밭에서 일하는 노인이나 양로원을 찾아가, 나이 지긋한 이들을 붙잡고 당시의 이야기를 들으면서 힌트를 얻기도 했다.

그렇지만 그렇게까지 하여 유족을 찾아내더라도 '평화의 초석'에 각명하자는 말을 꺼내면 거절당하고 마는 수도 있었다. 왜냐하면 일본 군인으로서 전사했다는 것은 한국에서는 일본을 위해 목숨을 바친 '친일파'로 간주되기 때문이다. 나아가서는 '매국노' 취급을 당하는 수마저 있는지라 그 증거를 석비에 새긴다는 것은 절대로 용납하지 못할 일로 여기는 셈이다.

그런 유족을 수시로 찾아가서 "미래의 평화를 위한 일이다"고 설득을 거듭한다고 했다. H선생이 말씀하셨다.

"일본으로 끌려간 사람들은 정말이지 아무 것도 모르는 가난한 사람들이었습니다. 부자는 그런 경우를 당하지 않았습니다. 그러나 그들은 어느 날 갑자기 이유도 없이, 어디로 가는지조차 모르는 채 경찰로 끌려갔습니다.

그리고 일주일 정도 기초 훈련을 받은 뒤, 배로 일본으로 끌려가 참호를 파는 등의 일에 동원되었습니다. 이런 불쌍한 인생이 있을 수 있습니까? 역사란 부자들에 의해 만들어지는 게 아닙니다. 이름도 없는 수많은 서민들에 의해 만들어집니다. 그들의 뒷받침이 없는 역사는 있을 수 없습니다.

그들에 대한 조사를 누군가 하지 않으면 안 되는데도, 아무도 하려고 하지 않습니다. 그들에 관해 대한민국은 1948년 8월 15일의 독립 이전의 일이니까 조사하려 하지 않고, 일본에서는 샌프란시스코 조약으로 일본 국적이 없어진 것으로 되어 있습니다. 말하자면 한국과 일본 양쪽에서 버림받은 사람들입니다. 이런 사람들을 도우려는 사람이 아무도 없다는 것은 서글픈 일 아닙니까?

게다가 오키나와는 반면교사反面教師와 같은 산교육 현장이기도 합니다. 24만 명이나 되는 사람들이 목숨을 잃은 비극을 두 번 다시 되풀이하지 않도록 호소해 가는 것이 역사가의 사명이자, 현대를 살아가는 인간의 의무라고 생각합니다.

그저 학문을 하는 게 아니라, 어떤 식으로 해서 국민에 대해 그런 일이 다시 일어나지 않도록 호소할까. 한일 두 나라의 평화, 나아가 아시아의 평화, 세계의 평화에 기여하고 공헌하는 것이 학자가 해야 할 일이라고 믿습니다."

이 같은 노고에 대해 오키나와 현에서 연간 약 120만 엔이 '위탁금'으로 지급되는 모양이었다. 하지만 H선생에 의하면 유족 한 명을 찾아내는 데 대체적으로 10만 엔가량의 경비가 든다고 한다. 도저히 위탁금만으로는 충당하기 어려워 사재를 털어 조사를 벌여나간다고 했다. H선생은 거기에 관해 이렇게 말씀하신다.

"나는 돈 때문에 하는 게 아닙니다. 돈을 받고 한다는 것은 도리어 마음이 무겁습니다. 그렇지만 조사를 빨리 진행하지 않으면 더 어려워지기만 할 뿐이어서 서둘러야 하는 것입니다."

이 시점에서 명부의 약 70퍼센트가 해결되었다. 나머지 30퍼센트는 원래 명부의 기재에 오기誤記와 불비不備가 많아 추적 곤란한 것이 남아 있었다.

무슨 수를 쓰던 이들도 마지막까지 조사해 가고 싶다는 H선생. 그런데 오오타 마사히데 지사가 이나미네 게이이치(嶺惠一) 지사로 교체됨에 따라 오키나와 현의 '평화의 초석' 사업에 대한 관심이 줄어들고 말았다고 한탄했다.

실제로 담당 부서인 '평화추진과' 자체를 없애 버리려는 움직임이 있었고, 2000년도에는 예산 책정조차 하지 않았다. NHK와 아사히 신문의 지적이 있자 '예비 예산'으로 대응한 경위가 있었다고 한다.

그리고 2017년 현재, 예전의 '평화추진과'는 '어린이 생활복지부 평화 원호·남녀 참가과' 내 '평화추진반'의 담당이 되었다. 역시 축소되었다는 느낌은 부인하지 못한다.

결국 H선생에 대한 조사 의뢰는 2003년으로 끝났다. 평화추진반에 문의한 결과, 그 후의 각명 절차는 '한국 측 유족의 신청에 따르며, 상당한 근거가 있다고 인정된 경우에 추가 각명이 행해진다'고 했다. 그러나 대한민국의 각명이 여기까지 나아온 것에 대해서는, 당초 H선생의 지대한 노고가 있었음을 우리가 마음에 새겨두지 않으면 안 된다고 생각한다.

H선생과의 인터뷰를 정리하여 원고 집필을 마쳤다. 머릿속에 이내 떠오른 이 칼럼의 타이틀은 이것밖에 없었다.
'역사가의 양심을 걸고!'

서울에서 살다③ ― 피부로 느끼는 한국

세 번의 개정에 따라 전체적으로 새로워진 『서울의 달인~최신판』은 2002년 6월에 개최되는 월드컵을 겨냥하여 급히 서둘러 만들어져 2002년 4월에 출간되었다. 독자들로부터는 이 칼럼에 대한 공감의 편지도 부쳐져 왔다. 그 대다수는 "H선생님의 노고에 대해 우리가 무엇으로 보답하면 좋을까?" 하는 공감과 칭찬으로 가득 차 있었다.

2001년 1월부터 월드컵이 종료된 2002년 6월까지의 1년 반은 그야말로 노도怒濤와 같은 날들이었다. 오직 1년 반 사이에 집을 빌리고, 가재도구를 갖추었다. 더구나 학교도 다니고, 이웃과도 사귀었다. 나아가 책을 집필하고, 배우의 일과 강연까지 해냈다.

짧은 시간이긴 했으나 여행객이 아닌 '생활자生活者'로서 피부로 느낀 서울은, 확실히 이제까지와는 다른 다양한 얼굴을 내게 보여 주었다. 하지만 언제까지 서울에서 한가롭게 지낼 수는 없는 노릇이다. 월드컵이 끝났으니 재빨리 도쿄로 돌아가서 그동안의 공백을 되돌려 놓지 않으면 안 되는 것이다.

차근차근 서울로 떠날 준비를 했던 것처럼, 귀국할 때에도 차근차근 준비를 해나갔다. 짧은 서울 생활이었으나 미련이 남았다. 높은 곳에 자리한 내 방에서는 계절마다 남산의 경치가 아름답게 시야에 들어왔다. 서울의 밤하늘은 도심의 불빛이 비쳐 붉은색을 띠는 게 신기했다.

생활을 시작한 그해 겨울은 기록적인 추위와 폭설이 내렸다. 눈이 계속 내리는 산의 경치는 마치 수묵화처럼 아름다웠다. 그러나 학교를 오가는 길이 얼어붙어 미끄러지는 바람에 골절상을 입는 해프닝도 겪어야 했다.

산에 가득 핀 벚꽃이 봄 안개에 흐릿하던 풍경. 여름 나뭇잎의 아름다움.

괴상한 일본인에게 항상 상냥하게 말을 걸어주던 상점 주인과 경비원 아저씨. "홀로 지내니 외롭지 않나?", "추석인데 일본에 돌아가지 않나?" 하고 나를 염려해 주었다.

김치를 주던 이웃 아주머니. 어느 날 도쿄에서 돌아왔더니 배추김치와 물김치가 든 커다란 플라스틱 통이 냉장고에 들어 있어서 깜짝 놀랐다. 고층 맨션에서의 생활에서도 역시 한국인다운 인정이 있었다.

어렵사리 그토록 바라던 서울 생활이었음에도, 찬찬히 맛볼 수도 즐길 수도 없이 날마다 허둥지둥 돌아다녔다. 그렇지만 '산다'는 것은 어차피 그런 것일지 모른다.

정말로 서울에서 살기 시작했다는 사실을 안 동업자 여러분은 '이제 일본으로는 돌아오지 않는다', '배우를 그만두었다'고 여긴 모양이었다. 귀국한 뒤 그런 이미지를 불식시키는 게 쉽지 않았다. 실제로 지금도 서울에 집이 있는 것으로 아는 사람이 많다는 사실에 깜짝 놀라기도 한다.

서울에서 사는 탁씨의 본가本家 사람

일본으로 돌아온 나는 배우 일을 슬슬 시작하면서, 드디어 미쓰야마의 이름을 새긴 석비 건립을 위해 '구체적으로' 움직이지 않으면 안 되겠다고 결심했다. 그리고 또 다시 일본과 한국을 오가는 생활이 시작되었다.

석비를 건립함에 있어서 '미쓰야마 후미히로(탁경현)'이라는 인물에 대한 '검증'부터 하자고 생각했다. 당시 내 수중에 있던 탁경현에 관한 이력은 어딘가의 서적에 적혀 있거나, 누군가의 증언으로 얻은 것뿐이었다. 그런 정보가 서로 어긋나지는 않았으나, 사소하지만 약간 다른 것도 있었다.

그러려면 우선 H선생이 탁경현의 이름을 '평화의 초석'에 각명하도록 허락을 얻어낸 '탁성룡'이라는 인물에 관해 알아야 한다고 판단했다. 하지만 그때까지 내가 알고 지낸 사촌누이 탁정애 씨나, 이미 타계한 탁남현 씨의 아내 이순남李順男 씨에게 '탁성룡'이란 인물에 대해 물어보았으나 전혀 짐작이 가지 않는다고 했다.

대관절 이 '탁성룡'이라는 사람은 탁경현과 어떻게 얽혀 있을까? H선생은 각명 허락을 받을 때 반드시 직계 장손을 훑어 내렸다고 했다. 탁경현의 주변 인물이 아니라, 탁씨의 호적을 조사하여 직계 장손을 대대로 더듬어 가서 그 후예에 해당하는 인물을 만나 허락을 얻어냈다는 것이다. 그 사람이 '탁성룡'이라고 했다.

그런 인물이 있다면, 석비를 세우려면 직접 만나 나 역시 양해를 구하지 않을 수 없다고 생각했다. 나는 H선생에게 부탁하여 그 사람에게 연락을 취해 주도록 했다. 그리고 자택으로 찾아가게 되었다. 탁성룡 씨는 서울시 강동구 고덕동에서 살면서 내장 공사 관련 업무에 종사한다고 들었다.

탁성룡 씨와의 대면

2003년 9월. 그 불가사의한 꿈을 꾼 지 벌써 10년이 넘는 세월이 흘렀다.

바다를 걸치고, 국경을 사이에 둔 작업은 좀체 뜻대로 나아가지 않았다. 그러나 서두르기보다 늦어도 '든든하게' 해나가자고 결심했다. 시간이 걸리더라도 신중하게 '검증'해 가면서, 나는 이따금 『가이몬다케』에 등장하는 구라가타 모모요 씨를 떠올리고 있었다.

미쓰야마 출격 당일의 날씨를 기상청에서 조사하고, 제51 진무대 아라키 대장의 부인을 찾아간다. 정중하게 그 발자취를 좇아간 심정을 알고도 남을 것 같았다.

조금이라도 적당히 넘어가고 싶지 않았다. 한 인간이 살았던 증거를 추적한다면서 얼렁뚱땅할 수는 없는 노릇이었다. 오키나와에서 '유골'로 간주하여 주워온 산호, 조촐하긴 해도 집에다 모셔놓게 된 이래 컴퓨터 데스크 탑에도 그의 사진을 붙이고 석비 건립이 이루어질 날을 고대했다. 그리고 지금, 오랜 세월 끝에 탁씨 직계가 되는 분을 만나 뵙게 된 내 가슴은 두근거렸다.

탁성룡 씨의 자택 방문에는 H선생도 동행해 주셨다. 아파트 입구에서 탁성룡 씨와 부인이 우리를 기다리고 있었다. 그는 온화한 느낌의 다부진 체격을 가진 분이었다. 탁경현과 닮았다! '일족의 얼굴'이라고 생각했다. 왠지 무척 그리운 기분이 들었다.

탁성룡 씨는 호적등본까지 준비해 놓았고, 근처에 사는 모친 최정희崔亭姬 여사도 자리를 같이 해주셨다. 호적을 보니 탁성룡 씨는 직계이긴 했으나 둘째였고, 장남은 '성수成洙' 씨라는 분이었다. 여러 사정으로 인해 장남을 대신하여 차남이 각명 승인의 책임자가 된 듯했다.

우선은 오랜 시간에 걸쳐 호적등본을 살피면서 '가계도家系圖'의 해명에 매달렸다. 여기에는 최 여사의 증언이 크게 도움이 되었다.

탁성룡 씨의 가계는 직계 장손이었다. 탁경현의 아버지 대에서는 직계 장남 다음으로 세 아들이 있었고, 탁경현은 4남인 탁재식卓在植의 장남이라는 사실이 밝혀졌다.

탁경현의 사촌형 남현 씨의 집에는 한 장의 가족사진이 남아 있었다. 사진관에서 찍은 것으로 여겨지는 이 사진에는 탁경현 아버지 대代의 차남, 3남, 4남과 탁경현, 누이인 덕지 씨가 자리를 함께 했다. 다들 세련된 양복 차림이어서 유복했던 가정의 분위기를 자아냈다.

단지 이 사진에는 어찌 된 영문인지 장남인 '흥순興錞' 씨의 모습이 보이지 않는다. 또한 차남과 3남, 4남의 이름이 각각 '재관在寬' '재찬在讚' '재식'으로 '재' 자 돌림인데, 장남만 별도였다.

또한 삼형제만의 가족사진이라는 사실을 놓고 보더라도, 장남 계열 가족과 차남 이하의 가족들 사이에는 어떤 이유에서인지 커다란 단절이 있는 것처럼 비쳤다. 탁성룡 씨 대에 와서는 부산의 정애 씨나 남현 씨와 전혀 모르는 친척이 된 것이다. 어머니 최정희 여사의 이야기로는 당시 인근에 살면서 서로의 존재를 인식하고 있었고, 친척끼리의 교류가 있었음을 알 수 있다.

왼쪽부터 차남 재관, **4**남 재식(父), 덕지(여동생), 남현(종형從兄), **3**남 재찬, 탁경현

그보다 더 충격적이었던 것은 최정희 여사가 열아홉에 탁씨 집안으로 시집올 무렵의 이야기였다. 밤마다 전투모를 쓴 병사가 집 주위를 서성거리는 꿈을 꾸게 되어 가족에게 물어보았더니, 친척 가운데 젊어서 죽은 병사가 있다고 했다. 그것이 분가分家한 친족인 탁경현이라는 사실을 알게 되어, 그 어른의 제사도 계속 모셔왔다는 것이다. 이야기를 듣고 있던 탁성룡 씨가 어머니의 뒤를 이어 이렇게 말했다.

"그러고 보니 제삿날 상차림이 이상했어요. 보통이라면 부부의 밥을 나란히 올려놓는데, 그 분의 경우는 한 그릇뿐이어서 언젠가 어머니에게 물어보았지요. 그러자 이 어른은 젊어서 결혼도 하지 않고 돌아가셨다, 배가 많이 고프실 테니 하다못해 밥이라도 가득 담아 올린다고 말씀이죠. 우리 집도 가난했던지라 어째서 저리도 밥을 많이 퍼담아 올리는지 이상한 기분이 들더군요."

또 다시 '꿈'인가, 하는 생각이 들었다.

석비 건립 장소를 발견?

한국에서는 일족의 묘가 있다. 장손 계열이라면 선영先塋이 반드시 있기 마련이다. 만약 내가 위령을 위해 석비를 건립한다면, 그야말로 탁씨 대대의 선영 일각에 세우는 게 걸맞다는 생각이었다.

그걸 허락해 주시겠느냐고 물었더니, 최 여사가 "그야 좋고말고, 거기에 세우세요"라고 흔쾌히 대답했다. 하지만 그렇게 되면 이제까지 교류를 가져온 부산의 정애 씨 쪽에서 어떻게 여길까? 특히 탁경현과 친했던 사촌형 남현 씨의 아내로부터 양산의 공동묘지에 잠든 남현 씨 묘소 근처에 석비를 세울 수 있도록 이미 양해를 구해 놓았던 것이다.

그런 걸 이제 와서 "본가를 알아냈으니 그쪽 선영에다 건립하겠습니다"고 한다면 기분이 상하지 않을까. 도대체 어떻게 해야 할지 망설여졌다. 그러자 H선생이 말씀하셨다.

"한국 풍습으로는 선영이 있다면 그쪽을 존중하는 게 상식입니다. 한국인이라면 누구든 그걸 이해해 줄 것이므로 염려할 필요가 없습니다. 그렇게 하는 것이 옳다고 봅니다."

그 말에 용기가 났다. 여하튼 여태까지 알게 된 사실을 보고하자며 부산으로 정애 씨와 순남 씨를 찾아가, 장손 쪽의 탁성룡 씨를 만난 이야기를 전했다. 두 사람은 탁성룡 씨의 존재를 전혀 몰랐다. 그렇지만 자신들 외에 장손 친척이 있었다는 것을 위화감 없이 받아들이는 것 같았다.

"선영이 있다면 그쪽에 세우는 게 맞겠지요. 그렇게 하세요."

순남 씨가 당연하다는 듯이 말했다. 내 염려는 기우로 끝나고, 비로소 안심할 수 있었다. 나는 그 자리에서 탁성룡 씨에게 전화를 걸어, 부산의 여러분도 석비를 선영에 세우는 것을 흔쾌히 받아들여 주셨다는 사실을 전했다. 정애 씨와 순남 씨도 번갈아 전화기를 붙잡고 인사를 나누면서, 처음으로 알게 된 새로운 종손 친척의 존재에 기쁨을 감추지 못했다.

부산 친척들의 기분이 상하지 않게 일을 매듭짓고, 안도하여 서울로 돌아온 나는 H선생과 탁성룡 씨를 식사에 초대했다. 탁성룡 씨는 "나 역시 탁씨 혈통이어서인지 술을 잘 못 한다"고 했다. 그러고 보면 탁경현도 술은 입에 대지 않았다는 이야기를 아카바 레이꼬 씨에게 들은 기억이 났다. 그런 점에서도 탁경현의 흔적을 엿볼 수 있어 어쩐지 기분이 좋았다.

4

학적부에서 발견한 또 하나의
이름 다카다 현수(高田賢守)

2천만 원의 땅값!? /

리쓰메이칸 중학 시절, 제3의 이름 /

교토 약학전문학교 시절, 조기 졸업 /

미쓰야마 일가가 살던 교토를 거닐다 /

마음에 스미는 메일

2천만 원의 땅값!?

마침내 미쓰야마의 일본에서의 족적을 추적하자고 작정했다. 우선은 졸업한 초등학교, 리쓰메이칸 중학교, 교토 약학전문학교에 그가 다녔다는 증거를 잡기 위해 학적부를 확인하고자 했다.

각 학교에 문의한 결과, 제3자인 내가 개인의 학적부를 열람하려면 친족의 위임장이 필요하다고 했다. 나는 즉시 〈미쓰야마 후미히로(탁경현)의 학적부 공개에 관한 위임장〉이라는 서류를 작성했다. 그걸 우편으로 탁성룡 씨에게 부치면서 서명 날인하여 반송해 주도록 부탁했다.

성가시지 않게 반송용 봉투와 한국의 우표까지 첨부하여, 우체통에 넣기만 하면 되도록 조치하는 걸 잊지 않았다. 그런데도 도통 회신이 없었다. 시간을 두고 세 차례나 서류를 부쳤고, 전화로도 당부했으나 답장이 없었다. 이 같은 사무적인 일에 익숙하지 않는지 몰랐다.

이렇게 된 바에야 다시 한 번 만나 뵙고 직접 서명 날인을 받는 수밖에 없었다. 나는 서울로 날아갔다. 댁 근처 호텔 라운지에서 만나 간신히 서명 날인을 받을 수 있었다. 그런데 별안간 이런 이야기를 끄집어냈다.

"사실은 선산을 팔아 버려 이제 우리 소유가 아니다. 하지만 생가가 있는 서포에 친구 명의의 땅이 있다. 그곳을 2천만 원으로 사서 비석을 세우면 어떨까?"

당연히 탁씨 선영에다 건립할 작정으로 있던 나는 곤혹스러웠다. 일본 돈으로 환산하면 당시 약 200만 엔가량이었다. 나는 일단 제안을 들은 것만으로 해두고 그 자리를 물러나왔다.

이튿날 H선생과 이 일을 상의했다.

"그건 그만두는 편이 낫겠네요. 무엇보다 그런 시골의 땅이 그렇게 비쌀 리가 없어요. 조그만 석비를 세우는 데 다다미 두 장 정도 넓이면 충분하잖습니까? 그런 제의에 귀 기울이면 안 됩니다. 고향 서포의 면사무소 마당 한쪽 모퉁이에 세우도록 해달라고 하면 되지 않을까요?"

금액의 많고 적음을 떠나 나 역시 어쩐지 께름칙한 제안이라는 느낌을 갖고 있었다.

"다음에 서포 면사무소를 찾아가 봅시다. 좋은 일을 하자고 하는 것이니까 틀림없이 협조해 주리가 생각합니다."

성사 직전까지 갔던 일이 다시금 멀어져 버린 듯한 안타까움이 들었다. 그렇지만 H선생의 말씀에 힘을 얻어, 늦더라도 차근차근 준비해 나가는 수밖에 없다고 마음을 고쳐먹었다.

리쓰메이칸 중학 시절, 제3의 이름

위임장을 손에 넣은 것은 이미 2004년 여름이 끝날 무렵이었다. 그로부터 각 학교의 담당자 앞으로 사전에 편지를 보내놓고, 직접 방문할 계획을 짰다.

고맙게도 마침 그 때, 2004년 9월부터 방영되는 NHK 아침 연속 드라마 〈와카바〉[여주인공 이름으로, 어린잎이라는 뜻 - 옮긴이]의 촬영이 시작되어 약 반 년 동안 오사카 NHK를 오가게 되었다.

오사카에서 교토는 코앞이다. 오사카를 거점으로 하여 촬영하는 틈틈이 미쓰야마가 살던 교토의 집 주변과 리쓰메이칸, 교토 약과대학을 돌아다닐 수 있다.

구제舊制 리쓰메이칸 중학교의 졸업생 자료가 보관되어 있는 후시미구(伏見區) 후카쿠사(深草)의 리쓰메이칸 고등학교·중학교 캠퍼스를 찾아갔다(현재 후카쿠사 캠퍼스는 폐지되고, 2014년 9월 나가오카쿄(長岡京) 캠퍼스로 이전했다).

교토라고 하면 고도古都의 화사한 이미지뿐이었으나, 후카쿠사 캠퍼스는 길게 뻗어나간 비탈길을 올라간 산속 깊은 곳에 자리 잡고 있었다. '교토에도 이렇게 조용한 곳이 있었던가?' 하는 의아스런 기분이 들었다.

교장, 부교장 선생님과 사무장이라는 분이 정중하게 응대해 주셨다. '제1권'의 명부에는 메이지(明治) 39년[1906년]의 학교 창립 당시 1기생으로부터, 쇼와(昭和) 15년[1940년]까지의 졸업생 이름이 기록되어 있었다. 쇼와 14년 3월에 졸업한 탁경현은 이 명부에 2,954번 학생으로 기재되어 있었다.

또한 리쓰메이칸의 'R' 마크가 들어간 두터운 가죽 표지의 졸업 앨범까지 준비되어 있었다. 마침 이듬해인 2005년에 창립 100주년을 맞으면서 앨범 등을 정리하는 중이었는데, 우연히 탁경현이 졸업한 연도의 앨범도 나왔다고 한다.

표지 아래쪽에는 '2599'라는 숫자가 적혀 있다. 황기皇紀[한국의 단기檀紀처럼 초대 천황으로부터 따지는 연도 – 옮긴이] 이천오백구십구 년을 가리키는 것이었다. 품격 있는 그 표지를 살짝 넘기니 전교全校를 통틀어 거행한 행사 사진 몇 장이 연달아 실려 있었다. 그 모두가 군사 교련과 같은 것으로, 사진에 찍힌 모습이 학생이라고는 믿어지지 않는 긴박감이 넘쳤다. '국방 일색一色'이었던 당시의 세상世相을 엿볼 수 있었다.

그리고 사전에 부전지를 붙여놓은 페이지를 펼쳐 보았다. 거기에는 졸업생들이 자신의 이름을 적은 색지가 찍혀 있었다. 일본 이름이 적혀 있는 가운데 오직 하나 조선 이름인 '탁경현'이라는 글자가 눈에 띄었다.

졸업하던 18세에는 아직 조선 이름을 사용하고 있었던 것이다. 예쁘게 쓴 그 글씨에서는 온화한 느낌이 전해져 왔다. 상당히 잘 쓴 필체였다. '바로 이 이름에 집착했구나!' 하는 생각이 들었다.

페이지를 넘겨갔다. 클럽 활동에 관한 페이지가 이어졌다. 마술馬術 클럽 사진 가운데 말과 나란히 선 탁경현의 모습이 있었다.

그리고 보면 처음 고향인 서포를 찾아갔을 때, 현지의 노인이 "탁씨네 사람이 자주 말을 타고 다녔다"는 이야기를 들려주었는데, 역시 그랬구나 싶었다. 어린 시절부터 말에 익숙했던 탁경현은 리쓰메이칸에서도 마술부에서 활약했던 것이다.

그 외에도 20여 명의 학생들이 나란히 찍은 사진도 있었다. 내가 한눈에 "아, 이 분이군요" 하고 탁경현을 가리키는 것을 보면서 교장 선생이 놀랐다. 하기야 나 스스로도 놀라긴 마찬가지였다. 그의 모습을 뒤좇으며 숱한 사진을 보았던지라, 나도 모르게 그 특유의 자세가 눈에 익어 대번에 알아맞힐 수 있게 된 모양이다.

다음으로 학적부를 펼쳤다. 거기에 졸업한 초등학교 이름이 기재되어 있었다. '교토 시 오가와(小川) 소학교'. 어느 초등학교를 나왔는지에 관해서는 제설분분諸說紛紛했던지라 이렇게 확실히 밝혀져 다행이었다.

다만 이상했던 것은 성명 난에는 '탁경현'이라고 되어 있는데, 덧붙여 놓은 일본 이름이 '미쓰야마 후미히로'가 아니라 '통칭 다카다 현수'로 적혀 있었다. 이 이름은 지금까지 어느 문헌에도 등장하지 않았다. 아무래도 '미쓰야마 후미히로'는 리쓰메이칸 중학을 졸업한 다음부터 사용한 통칭명通稱名이었던 모양이다.

아버지인 '재식'의 직업은 하숙업으로 되어 있었다. 그렇지만 무엇보다 흥미로웠던 것은 학적부에서 드러나는 탁경현의 인물상이었다. 1학년부터 5학년까지의 인물 평가는 이랬다.

「성질」 항목에는 진지함, 온량溫良 쾌활, 온순 등의 활자가 잇달았다.

「품행」에서는 갑甲, 정正이라고 되어 있다.

「재간才幹」이라는 단어는 이제 사어死語가 되었는데, 아마 지혜와 능력을 의미하는 듯했다. 이 항목은 5년을 통틀어 '있음'이라는 평가였다.

「사상」이라는 항목이 있는 것도 흥미로웠다. 여기에 대해서는 온穩, 건건이라 적혀 있다.

「언어 및 동작」이라는 항목에는 '명료활발明瞭活潑'이라 했으니, 밝고 활달했던 인물이었다는 뜻이리라.

「근타勤惰」에서는 5년 계속 '근勤'이라는 평가가 이어졌다. 게으름

피우지 않고 진지하게 노력하는 사람이었던 것이다.

졸업하던 5학년 때(18세)의 체격은 키 168.7센티미터, 체중 57.5킬로그램, 가슴둘레 89.7센티미터였다. 당시로서는 아주 당당한 체격이었다.

학업 성적 역시 매우 좋았는데 한문과 영어, 역사, 이과理科는 특히 우수했다. 이과계와 문과계를 다 잘하는 발군의 성적이라고 할 수 있었다. 지각이나 결석도 없어 실로 '더 이상 원만할 수 없는 인물'이었음을 드러내 주었다.

리쓰메이칸의 자료에 의해 미쓰야마 후미히로의 인물상이 한층 선명해졌다. 세상에 떠돌고 있는 '아리랑 특공대원 미쓰야마 후미히로'의 사진에서 엿보이는 슬프고 딱딱한 면모와는 전혀 다른 이미지가 떠올랐다.

그것은 아카바 레이꼬 씨가 들려준, 냇가에서 어린 레이꼬를 상대로 농담을 걸거나 장난을 치던 미쓰야마 후미히로의 모습을 방불케한다. 상냥하고 다정한 청년의 이미지인 것이다. 그리고 그것은 내 꿈속에 나타난 그 청년의 분위기이기도 했다.

어쩐지 아주 기뻤다. 마침내 미쓰야마 후미히로의 실태實態에 다가섰다는 기분이 들었다.

그리고 나는 구라가타 모모요 씨를 떠올렸다. '당신이 열심히 추적하던 그 미쓰야마 후미히로는 역시 이토록 멋진 분이었어요!' 하고 가르쳐주고 싶었다.

교장선생이 "우리 학교에 이런 분이 계셨다니…" 하고 감개무량하게 말했다. 학적부를 복사하고, 친절한 응대에 진심으로 감사하면서 나는 리쓰메이칸 고교를 뒤로 했다.

교토 약학전문학교 시절, 조기 졸업

다음으로 교토 약학전문학교에서 부쳐준 학적부가 우편으로 도착했다. 성적표는 첨부되어 있지 않은 간단한 것이었다.

성명 난에는 '탁경현'이라고 된 곳을 두 줄로 그어서 지운 뒤 '미쓰야마 후미히로'라고 해놓았다. 나아가 '조선 씨성氏姓 제도 설치에 의거 쇼와 15년 8월 개성명계改姓名屆 제출'이라고 조그맣게 덧붙여져 있었다. 바로 조선에서 창씨개명이 시행되던 시기(1940년 2월부터 8월까지)에 해당한다.

마찬가지로 보증인 난에는 아버지 이름이 적혀 있고, 직업은 '건물상乾物商'으로 되어 있었다. 아버지 역시 '탁재식'이라는 이름을 두 줄로 그어 지우고 '미쓰야마 에이타로'라고 해놓았다.

조선 이름과 창씨개명한 이름을 병기倂記하지 않고 조선 이름 쪽은 이렇게 무참하게 두 줄로 그어놓은 것을 보면, 창씨개명 이후는 조선 이름보다 통칭명을 '본명本名'으로 간주한 것이리라.

리쓰메이칸의 학적부에는 '탁경현 통칭 다카다 현수'라고 되어 있었다. 필경 일본으로 건너와 리쓰메이칸 중학까지는 '다카다 현수'였고, 조선에서 창씨개명이 행해지면서 통칭을 '미쓰야마 후미히로'로 고친 것이다.

예전에 사촌형 남현 씨가 "후미히로라는 이름은 이토 히로부미를 본떠 지은 것이다"고 말했었다. 이토 히로부미는 한국에서는 '한국을 식민지 지배한 대악인大惡人'으로, 지금도 여전히 원수 취급을 한다. 그러나 자신의 이름을 혐오하는 인물을 본떠서 짓는다는 것은 이해하기 어렵다.

청일전쟁에서 승리한 일본은 청국과의 강화조약을 체결하면서 청국으로부터 조선의 해방을 요구하여 '조선 독립'으로의 길을 열었다. 소위 '시모노세키(下關)조약'(1895년) 체결에 즈음하여 일본 측의 전권全權을 쥔 것이 이토 히로부미, 당시의 내각 총리대신이었다.

이 강화조약은 11조로 구성되어 있다. 덧붙이자면 조약의 첫머리, 제1조에 내세운 내용이 이것이다.

'청국은 조선국이 완전무결한 독립 자주의 나라임을 확인하고, 독립 자주에 손해가 되는 조선국으로부터 청국에 대한 공貢·헌상獻上·전례典禮 등은 영원히 폐지한다.'

이토 히로부미는 조선을 청국으로부터 완전히 독립시키는 것을 첫째로 요구했던 것이다. 혹 미쓰야마 후미히로는 조선 독립의 길을 연 이토 히로부미에게 존숭尊崇의 마음을 품고 있었던 게 아닐까. 그랬기에 창씨개명을 하면서 그의 이름에서 따와 '후미히로'라고 한 것이 아닐까. 하지만 이름을 그냥 그대로 베끼면 외람되다고 여겨 앞뒤 글자를 바꾸어 '히로부미'를 '후미히로'로 하지 않았을까.

서울 서대문구에 '독립문'이 있다. 프랑스 파리의 개선문을 본떠 만든 아름다운 석문石門이다. '독립'이라는 말의 뉘앙스에서 현대의 한국인은 '일본으로부터의 독립을 기념하여 만든 문'이라고 잘못 아는 이들이 많다. 그러나 그것은 커다란 착각이다.

실제로는 일본의 강화조약에 의해 '청국으로부터의 독립'을 기념하여 만들어진 것이다. 이전까지는 같은 장소에 역대 조선 국왕이 청국에서 오는 사절을 맞이하는 시설이 있었고, 거기에 세워져 있던 것이 '영은문迎恩門'이었다.

청국으로부터 독립한 것을 계기로 영은문을 부수고, 그 자리에 청국으로부터의 독립 해방의 상징으로서 건립한 것이 독립문인 것이다.(1896년 정초定礎, 1897년 완공).

설사 성적표나 그 밖의 상세한 자료가 없더라도, 단 한 장의 손으로 쓴 학적부로부터 얻어낸 것이 적지 않았다고 생각했다. 이 학적부에는 입학 연도가 쇼와 14년(1939년) 4월 1일인데, 졸업 연도는 쇼와 16년(1941년) 12월 27일로 되어 있다. 원래대로라면 이듬해 봄(3월)이어야 맞다. 여기에 관해 동봉된 학생과로부터의 편지에 이렇게 적혀 있었다.

"그 해는 전쟁의 영향으로 앞당겨 졸업이 이뤄졌습니다."

세토우치 자쿠초[소설가이자 비구니 스님 ― 옮긴이] 씨가 쇼와 16년이라는 해를 되돌아보면서 어딘가에 이런 글을 썼다.

"현재는 쇼와 16년 무렵이라는 느낌. 군화 소리가 저벅저벅 들려오는 공포감이 듭니다.(중략) 우리들 시대에는 동양 평화를 위해서, 일본 국민을 위해서, 천황 폐하를 위해서, 그런 식으로 가르침을 받았던 것입니다."

리쓰메이칸의 졸업 앨범에도 있던 배움의 터전이라고는 여겨지지 않는 일사불란한 교련의 광경. 그 2년 뒤인 쇼와 16년은 바로 '군화 소리가 들려오는' 것 같은 긴장감 속에, 미쓰야마 후미히로가 다니던 약학전문학교도 조기졸업이 행해지는 등 긴박한 시대로 돌입했던 모양이다.

미쓰야마 일가가 살던 교토를 거닐다

그런데 교토 약학전문학교 학적부에는 아버지 직업이 '건물상'으로 기재되어 있다. 리쓰메이칸 학적부에는 '하숙업'이었다. 혹시 겸업을 했을지도 모른다. 미쓰야마 일가가 살았던 곳은 어떤 동네였을까?

당시 주소는 '샤쿄구(左京區) 다나카겐쿄초(田中玄京町) 21번'이었다. 그곳은 구획 정리되어 현재의 '다나카겐쿄초 29번'에 해당한다는 사실을 구청에서 확인한 뒤 지도를 들고 찾아 나섰다.

교토는 아직 늦더위가 심했다. 다나카겐쿄초, 그 언저리는 민가가 어깨를 나란히 하고 있는 조용한 주택가였다. 비디오카메라를 한 손에 들고 29번지를 찾아 우왕좌왕하고 있으려니 갑자기 머리 위에서 누가 말을 걸어왔다.

"뭐 하고 있습니까?"

2층 베란다에서 빨래를 말리고 있던 젊은 주부가 카메라를 들고 어슬렁거리는 나를 수상하게 여겨 따져 물었던 것이다. 당황스러웠다. 수상하게 보는 게 어쩌면 당연하다고 생각했다.

"저어, 탁씨라는 분의 자택을 찾는 중이에요. 쇼와 20년쯤 이 부근에서 사신 분인데요."

머뭇머뭇거리면서 내가 대답했다.

"탁씨?"

주부가 2층에서 내려왔던지라 나는 필사적으로 수상한 자가 아니라고 밝히면서 간단히 사정을 설명했다.

"그렇습니까? 이 부근에서 요즈음 빈집털이 사건이 자주 발생해서 말이죠. 그래서 혹시 싶어서…."

지당한 말이다. 동네의 안전은 이런 사람들의 관심으로 지켜진다.

그녀는 내 이야기에 납득하자 친절하게도 아이를 유모차에 태워 함께 동네를 돌아다녀 주었다.

"옛날 이 근처에 미쓰야마라는 조선에서 온 분이 사셨다는데 혹 모르세요?"

그녀가 나를 대신하여 이웃사람에게 물었다.

"이 부근에는 한국 사람이 많이 살아요. 조금 더 가면 김치가게가 있으니까 거기서 물어보죠."

과연 그 부근에는 걸려 있는 문패를 보아도 재일 한국인이 많이 산다는 사실을 알 수 있었다.

'예전에 하숙집 같은 곳이 있었을지 모른다'는 짐작도 해보았으나 확실치 않았다. 그러나 나는 이렇게 미쓰야마 후미히로가 살았던 동네를 산책하듯 걸어 다닐 수 있는 것만으로도 만족했다. 그리고 친절하게 나를 안내해준 주부에게도 감사했다. 유모차의 그 아이도 이제 멋진 청년으로 자랐으리라.

마음에 스미는 메일

리쓰메이칸의 학적부에 기재된 내용으로 '오가와 소학교'를 졸업한 사실은 확인이 되었다. 하지만 다른 두 학교에 비해 개인정보 관리에 엄격한 공립 소학교의 학적부 확인이 제일 더뎠다.

학교와 직접 접촉할 수 없었고, 먼저 교토 시 교육위원회 조사과로 문의하지 않으면 안 된다. 나는 다른 학교에 했던 것과 마찬가지로 사정을 설명하는 편지와 위임장, 당시 탁경현의 호적등본 등을 첨부하여 조사과 담당자에게 보냈다.

얼마 지난 뒤 전자화 된 데이터를 출력한 서류와 「조회에 대한 회답」이라는 제목의 사무적인 편지가 부쳐져 왔다. 거기에 따르면 성명은 '탁경현(다카다 현수)'이었다. 또한 입학 전의 경력은 '요세이(養正) 소학교 5년 재학'이라고 하여 11세까지는 이쪽 소학교를 다녔다.

그렇지만 '요세이 소학교에는 재적 기록이 남아 있지 않음'이라고 적혀 있었다. 그걸로 미루어 볼 때 필경 한국에서 일본으로 건너와 일단 요세이 소학교에 입학했고, 나중에 5학년이 되자 전학하여 '다카다 현수'라는 이름으로 오가와 소학교를 졸업했다는 뜻이리라.

탁씨 일가가 언제 일본으로 왔는지는 분명치 않으나, '열 살쯤일 때'라는 설이 있다. 만약 그렇다면 우리가 잘 아는 '미쓰야마 후미히로'라는 이름으로 산 것은, 교토 약학전문학교 입학 후인 쇼와 15년으로부터 타계한 쇼와 20년까지의 5년 동안 뿐인 셈이다.

다시 말해 일본에 와서 리쓰메이칸 중학을 졸업할 때까지 '다카다 현수'로서 산 시간 쪽이 두 배가량 긴 것이다. 이것은 큰 발견이었다. 꿈속의 말이긴 해도 "조선인이면서 일본 이름으로 죽는 것이 아쉽다"고 하던 것이 이해가 되었다.

'다카다 현수'로서 약 10년을 살았다. 다음에는 스스로 지은 '미쓰야마 후미히로'라는 이름이었다. 그것이 불과 5년이었다. 거기에 공허함을 느끼고 있었을까.

"나는 다카다 현수도 미쓰야마 후미히로도 아니다. 조선인 탁경현이다!"

그런 기분이 마음 어딘가에 있는 게 당연한 일일지 모른다.

그 후 오가와 소학교의 자료를 보내준 담당자에게 팩스로 인사를 보냈더니, 다음과 같은 마음에 스미는 회신을 메일로 보내왔다. 사신私信이긴 하지만 양해를 구했으므로 여기 전문을 소개하고자 한다.

구로다 후쿠미 님

팩스 잘 받았습니다. 정중한 인사 감사했습니다.

탁경현 씨의 일은 저 역시 가고시마현 지란을 찾아갔을 때 버스 가이드로부터 들은 이야기와 곧장 연결되지는 않았습니다만, 대단히 슬픈 이야기였으므로 오키나와 히메유리탑을 방문했을 때의 기억과 더불어 남아 있었습니다.

이번 이 안건으로 호적을 보내주셨습니다만, 그것이 한자로 적혀 있다는 사실에 저는 충격을 받았습니다. 한국에 호적제도가 있다는 사실도, 일본이 지배했다는 사실도 당연히 지식으로서는 알고 있었습니다. 하지만 일본어로 저도 읽을 수 있는 형태로 적혀 있는 호적 실물을 대하게 되자, 지배하에 있었다는 사실이 현실적인 일로 느껴졌습니다.

이런 것은 대단히 개인적인 감상이어서 공문서로는 남길 수 있는 성질의 것이 아닙니다. 단지 만약 기회가 있다면 유족 분에게 전쟁을 모르는 세대인 한 공무원이 그 같은 충격을 받았다는 사실, 앞으로 그런 일이 없도록 탁경현 씨가 편안하게 잠드실 수 있는 세상이 이어지도록 바라고 있음을 유족 분에게 전해주신다면, 더욱 다행이겠습니다.

5

석비 비문을 에워싼 갈등

부지敷地를 구하느라 벌인 행각 /

‘친일파’로 여겨지지 않도록 /

손자에게 이어진 레이꼬 씨의 꿈 /

제공받은 조그만 부지를 앞에 두고 /

꼬리를 물고 생겨나는 석비의 과제 /

장부 대신 은행 계좌를 개설 /

일본에서의 평가

부지敷地를 구하느라 벌인 행각

비행대원이 되고 난 다음의 미쓰야마 후미히로 상像은 아카바 레이꼬 씨로부터 상세하게 들었고, 서적 등에도 나온다. 그 이전의 일은 그다지 밝혀져 있지 않았지만, 이렇게 학적부를 공들여 뒤져 감으로써 '지란으로 오기 전'의 발자취와 경력, 그리고 인물상이 선명해졌다.

다음은 드디어 구체적인 작업이다. 비문을 구상하고, 또한 석비건립 장소를 확보하지 않으면 안 된다.

2005년 8월. 극심하던 늦더위도 물러나려 하고 있었다. H선생과 함께 탁경현의 고향, 경남 서포로 떠났다. 서울의 고속버스 터미널에서 네 시간 걸려 진주로, 거기서 다시 한 시간쯤 시외버스에 흔들리다가 종점인 서포 면사무소 앞에서 내린다.

우리는 한적한 시골 버스 정류소에서 내렸다. 버스는 마른 먼지를 일으키며 멀리 사라져갔다. 3층짜리의 조그만 면사무소 건물. '혹시 이 면사무소 뜰에라도…', 그런 마음에 나도 몰래 부지 안을 둘러보았다.

파나마모자를 쓰고 양복에 넥타이를 단정하게 맨 H선생과 내 모습은 그 마을과 너무나 어울리지 않는 느낌이 들었다. 면사무소 접수 창구에서 H선생이 우선 무언가를 이야기하자, 장식이 없는 사무용 책상이 놓인 한쪽 구석으로 안내를 받았다. 응대해 준 직원들은 '서울의 대학교수'와 '일본의 여배우'라고 자칭하는 두 사람이 느닷없이 찾아왔다는 사실에 어안이 벙벙한 모양이었다.

지참해 간 자료를 먼저 건네준 뒤 한일합병 시절의 일로부터 이야기를 시작했다.

"여기 사천시 서포면 외구리를 본적으로 하는 탁경현이라는 분이 태평양전쟁 당시 일본군 특공대원으로 오키나와 서쪽 바다 위에서 전사하고…."

벌써 60년 전의 먼 옛날이야기. 면사무소 직원들이 태어나기도 전의 이야기다. 뜻밖의 느닷없는 역사 이야기에 다들 얼른 감을 잡지 못하겠다는 표정으로 듣고 있었다.

'출격 전야에 아리랑을 부르고 비행기에 오른 특공대원 탁경현, 일명 미쓰야마 후미히로'의 일화는 일본에서는 꽤 알려져 있지만, 면사무소 분들로서는 처음 듣는 이야기였으리라.

그뿐 아니라 평소에는 한일합병 시절에 관해서야 별 생각 없이 하루하루를 살아왔을 것임에 분명하다. 우리는 다소 맥이 풀리는 느낌이었으나, 그래도 우선 이렇게 시작하는 수밖에 없었다.

여태까지의 경위를 들려주고, 그의 혼을 위령하기 위해 면사무소 뜰 한 모퉁이라도 좋으니까 석비를 세울 수 있는 부지를 제공해 주었으면 한다는 뜻을 전했다. 면사무소에서 나오면서 내가 H선생에게 말했다.

"빨리 다시 한 번 오지 않으면 안 될 것 같군요. 한 번 이야기한 것으로는 도저히 이해해 주셨으리라 여겨지지 않고, 우리가 진심으로 임한다는 사실도 전해지지 않았으리라 봅니다. 몇 번이고 찾아와야 비로소 제대로 검토해 줄지도 모릅니다."

한 시간에 한 번밖에 없는 진주행 버스가 오기까지 우리는 약간 시간을 보내야 했다. 면사무소 바로 건너편에 다방 간판이 걸려 있어서 들어갔다. 찻집으로 여겼으나 실내는 콘크리트로 된 바닥에 둥근 철제 테이블이 몇 개 놓인 살풍경한 분위기였다.

30대쯤으로 여겨지는 여성 대여섯 명이 따분하기 짝이 없다는 표정으로 우리를 쳐다보았다. 여하튼 자리에 앉아 마실 것을 주문했다. 그녀들은 너무나도 '이방인'인 우리에게 기이하다는 눈길을 던졌다. 흡사 옛날 영화에 나올 것 같은 다방이었다.

서울까지 먼 길을 되돌아왔다. 『서울의 달인』인터뷰가 인연이 되었다고는 하나, 그 후 끈기 있게 나와 함께 해주시는 H선생에게는 말로는 다할 수 없는 감사의 기분이 넘쳤다. 어깨를 나란히 하고 버스에 흔들리면서 우리는 여러 가지 이야기를 나누었다.

"솔직히 말해서 나는 처음에 이 여성이 도대체 무얼 어떻게 하려는가 하고 생각했답니다. 꿈에 특공대원이 나타났다고 해서 과연 이렇게까지 할 수 있을까 하고…. 무슨 이득을 보려고 그러는가 의심도 들었지요. 어차피 개꿈이잖아요? 한국에서는 하찮고 터무니없는 꿈을 그렇게 부릅니다.

그런 꿈을 꾸었다고 해서 이토록 매달리는 게 이해가 가지 않았어요. 그런데 몇 번씩 만나 이야기를 듣는 사이에 진심이라는 사실을 알게 되었습니다.

나는 유족을 오래 조사해 왔습니다. 금방 신원이 밝혀지지 않을 경우, 노인들로부터 이야기를 듣곤 합니다. 개중에는 온갖 사람이 다 있어요. 유족 인정을 받으면 돈이 나온다고 여겨 거짓말을 하는 사람도 있지요. 그러므로 나는 대개 사람을 의심하며 대합니다.

나는 경험상 똑같은 사람에게 시간을 달리해서 세 번 똑같은 질문을 던집니다. 그것도 생각할 틈을 주지 않고 별안간 들이댑니다. 만약 거짓말을 하고 있다면 세 번을 똑같게 말하지는 못합니다. 그러나 세 번 다 똑같은 이야기를 하면 그건 진짜라고 확신하는 겁니다. 당신 이야기도 몇 번씩 들어도 전혀 다르지 않았어요. 그래서 진짜라고 믿었습니다."

그건 나도 마찬가지였다. 어째서 H선생은 아무런 이득도 없는 일에 이리 멀리까지 걸음을 옮겨가면서까지 열심히 함께 해주는지 궁금했다. 그리고 그건 나와 마찬가지로 틀림없이 '인간으로서의 양심'임에 분명하다고 믿었다.

'친일파'로 여겨지지 않도록

서울에 도착하자 준비해간 비문을 H선생에게 보여 드렸다. 비문에 관해서는 예전에 미쓰야마 미노루 씨가 건립하려다가 실패한 똑같은 전철을 밟지 않겠노라고 신중하게 생각했다.

한국에서는 일본 군인이었다는 사실은 '친일파'로 받아들여진다. 그리고 전후의 반일 교육에서 친일파는 반민족 행위자이고, 거의 다 '매국노'처럼 취급되어 왔다. 하물며 특공대원은 '가미카제 자살 특공대'라고 하여 극단적인 친일파로 간주된다.

해방 후 '대한민국'으로 독립한 다음, 유족들은 가족 가운데 그런 인물이 있었다는 사실을 주위에 감추고 생활하지 않으면 안 되었다. 그런 사정을 감안하자면 비문은 '군국 일본'이나 '특공대원'을 찬미하는 것이어서는 절대로 받아들여지지 않을 것이며, 찬미로 오해될 듯한 구절이 털끝만큼도 있어서는 안 된다.

어디까지나 '시대의 희생자'였던 사람을 '인간으로서 애통해 한다'는 것이어야 한다. 숨 막히는 미문美文보다 쉽고 부드러운 문장이 좋으리라 판단했다. 나는 이런 비문을 만들었다.

귀향기념비歸鄉祈念碑

이 평화로운 서포에서 태어나
낯선 땅 오키나와에서 생을 마친 탁경현
영혼이나마 그리던 고향 땅 산하로 돌아와
편안하게 잠드소서

'자신의 이름'에 집착하는 그를 위해 '탁경현'의 이름 석 자는 비문 가운데 반드시 새겨 드리고 싶었다. 그리고 무엇보다 지금도 차가운 바다 아래 흩어져 있을 그 몸은 고국으로 돌아올 수 없더라도, 하다못해 혼이라도 그리운 고향으로 돌아와 부모의 품에 안길 수 있기를 바랐다. 그런 바람을 '귀향 기념祈念'이라는 단어에 담았다.

　내 소박한 기분에 치장을 하지 않고, 있는 그대로 썼다. 여러 가지를 쓰다 보면 도리어 부작용이 생겨난다. 오로지 오키나와 전투에서 전사한 탁경현의 죽음을 애도하고, 인간으로서 명복을 빈다. 오직 그것만의 심플한 내용으로 하자면서 작성한 초안草案이었다. 그것을 H선생이 번역해 주셨다.

　이렇게 초고를 만들어 보긴 했으나 불안했다. 아무도 돌아보지 않을 것 같은 곳에 세우는 조촐한 비석일망정, 과연 이래도 괜찮을까. 석비 건립은 한 번 실패했다. 거듭 확인하고 신중하게 생각하지 않으면 안 된다.

　무엇보다 나로서는 석비 건립이 처음이었다. 우선 이 문장이 반일을 국시로 하는 한국인의 시점에서 보았을 때, 반감을 불러일으키는 것이어서는 안 된다고 신경을 썼다.

　게다가 석비 문면은 의도적으로 그렇게 지었다고는 해도, 너무 쉽고 격조가 없다. 과연 이래도 될까 하고 마음이 약해졌다.

　누군가에게 의견을 구하고 싶었다. 나는 H선생과도 친교가 깊고, H선생에게 '평화의 초석' 각명 조사를 직접 의뢰한 분이며, 스스로도 오키나와 학병으로 전쟁 체험을 가진 오타 마사히데(大田昌秀) 참의원 의원(당시)의 의견을 여쭙자고 생각했다.

　오타 마사히데 씨는 '평화의 초석' 외에도 오키나와 전투의 비극을 기억으로 남기기 위해, 각지의 전적지戰跡地에 이제까지 많은 석비를 세우셨다. 나는 참의원회관으로 그를 찾아갔다. 이전에는 H선생과 함께 몇 차례 뵈었고, 이번에 내가 석비를 건립하려는 것에 대해 잘 알고 계셨다. 비문 초안을 읽은 오타 의원이 감상을 들려주었다.

"잘 됐지 않습니까? 비문이라는 것은 마음이 담겨 있는 게 가장 중요합니다. 솔직하고 편안한 문장입니다. 나는 이걸로 좋다고 생각해요."

그 말을 듣고 나는 적이 안심이 됐다.

손자에게 이어진 레이꼬 씨의 꿈

한창 그러고 있을 때의 일이다. 2005년 당시, 나는 TV 아사히의 낮 와이드 쇼 〈와이드 스크램블〉이라는 프로그램에 코멘테이터 commentator로 출연하고 있었다. 프로그램 마지막에 오시타 요꼬(大下容子) 아나운서가 중요한 뉴스 원고를 읽었다.

"특공의 어머니로 알려진 도리하마 도메 씨의 차녀, 아카바 레이꼬 씨가 어제 10월 16일 새벽, 신장암으로 별세하셨습니다. 향년 75세였습니다."

전혀 예기치 못한 뉴스에 나는 깜짝 놀랐다. 아무 것도 몰랐다. 그토록 예쁘장하고 건강하셨는데….

실제로는 나와 모녀쯤 나이 차이가 났지만, 그런 의식은 전혀 없었다. 오히려 우리는 미쓰야마 후미히로를 통하여 맺어진 '자매'처럼 친근함을 느끼고 있었다. 좀 더 건립이 빨랐더라면, 탁경현의 이름이 새겨진 석비를 보여 드릴 수 있었을 텐데 하는 애석함이 치밀었다.

돌이켜보면 2년 전, "나도 나이가 있으니까 언제 무슨 일이 생길지 모르잖아요. 그래서 아이들이 옛 일을 분명히 알도록 물려주고 있어요"라고 이야기하셨다. 어쩌면 본인의 병을 알고 있었던 것인지 모르겠다. 그날 밤, 나는 문상을 갔다. 그 때 가족들로부터 이런 이야기를 들었다.

"어머니는 생전에 영화는 어쩐지 싫다는 말씀을 하셨어요."

레이꼬 씨는 그 무렵 준비가 진척되고 있던 2007년 공개 예정이던 영화 〈나는 그대를 위해 죽으러 간다〉와, 다카쿠라 겐(高倉健) 씨 주연의 2001년 작품 〈호타루(반딧불이)〉와 같은 특공대원을 소재로 삼은 영화 제작에 협력을 아끼지 않았다.

특공대원과 도메 씨가 얽힌 사연에 대해서는 레이꼬 씨를 빼고는 달리 증언해 줄 사람이 없었기 때문이다. 영화가 싫다는 말은 나로서도 충분히 이해할 수 있었다.

"아주머니, 저, 반딧불이가 되어 여기로 돌아올 게요"라는 유언 같은 말을 도메 씨에게 남기고 떠난 특공대원이 있었다. 그가 출격한 그날 밤, 도미야 식당에 갈 곳을 헷갈린 커다란 반딧불이 한 마리가 날아들었다. 그걸 보고 "그 사람이 진짜로 반딧불이가 되어 돌아왔다"면서 도메 씨와 그 때 그 자리에 함께 있던 이들이 군가 〈동기의 벚꽃〉을 부르면서 애도했다고 한다.

이 에피소드는 약관弱冠 스물 나이에 출격했던 미야카와 사부로 (宮川三郎) 군조軍曹의 이야기다. 미야카와 군조의 영정을 보면 아직 앳된 모습의 미청년이다. 이토록 순수한 청년을 보내지 않을 수 없었던 도메 씨의 심정을 떠올리니, 정말이지 가슴이 미어진다.

그리고 아리랑을 부르며 이국의 하늘로 출격해 간 것은 미쓰야마 후미히로 소위였다. 그런데 영화에서는 '좋은 것만 고른다'고 짜깁기하여 '아리랑을 부르며 출격한 병사가 반딧불이가 되어서 돌아왔다'는 식으로 각색되었다.

그렇지만 레이꼬 씨로서는 미야카와 사부로 군조도 미쓰야마 후미히로 소위도, 확고한 존재로서 마음 깊이 새겨진 하나의 인간이었던 것이다. 그러나 영화화하면서 '사연을 보다 드라마틱하게 연출'하기 위해 한 개인을 해체하여, 마치 뜯어 붙인 그림처럼 이야기를 재구성한다.

분명 견디기 어려운 무엇인가가 있었으리라. 아니, 좀 더 확실하게 말하자면 소중한 사람들을 '모독하는 행위'로 느꼈을지 모른다. 영화를 통해 특공대원의 고뇌를 널리 알리는 것을, 이성理性으로는 충분히 이해했기 때문에 협력을 아끼지 않았으리라. 그렇지만 어린 몸으로 병사들의 뒷바라지를 해온 '나데시코대' 여러분들로서는 저마다 둘도 없는 소중한 인생이 영화라는 '흥행'을 위해 이리저리 잘려나가는 것에는 참을 수 없는 무엇인가를 느끼고 있지나 않았을까.

그런지라 매달 만나 서로 추억을 나누고 있었던 것이다.

"○○ 씨가 그때 그랬잖아 이랬잖아 하면서 늘 똑같은 이야기예요."

아픔을 공유한 어린 시절 동무들과 대화를 나눔으로써 간신히 마음의 고통을 치유하고 있었으리라. 시대와 처지야 다르지만, 나도 똑같은 심정이었다. 머리로는 안다. 영화는 허구라고 스스로에게 들려준다.

그러나 특공대원 한 사람 한 사람의 인생 이야기를 알면 알수록, 스크린 위에서 퍼즐처럼 꾸며지는 이야기에 진저리가 나고, 쿡쿡 가슴을 쑤시는 통증을 느끼지 않을 도리가 없는 것이다.

"아이들에게로 이어지고 있다"고 레이꼬 씨가 말한 대로, 지금 지란에는 당시 그 장소에 도미야 식당 건물이 보란 듯이 재현되었고, 호타루관館 또한 특공대원과 연관된 물품과 사진을 전시한 자료관으로 바뀌었다.

그리고 도메 씨의 손자인 도리하마 아키히사(鳥濱明久) 씨가 관장으로 그곳을 지켜주신다. 도메 씨와 레이꼬 씨가 그렇게 해왔듯이, 지금은 아키히사 씨가 할머니와 어머니에 이어서 특공대원 한 사람 한 사람의 인생을 전해주고 있는 것이다.

제공받은 조그만 부지를 앞에 두고

"이 언저리는 한국에서도 가장 교통이 불편한 곳입니다"고 하는 H선생의 말씀대로 서포는 멀었다. 더구나 일하는 사이사이 짬을 내어 국경을 넘어가는 나로서는 서포로 떠나는 길이 예사롭지 않았다. 한 해가 흘러도 고작 몇 발자국 밖에 앞으로 나아가지 않는 데 대한 초조함.

그렇지만 '포기하지 않으면 언젠가는 길이 열린다'는 믿음으로, 안달 내지 않고 꾸준히 해나가는 수밖에 없었다.

마침내 서포의 부지를 구체적으로 제시받은 것이 2006년 6월의 일이었다. 조그만 땅이었지만, 사유지가 아닌 부지를 찾아 제공해 주겠다고 하여 서포 면사무소에서 도면을 받았다.

행정구역으로 서포면 아래 다시 세분화되어 외구리가 탁경현의 본적지다. 외구리 이장인 이용희 씨가 석비 건립을 위해 제공된 부지로 안내해 주었다. 한적한 논밭이 펼쳐지는 농로農路의 한 모퉁이였다.

6월의 전원 풍경은 젖은 듯한 녹음綠陰이 아름답다. 시원스레 부는 바람에 푸른 벼가 흔들리고 있다. 논 건너편에는 봉긋 솟은 산이 보인다. 조용하고 평화로운 농촌 풍경이다. 그 산을 가리키면서 이장이 말했다.

"예전에 한 번, 탁경현 씨의 석비를 세운다는 이야기가 있었습니다. 그 때는 저 산 중턱에 석비를 건립하게 되어, 당시 불도저로 땅을 고른 게 바로 나였지요. 결국 그 때는 도중에 좌절되고 말았습니다만."

필경 미쓰야마 미노루 씨가 석비를 건립하려던 그 일에 틀림없다. 뜻밖의 이야기가 튀어나와 나는 놀랐다. 하지만 외딴 시골의 조그만 마을이니까 그런 우연한 일도 있겠거니 하고 여겼다.

"여깁니다."

이장은 포장된 도로를 사이에 두고 한쪽에는 민가가 있고, 반대쪽에는 논이 있는 한 모퉁이를 손으로 가리켰다. 그곳은 도로에서 논 쪽으로 벗어난 아주 협소한 땅으로, 전봇대가 서 있고 쓰레기장처럼 드럼통 2개가 방치되어 있었다.

만약 여기에다 석비를 세우더라도 폭우가 내리면 석비 정도야 당장 논으로 떠밀려 갈 것 같은, 너무 불안한 느낌을 던지는 곳이었다. 그래도 나는 고마운 마음이 들었다.

원래 부지는 '다다미 2장정도 넓이면 충분하다'고 생각하고 있었다. 비에 떠밀려 가면 그건 그 때 가서 바로세우면 된다. 탁경현의 고향에 건립할 수 있다면, 더 바랄 나위가 없다고 나는 만족하고 감사했다.

내가 현장 사진을 찍고 있는 곁에서 이장과 H선생이 우울한 표정으로 무언가 대화를 나누고 있었다. 무슨 일인지 물었더니 면사무소에서 제안한 이 부지 바로 앞집에 사는 사람으로부터 "우리 집에도 태평양전쟁에 나가 희생된 사람이 있다. 어째서 탁경현만 떠받드는

가?"고 하는 불평이 나왔다고 한다.

듣자 하니 이 조그만 서포 마을에서도 당시 250명가량, 사천시 전체로는 1천3백 명가량의 전쟁 희생자가 생겼던 모양이다. 자신의 집안에도 전쟁 희생자가 있는데, 탁경현만을 기리는 위령비가 코앞에 세워지는 게 못마땅하다는 기분은 충분히 이해할 수 있었다.

수많은 희생자를 생각하자면, 탁경현 한 사람의 명복을 비는 위령비로는 충분하지 않을지 모른다. 나는 사천시 전체의 희생자를 기리는 비문을 석비 뒷면에 덧붙여 써넣으면 어떨까 싶었다.

꼬리를 물고 생겨나는 석비의 과제

어쨌든 석비를 세울 부지가 대충 정해졌으므로 구체적으로 어떤 형태로 만들지를 결정해야 했다. 이튿날 서울로 돌아가자 우리는 지하철 3호선을 타고 구파발로 발걸음을 옮겼다. H선생에 의하면 서울시 은평구의 북쪽 외곽인 그 부근은 묘지가 많다고 했다. 거기에 가면 참고가 될 석비 형태를 발견할 수 있지 않을까 해서였다.

선생과 함께 묘지를 천천히 둘러보았다. 일본의 묘석墓石에는 한결같이 '누구누구 집안의 묘'라고 쓴 세로로 된 비석을 기단基壇 위에 올려놓는 형태가 일반적이다. 그렇지만 한국에서는 개성적이고 멋진 디자인이 적잖았다.

그 가운데 하나, 아담한 석비가 있었다. 화강암 기단에 가로로 길게 놓인 상석床石이 있었다. 이 무덤의 임자는 아무래도 시작詩作을 즐겼던 모양으로, 묘석과는 별도로 그 분이 남긴 작품이 새겨져 있었다.

참고로 삼을 모델로 아주 적합하다는 느낌이 들었다. 나중에 석재상石材商에 의뢰할 때 이걸 모델로 보여 줄 수 있도록 사진을 찍었다. 도쿄로 돌아오자 나는 다시 신중하게 뒷면에 새길 비문을 궁리했다.

> 태평양전쟁 때
> 사천에서도 많은 이들이 희생되다
> 전쟁 때문에 소중한 목숨을 잃은
> 모든 이들의 명복을 비노니
> 영혼이나마 영원히
> 평안하게 잠드소서

H선생이 한국어로 옮겨준 비문이다.

2006년 11월. 뒷면에 새길 비문을 준비하여 다시 서포로 향했다. 그 무렵이 되자 조그만 시골 마을인 서포에서도 우리를 모르는 사람이 없는 것 같은 느낌이었다.

이 정도 비문이면 문제가 없다고 해서 간신히 석비 제작에 들어갈 단계에 이르렀다. 그렇게 해서 서포 면사무소로 매일같이 드나드는 사이에, 나는 면사무소 가까이에 '서포석재'라는 간판의 석재상을 발견하고 점찍어 두었다.

나는 석비를 만들어 설치하기만 하면 그걸로 끝나는 줄 알았다. 하지만 한국에서는 비석을 세울 경우 제막식이라는 의식이 있고, 그에 따른 잔치 자리를 마련하는 모양이었다. H선생은 면사무소 분들과 그에 관해 의논을 하고 계셨다.

대관절 그 규모는 또 어느 정도일까? 아무래도 내가 상상하던 것처럼 수월하게 넘어가지는 않았다. 솔직히 몇 차례 찾아가도 좀체 결론이 내려지지 않고, 갈 때마다 새로운 과제가 생겨나는 데 불안을 느끼기 시작하긴 했다. 하지만 그것이 이 나라의 규칙이라면 책임지고 따라가지 않을 도리가 없었다.

주머니 사정상 내심 잔치 비용으로 얼마나 써야 하나 걱정스러웠다. 그렇지만 H선생이 길잡이를 해주고 계시니까 믿고 따라가지 않을 수 없다고 생각했다.

그 후 서포석재를 찾아가 면사무소에서 지정한 부지에 세울 석비의 이미지 사진과 비문을 보여 주면서 견적을 부탁했다. 한국에서 종종 사용되는, 일본인이 보자면 '어색하기 짝이 없는 한국에서의 독특한 일본어 폰트'만은 피하고 싶었던지라 그 점을 단단히 당부했다.

몇 차례나 석비 건립에 간여했다는 H선생은 "인쇄한 종이 한 장이면 아무 염려 없다"고 장담했지만, 나로서는 처음 해보는 일이어서 쉽사리 안심이 되지 않았다.

서포석재 주인은 이처럼 조그만 석비라면 250만 원(약 25만 엔 상당)에 맡아주겠노라고 했다. 설치하는 수고비까지 감안하면 거기에 얼마쯤 덧붙여지겠지만, 석비 자체가 이 정도 가격이니까 그리 많이 불어나지는 않으리라.

일본의 묘석 가격으로 따져서 훨씬 더 많이 들 것으로 각오하고 있었기에 솔직히 마음이 놓였다. 나는 비문을 주인에게 건네주고, 주변 정리가 갖추어질 때까지는 꼭 완성해 주도록 부탁하면서 착수금으로 20만 원을 지불했다.

서울로 향하는 버스에 흔들리면서 H선생이 이렇게 말씀하셨다.

"그 장소에는 석비를 지켜줄 사람이 별로 없을 것 같아요. 나는 근처 초등학교에라도 의뢰하여 하나의 역사 교육의 현장처럼 하면 좋지 않을까 싶군요. 가령 1년에 한 번 학교를 방문하여, 역사 이야기

를 아이들에게 들려주어도 괜찮지 않을까요? 그렇게 된다면 아이들
도 석비를 소중하게 지켜 주리라 믿어요."

과연 좋은 생각이긴 했다. 하지만 그렇다면 대관절 나는 어느 선
에서 이 일에 종지부를 찍어야 될까?

나는 당초 길가에 세워진 조그만 행신行神과 같은 이미지를 갖고
있었다. 길 가는 사람들이 쳐다보든 말든, 그것이 중요하지는 않다
고 생각했다. 낙엽이 쌓이거나, 비가 내리거나 '그저 묵묵히 그 자리
에 서 있는 비석'. 그게 아름답고 중요하다고 믿었다.

정서적으로 일본인인 나와, 한국인인 H선생 사이에 약간의 간극
이 있었던지 모르겠다.

장부 대신 은행 계좌를 개설

이 무렵 H선생은 오키나와를 위시한 '이도離島 연구'를 하던 관계
로 한국 주도의 쓰시마 리조트 개발에도 관여하고 있다고 했다. 자세
한 것은 모르지만, 쓰시마에 한국 자본을 도입하여 호텔과 골프장 등
을 건설하여 리조트로서 쓰시마를 개발할 계획의 교량과 같은 역할
을 하는 모양이었다.

H선생은 수시로 쓰시마를 방문했고, 현지 유력자 분들과의 교제
가 있었다. 그럴 무렵이었던지라 H선생도 앞장서서 쓰시마의 지인
들을 상대로 석비 건설 기부금을 모아주셨다.

O씨로부터 10만 엔, N씨가 3만 엔, K씨는 5만 엔 등 쓰시마 유력
자들이 H선생을 통해 모두 18만 엔을 기부해 주었다.

이렇게 기부금을 받았으니 '공금公金'이라고 생각했다. 허투루 쓸

수는 없었다. 나는 세 분에게 감사의 편지를 썼다. 그와 동시에 언제라도 공명정대하게 수지를 보고할 수 있도록 장부 대신 계좌를 만들어 입출금을 분명하게 해두자고 마음먹었다.

내가 한국에서 거주하던 2001년에는 외국인이 은행 계좌를 개설하는 것이 어려운 일도 아니었다. 하지만 이 무렵에는 쉽지 않았다. 하물며 개인 계좌가 아니라 '귀향기원비 건립 실행위원회'라는 식의 명의로 계좌를 개설하려면 여간 까다로운 절차가 필요한 게 아니었다.(석비 명칭이 '기념祈念'과 '기원祈願'의 두 가지가 있는 이유에 대해서는 제9장에서 다룬다.)

H선생에 따르면 이와 같은 단체 명의의 계좌를 만들 경우, 일정한 수의 '찬동자' 동의서가 필요하다고 한다. H선생이 지인들을 설득하여 명부를 확보해 주셨다.

H선생은 찬동자가 200명쯤 필요하다고 했다. 대단히 성가신 일이겠건만 H선생이 흔쾌히 맡아주셨다. H선생과 찬동해 주신 분들께 깊이 감사드렸다. 하지만 실제로 계좌가 개설되기까지는 긴 시간이 걸렸다(2008년 4월 14일, 우리은행).

계좌는 단체의 명의였지만, 대표자는 H선생이 맡도록 했다. 인감으로는 '미쓰야마(光山)'라고 새긴 것을 일본에서 준비해 왔다.

일본에서의 평가

그런데 내가 이런 활동을 펼치고 있는 것을 주위 사람들은 어떻게 보고 있었을까? 인연이 있어서 '꿈 이야기'를 했던 출판 관계자는 꽤 이른 시점에서부터 흥미를 보여 주셨다.

'그 꿈'과 '특공대'라는 팩트는 상당히 드라마틱한 이야기다. 상업적으로 따지자면 그다지 많이 팔릴 책이 되리라고는 여겨지지 않으나, 반드시 사람들을 매료시킬 이야기가 있었을지 모른다. 그렇지만 이 이야기는 '꿈'만으로는 도저히 한 권의 책으로 엮어지지 않는다.

설령 '꿈'이 출발점이더라도 그것이 어떻게 전개되고, 어떤 결말로 매듭지어졌는지 그 일련의 이야기가 없어서는 안 된다고 생각했다. 갈 길은 아직 멀게 여겨졌다. 하지만 그 같은 여러분들의 반응은 언제나 나에게 힘을 불어넣어 주었다.

"역시 그렇군. 이 이야기에서 매력을 느끼고, 결말이 어떻게 될지 지켜보자는 분들이 있는 거야."

그것은 이 먼 여로旅路를 걸어 나가는 가운데, 항상 나를 격려하는 커다란 힘이 되었다. '언젠가 한 권의 책으로 만들어질 날이 온다'는 믿음이 생겨났다. 그리고 집필을 시작할 그 날을 위해 꾸준히 발자취(자료)를 모아두었다.

방송업계 사람들 중에도 관심을 가져준 사람이 있었다. 그동안 몇 명의 디렉터가 흥미를 갖고, 실제로 내가 한국에 갈 때나 지란에서의 위령제 등에 동행하여 프로그램 기획서를 작성한 예도 몇몇 있었다.

어느 제작회사의 프로듀서가 NHK 다큐멘터리 프로그램으로 만들겠다면서 이리 뛰고 저리 뛰었다. 하지만 결국 "꿈에서 시작된 일이라면 글쎄 어떨까? 여배우 한 명을 주축으로 다루는 것도 문제, 11명의 조선인 특공대가 존재했다는 것에 초점을 맞추어야 하지 않을까?"라는 의견이었다고 한다. 다시 말해 보편적인 프로그램 제작을 요구했다는 뜻이리라.

그러나 그런 내용이라면 이미 가고시마의 미나미니혼(南日本) 방송이 〈11인의 묘표墓標〉라는 제목으로 멋진 프로그램을 1985년에 발표, 갤럭시상(galaxy賞)[방송비평간담회가 1963년에 제정한 상으로, 일본의 방송문화에 공헌한 우수 프로그램이나 개인, 단체에 수여하는 상 - 옮긴이]을 비롯하여 여러 상을 받았다.

당사자와 옛 일을 아는 많은 분들이 돌아가신 지금, 그것을 뛰어넘는 다큐멘터리가 가능하리라고 보지 않는다. 그만큼 후세에 남을 명작이다.

나 스스로도 과거에 이 일을 프로그램으로 만들 수 없을까 하고 뛰어다닌 적이 있었다. 처음은 2000년 무렵.

당시에는 월드컵 한일 공동 주최가 결정되어 이웃나라와의 융화 무드가 높아졌다. 한일 합작영화도 두 나라에서 경쟁적으로 제작되고 있었다.

그런 기운이 무르익는 가운데 '태평양전쟁에서 전사한 조선인 병사의 위령비 건립'을, 한일 두 나라 방송국이 저마다의 입장과 시점視點으로 추적하는 프로그램을 만들면 어떨까 하고 궁리했다. 조선인 병사와 그 위령비에 대한 두 나라의 시각과 각자의 역사관을 그대로 드러냄으로써, 한일 간의 견해 차이가 확실해지리라고 여겼던 것이다.

그런 다음 서로 '전쟁 희생자를 애도하는' 심정에서 석비 건립이 이루어진다면, 프로그램을 통한 상호 이해와 우호로 이어지지 않을까 기대했다. 단지 이것은 결말이 보이지 않는 만큼 꽤 리스크가 있으리라고는 짐작했다. 도중에 큰 문제가 생겨나 결렬되고 마는 수가 있을지도 모른다. '위험'이 내포된 기획이다.

그 같은 상황까지를 포함하여 한일 간의 문제를 현재화顯在化시킬 '각오와 기개'가 없으면 불가능하다. 나 자신 몇 번인가 기획서를 작성하여 돌아다녔으나, 유감스럽게도 다 허탕이었다.

또한 이 기획서가 사람들 사이를 돌고 돌아 상대 쪽에서 "이야기를 듣고 싶다"면서 먼저 연락해온 적도 있었다. 그렇지만 이런 소재에는 또 하나의 '난관'이 있었다. 그것은 한일의 역사라는 '세로의 시간 축軸'과, 두 나라가 알력 하는 가운데 당시를 살아온 사람들의 심정이라는 '가로의 퍼짐(확산)'을 기본적으로 이해하지 않으면 안 된다는 사실이었다.

지금까지의 스토리를 이야기하는 것만으로도 두 시간이 걸렸다. 그 내용을 그저 눈을 동그랗게 뜨고 듣고만 있어서야 스타트 라인에 서기조차 어렵다. 그런 이들은 대개 스스로 백기白旗를 들고 물러났다.

학생 시절의 후배가 어느 민간방송의 높은 자리에 올라 있다. 드라마 분야에서 캐리어를 쌓아온 그에게 의논해 보았다.

"글쎄, 원작이 있으면 좋을 텐데…."

바로 그랬다. 그가 말하는 대로 모든 게 마무리되고, 더구나 '원작'이라는 구성 대본이 있고, '타협점'이 정해지지 않으면, 거액을 들여 프로그램으로 만들 가치가 있는지 어떤지 검토하기조차 어려운 것이다.

그러나 그래서야 중요한 장면을 놓치고 만다. 그것이 드라마 제작과 다큐멘터리의 차이라는 것이다. 그렇지만 그의 이야기는 실로 명쾌하여 납득이 갔다. 그리고 유감스러우나 이 일을 남기고 갈 수 있는 것은, 나 이외에는 없다고 단념했다.

6

이야기가 거대해져 가는
한국판 '평화의 초석'

'귀향기념비' 투어를 결정 / 사천시장의 등장 /

한국 미디어의 호의적인 보도 /

석비 디자인은 권위 있는 조각가의 손에 /

지란과 사천의 불가사의한 인연 / 팸플릿 준비도 완료 /

석비에 관심을 기울여 준 군인 출신 한국인들 /

H선생의 허풍 / 「평화의 초석 건립 시안」이란?

'귀향기념비' 투어를 결정

'물길이 바뀌다'는 말이 있다. 좋든 그르든 쓰이는 말로, 상황이 크게 바뀌어가는 전환점을 가리킨다. 돌이켜보면 물길이 바뀐 것은 바로 그 '아사히신문 기사'로부터였던 듯하다.

내가 바다 건너 조선인 병사 위령을 위한 석비를 세우려 한다는 것을 일부 사람들이 알게 되었다. 그걸 전해들은 아사히신문 가와바타 이치(川端俊一) 사회부 기자가 취재를 신청해 왔다. 마침 H선생도 도쿄에 와 계셨던지라 함께 취재에 응했다.

여름이 되면 태평양전쟁 때의 일이 화제에 오른다. 기사는 2007년 8월 19일 조간 사회면에 게재되었다. 「조선인 특공대 고향에 잠들라」는 커다란 제목 아래 '추도의 석비 한국에' '여배우 구로다 씨, 실현 위해 분주' 등의 소제목이 달렸다. 그와 더불어 탁경현의 비행복 차림 사진과 내 얼굴 사진까지 넣어 제법 크게 실어주었다.

내용은 여태까지의 개략槪略을 콤팩트하게 정리한 것이었다. 기사는 끝으로 이렇게 맺어져 있었다.

"구로다 씨는 '일본에서 찾아와 줄 사람이 있다면 기쁘겠다', H선생은 '한일의 과거 역사를 배우는 자리가 되면 좋겠다'고 말한다."

H선생의 말은 그야말로 역사 선생님다운 발언이라고 생각했다. 그리고 내가 한 말은, 이 작업을 해오는 도중에 '탁경현에 대한 추도의 마음'을 가진 일본인도 많다는 사실을 피부로 느낀 것이 부지불식간에 표출된 한마디였던 것으로 본다.(덧붙이자면 이 기사를 받아 이튿날인 20일자 서울신문에도 똑같은 내용의 요약 기사가 게재되었다.)

기사가 게재되자 아사히신문사로 나에게 전해달라면서 몇 건의 '기부'가 있었다. 그 뒤에도 이 사실이 다른 신문에 실리거나, 내가 강연에 나서거나 할 때마다 "(비석 앞에) 꽃이라도 올려주세요"라면서 기부를 해오는 이들이 있었다. 그것은 결코 나이든 분들뿐이 아니었다. '일본인으로서의 양심'이 사람을 움직인다는 사실을 느낄 수 있었다.

내 귀에 남아 있는 아카바 레이꼬 씨의 말이 있다.

"미쓰야마 씨를 아는 분으로, 미쓰야마 씨의 묘소가 있다고 들었는데 만약 장소를 알면 꼭 찾아가고 싶다고 말씀하신 분이 계셔요."

레이꼬 씨의 이야기에서는 성묘를 하고 싶어 하는 그 분의 절실한 마음이 전해져 왔다.

아사히신문에 기사가 실리고 한참 지난 뒤, 나에게 '산신(三進) 트래블'이라는 여행회사의 다치키 다케야스(立木健康) 사장으로부터 연락이 왔다.

"우리 여행사는 한국을 전문으로 취급해 왔습니다. 예전부터 회사 차원에서 한일 우호를 위해 사회 공헌을 하고 싶은 마음이 있었습니다. 지난번 아사히신문 기사를 읽고 석비 제막식에 참가할 투어를 꾸미면 어떨까 하는 생각이 들었습니다. 부산이나 경주 근처라면 혼자서 찾아갈 수 있겠지만, 사천이라면 개인 여행은 상당히 어렵겠지요. 그렇지만 이런 뜻있는 자리에 꼭 참석하고 싶어 하는 일본인도 많이 계시리라 봅니다. 부디 허락해 주십시오."

이렇게 고마운 제안이 어디 또 있을까. 일본 군인으로 희생된 조선인 병사들은 지금 세상에서는 한일 양쪽에서 다 버려진 '기민棄民'이나 다름없다. 그 무념무상의 심정을 하다못해 뜻이 있는 사람들이나마 위로해드리지 않는다면, 어찌 편안하게 잠들 수 있겠는가?

그런 생각으로 H선생과 단 둘이서 용을 써왔다. 이제 점점 주위가 넓어지고, 찬동하는 사람들이 늘어나는 것이 진심으로 기뻤다.

어떤 의미에서 이 투어는 '레저로서의 여행'과는 차원이 다른 것이 될지 모른다. 그렇기에 더욱 더 '귀향기념비' 투어에 참가해 주실 분들을 위해 온힘을 쏟아 준비하고, 사천시의 관광지로서의 매력도 가미한 '실속 있는 여행'이 되도록 노력하자고 다짐했다.

사천시장의 등장

이토록 고마운 제안에 박차를 가하는 것처럼 H선생으로부터 더욱 기쁜 소식이 전해져 왔다.

"이용희 이장이 모처럼 좋은 일을 하려는 것이니까, 기왕이면 더 나은 부지에다 비석을 세우자면서 사천시 시장에게 부탁했던 모양입니다. 사천시가 응원해 준다면 훨씬 좋은 장소에 세울 수 있을지 몰라요. 가능한 한 빨리 이쪽으로 건너오세요."

2007년 9월 5일.

우리는 사천으로 떠났다. 버스 터미널에서 H선생이 승려 한 분을 소개해 주었다. 허혜정許慧淨 스님이었다.

"이 스님은 한국 불교계의 유력자입니다. 반드시 힘이 되어 주실 겁니다."

느닷없는 일이어서 H선생과 스님이 어떤 사이이고, H선생에게 어떤 의도가 있는지 알 수 없었다. 그러나 어쨌든 힘이 되어 주신다면 고마운 일이었다. 나는 정중하게 인사를 하고, 세 사람이 사천을 향해 떠났다.

H선생의 이야기로는 교토에 있는 이총耳塚에 묻혀 있는 조선 병사의 혼을 고국으로 모셔오자며, 사천시가 새로운 이총을 건설했다. 2007년 10월 1일, 교토의 이총에서 사천의 '새 이총'으로 혼을 불러들이는 의식인 천도제薦度齊를 한다는 것이다. 그 때 몇 명의 승려가 의식을 거행한다. 이 스님도 그 중 한 분이라고 했다.

이총은 도요토미 히데요시(豊臣秀吉)가 조선을 침략했을 때, 무훈을 세운 증거로 조선 병사의 귀와 코를 잘라 소금에 절여서 가져왔다는 '유해遺骸의 무덤'이다. 아무리 적군 병사라고 하더라도 나라를 위해 싸운 분들이라고 해서 일본에서도 후하게 공양供養했다.

H선생은 이 스님이 이총으로 상징될 듯한 '이국땅에 묻힌 병사의 혼령을 불러들이는' 사천시의 의식에 힘을 쏟고 있으며, 사천시장과도 면식이 있는지라 도움을 받을 수 있다고 판단했는지 모르겠다.

그러나 그런 것은 나중에 가서 서서히 알게 되는 일이었다. 그날 나는 '어째서 이 스님이 동행해 주시는가?' 하고 어리둥절했다.

사천시는 지방 소도시에 지나지 않는다. 하지만 항공산업이 발달하여 시의 재정은 윤택한 모양이었다. 시 청사는 산속에 홀연히 솟구친 근대적인 탑과 같았으며, 그 근사함에 압도된다.

우리는 제일 꼭대기 층에 있는 시장실로 안내를 받았다. 유리로 된 시장실은 밝은 햇볕이 가득하고, 푸른 산이 한 눈에 들어와 전망이 뛰어났다. 시장은 쉴 새 없이 울리는 전화벨 소리가 겨우 잠잠해지자 스님과 H선생과 반갑게 인사를 나누었다.

자, 드디어 내가 입을 열 차례가 되었다. 여태까지도 그랬지만, 사정을 설명할 경우에는 반드시 내가 먼저 이야기를 꺼냈다. 이 일의 책임자는 나였으니까, 변변치 않아도 우선 내 생각을 제대로 전하지 않으면 안 되었다.

표현이 막힐 때나 내 의도가 좀처럼 잘 전해지지 않을 경우, 또는 상대가 말하는 의미를 내가 얼른 이해하지 못할 때는 H선생이 거들어주는 방식으로 진행해 왔다. 나는 긴장하면서도 서툰 한국어로 시장에게 지금까지 석비 건립으로 동분서주해 온 경위를 설명했다.

그런데 사천시는 한반도 남해안의 한복판 언저리에 있다. 이총 이야기에서도 짐작할 수 있듯, 도요토미 히데요시 부대와의 전투가 있었고, 이순신李舜臣 장군이 처음으로 거북선을 이용하여 히데요시 부대와 싸웠다는 '사천해전'의 전적지이기도 하다. 게다가 사천에는 '선진리성船津里城'이라고 하여 시마즈(島津) 부대가 상륙하여 축성한 이른바 왜성도 있다.

한일합병 시대에는 일본과의 연계가 깊었다. 사천에는 옛 일본군

항공기지가 있었고, 대한민국 성립 후에는 그곳이 그대로 한국의 공군기지가 되었다. 그런 경위로 해서 소도시임에도 불구하고 현재 사천에는 공군기지에 병설된 국내선 비행장이 있으며, 항공우주박물관 등이 인접해 있다.

지금은 명칭이 진주공항이지만, 그 이전까지는 사천공항으로 불렸다. 합병 시대에는 부산과 시모노세키를 연결하는 정기선 항로가 있었다. 그것이 현재 부관페리의 전신인 부관연락선이었다.

한편 사천시에는 일본인도 많이 거주하고 있으며, 삼천포항에서는 일본으로 건너가는 밀항선이 드나들었다. 나아가 6·25전쟁 때에는 전쟁의 상흔이 깊은 곳이기도 했다.

사천의 역사를 되돌아보자면 '대일 감정'이 결코 좋다고 말할 수 없는 지역적 특색이 있다. 아니, 대일 감정이 가장 심한 곳이라고 해도 틀리지 않으리라. 그런지라 바로 그 사천시가 이번에 석비 건립을 응원해 주면, 단순히 부지를 제공하는 이상으로 큰 의의를 갖게 된다.

가장 대일 감정이 나쁜 지역이 '과거의 인습因襲'을 뛰어넘어 미래지향으로 함께 전쟁 희생자를 위령하게 된다면, 한 지역의 일에 머물지 않고 국가를 이어주는 '아름다운 이야기'로 한일의 미래를 견인해 갈지 모른다는 기분이 들었다.

실제 이 무렵의 한국은 노무현盧武鉉 대통령의 「친일법」(합병 시대에 친일파로서 재산을 쌓은 자 등을 '반민족행위자'로 자손의 재산 몰수 등이 행해졌다)으로 대표되는 것처럼 두드러진 반일적 정책이 펼쳐졌다. 그로 인해 대일 감정에는 폐색감閉塞感이 넘쳤고, 출구를 찾아낼 수 없었다.

거기에 이명박李明博 씨가 '경제에 밝은 인물'로서 선명한 이미지를 갖고 대통령선거에 나섰다. 더구나 그는 미래지향적인 한일 관계라는 깃발을 크게 흔들었다. 그 결과 2007년 12월의 선거에서 높은 득표율로 대통령 자리를 차지했다.

그 같은 기운 속에 석비 건립에 사천시가 협력하게 된다면, 그야 말로 과거를 뛰어넘어 미래를 열어가는 한일 관계에 가장 먼저 손을 드는 셈이었다.

그러나 그런 것은 내가 역설力說할 것도 없이, 이미 시장의 마음속 에 정해져 있었으리라. 그 날로 우리는 사천시가 석비 건립부지로 준 비해 둔 공원으로 발걸음을 옮겼다. 가장 염려했던 것이 현지 주민들 감정이었는데, 사천시 측의 이야기로는 좋은 일로 이해하고 있다고 해서 크게 안심했다.

도로를 따라 녹지공원으로 펼쳐지는 부지 안의 200평을 제공한다 고 했다. 비가 내리면 떠밀려 갈 것 같던 저 논두렁 근처에 견주자면 훌륭한 장소였다. 나는 상상조차 못한 일의 전개에 기쁨이 넘쳤다. 하지만 그와 동시에, 일이 커져 버림으로써 또 다시 골인이 멀어져 가는 듯한 예감에도 휩싸이고 있었다.

여하튼 유족들도 고령高齡이다. 올해 안에, 가급적 추위가 닥치기 전에 건립할 수 있었으면 싶다. 그리고 당일 참석하는 분들에게 나눠 줄 수 있도록, 석비의 유래를 설명한 팸플릿도 만들고 싶다. 시간이 모자란다. 서두르지 않으면 안 된다고 조바심이 났다.

한국 미디어의 호의적인 보도

귀국한 지 얼마 지나지 않아 H선생의 연락으로 다시 서울로 날아갔다. H선생이 알고 지내던 동아일보 이광표李光杓 기자에게 제보했더니, 꼭 나를 취재하고 싶다고 한 모양이었다. 아사히신문과 동아일보는 제휴 관계다. 그래서 먼저 아사히신문에 크게 보도되었으니, 동아일보도 여기에 동조하여 기사화할 동기가 부여되었는지 몰랐다.

동아일보 기사는 아사히의 두 배쯤으로, 더욱 크게 다루어졌다. 큰 제목은 「꿈에 본 가미카제 조선 청년 16년간 눈에 밟혔어요」였고, '특공대원 탁경현 추도비를 세우는 지한파 일 여배우 구로다 씨' '일본 이름으로 죽는 것이 억울하다, 그 말을 잊을 수 없어 생면부지 청년 찾느라 진력盡力, 사천시 용지 제공 약속' 등의 소제목이 뒤따랐다.

기사 첫머리는 비석 앞쪽의 비문 소개로부터 시작하여, 꿈에 병사가 나타난 것을 계기로 오키나와의 '평화의 초석'에 공헌한 H교수와 2인3각으로 노력을 거듭하여 이번에 사천시에서의 석비 건립에 이르렀다는 사실을 전했다. 기사의 논조에 비판적인 요소는 전혀 없었고, 오히려 호의적인 내용으로 느껴졌다.

기사는 2007년 9월 27일에 게재되었다. 이 기사는 한국 국내에서도 새로운 파문을 일으킨다.

석비 디자인은 권위 있는 조각가의 손에

그로부터 얼마 뒤 H선생으로부터 연락이 왔다. 석비 건립 이야기를 H선생의 친구인 홍익대학 사학과 박 교수에게 했더니 '역사적으로도 대단히 의의가 있는 일'이라고 평가했다는 것이다. 그리고 박 교수의 지원으로 홍익대학 조형학부 교수로 취임하게 된 K교수에게 석비 디자인을 부탁하기에 이르렀다고 했다.

홍익대학이라면 미술대학으로서 한국 최고봉의 대학이다. 그 조형학과 교수가 디자인을 해주는 것은 대단히 고맙지만, 우선 마음에 걸리는 것이 제작비였다. 내 개인의 힘으로는 도저히 그런 훌륭한 분에게 상응하는 대우를 해드릴 수 없었다.

그런데 이것이 의의 있는 일이므로 석재 대금만으로 맡아주실 모양이라는 말을 H선생으로부터 듣고 적이 마음이 놓였다.

K교수는 당시 청주에서 개최되고 있던 〈청주 국제 공예 비엔날레〉의 운영위원장이었다. 그래서 H선생, 박 선생과 함께 청주로 내려갔다.

인사를 나누는 둥 마는 둥 하는 참에 지방신문 기자 넷이 나를 기다리고 있었다. 갑작스러운 기자회견이 되고 말았다. 한국에서는 나 정도 인간이라도 지방도시를 방문하면 현지 기자들이 모여들고, 사전에 본인의 양해를 구하지도 않고 기자회견이 열리는 게 예사다. 홍보에 이용되는 것이다. 일본에서는 있을 수 없는 일이지만, 나는 이미 익숙해져 있었다.

그날 중으로 K교수가 운전하는 자동차를 타고 사천으로 향했다. 시장과 녹지과 직원들에게 인사를 한 뒤, 먼저 현장부터 보고 싶다는 K교수와 함께 건립 예정지인 공원을 둘러보았다.

나는 그냥 그대로 며칠 더 사천에 남아 투어의 사전 조사와, 팸플릿에 쓸 사진 등의 촬영을 하기로 했다. H선생과 K교수는 한 걸음 먼저 서울로 돌아갔다. 그렇게 며칠을 보낸 다음 나는 다시 청주 비엔날레 전시장으로 K교수를 찾아갔다. 나중에 혼자서 오라는 말을 들었기 때문이다.

약간 묘한 기분이 들었다. 하지만 지난번에는 비엔날레를 찬찬히

석비 디자인에 대해 설명하고 있는 K선생(좌), 저자(가운데), 지켜보고 있는 H선생(우)

관람하지 못했던지라 나를 안내해 주시려는 배려인가 하고 생각했다. 전시장 내에 전시된 오브제와 공예품을 둘러보았다. 스태프가 몇 명 따라왔는데, 그들이 멀리 떨어지자 K교수가 말했다.

"이번 기획(석비 건립)에는 '주인'이 없어요. 당신이 되든지 사천시가 되든지 하지 않으면 안 돼요."

보통은 무엇이건 직설적으로 이야기하는 한국인이건만, 너무나도 추상적이어서 무슨 이야기인지 종잡을 수 없었다. 그러나 요컨대 역시 2천만 원가량의 개런티가 필요하다는 말이었다.

나로서는 도저히 그럴 여유가 없었다. 하물며 그것을 사천시에 떠넘길 마음은 털끝만큼도 없었다. 서울로 돌아오자 나는 이 사실을 H선생에게 전하고, 유감이지만 이번은 K교수에게 의뢰하는 것을 단념하기로 했다.

그런데 뒷날 이 일이 박 선생에게 전해진 모양으로, 당초 조건으로 다시 K교수가 맡아주기로 했다는 이야기가 전해져 왔다.

2007년 10월 29일. 박 선생 댁에 K교수와 H선생, 그리고 내가 모였다. K교수는 박 선생으로부터 된통 야단을 맞았는지 시종 말수가 적었고, 조심스러웠다.

K교수는 이미 석비 모형을 만들어 놓았다. 조그만 석비 모형이 테이블 위에 살짝 놓여 있었다. 비문을 새긴 기다란 좌대. 그 위에 삼족오三足烏 조각상을 올린 아름다운 디자인이었다. 왜 삼족오를 디자인했는지 여쭤봤다.

"삼족오는 태양신이며, 말하자면 불사조인 피닉스입니다. 탁경현은 일본에서 살다가 오키나와에서 타계했습니다. 파일럿이기도 했던 그의 혼이 고향 산하로 돌아온다면 새의 모습이 되어 돌아온다, 그런 이미지로 디자인한 것입니다."

역시 예술가는 달랐다. 그리고 그 자리에서 제작비로 화제가 넘어갔다. 실비實費인 석재 대금만이라면 400만 원이라고 했다. "후쿠미 씨, 그걸로 됐지요?" 하고 H선생이 다들 함께 한 자리에서 나에게 다짐을 두었다.

'서포석재라면 25만 엔이면 되는데…'라는 생각이 순간 머리를 스쳤지만, 이제 와서 쩨쩨하게 굴기도 어려웠다. 후세에 남기는 것이며, 이 멋들어진 디자인을 보았으니 도저히 '묘석'으로 되돌릴 수 없었다. 나는 "잘 부탁드립니다" 하고 대답하면서 고개를 숙였다.

석비 건립도 마침내 '가경佳境'에 접어들었다. 게다가 점점 이야기가 커지면서 각 방면을 끌어들여 복잡해져 가는 가운데, 내 과제 역시 늘어만 갔다.

　이런 식으로 시종 의논하느라 배우 일을 하는 틈틈이 수시로 한국과 일본을 오가는 것은 솔직히 경제적으로나 시간적으로, 그리고 정신적으로도 부담스러워졌다. 그래도 이제 조금만 더 참으면 된다고 스스로를 달래며 버텼다.

　본래대로라면 고령이 된 유족을 위해서 조금이라도 빨리 완성했으면 하고 바랐다. 그렇지만 K교수에게 디자인을 의뢰하는 것이 결정된 시점에서 연내 제막은 도저히 무리라고 판단했다. 엄동嚴冬의 시기를 피하고, 한층 아름다운 계절인 5월에 하고 싶었다.

　탁경현의 기일忌日은 5월 11일. 한국에서는 제사를 기일 하루 전에 모시고, 또 5월 10일은 사천시로서도 '시민의 날'이었다. 게다가 그날이 토요일인지라 투어 참가자나 인근에 사는 분들이 찾아오기 쉬우리라.

　제막식 일정을 5월 10일로 변경하는 걸 고려하지 않을 수 없다. 하지만 나는 방심하지 않고 여기서 해나갈 수 있는 것을 착착 준비했다. 우선은 제막식에 오실 분들에게 배포할 팸플릿 제작이었다.

　그리고 석비 제막 투어에 참가할 분들이 조금이나마 사천 관광을 즐길 수 있도록 코스를 잡아야 한다. 그러기 위해서는 먼저 사천이라는 지역의 특징을 상세히 살필 필요가 있다. 그 후 나는 몇 차례 더 사천을 오가면서 사천의 역사와 산업, 문화와 별미 등을 조사해 나갔다.

지란과 사천의 불가사의한 인연

　나는 시청 관광과 직원의 안내를 받으면서 사천의 이곳저곳을 구석구석 돌아다녔다. 그 때까지 서울 가이드북 등을 만들어온 나는

'취재하는 사람'의 눈으로 관광도시로서의 사천의 가능성을 뒤져보 았다.

이 지역에서 근린 관광도시라고 하면 진주가 대표적이다. 그렇지 만 내 견해로는 '손때'가 덜 탄 만큼 사천 쪽이 훨씬 신선한 매력이 넘치는 것으로 보였다. 또한 앞으로는 석비를 통해 사천과 '생애의 인연'으로 맺어지게 될 것을 떠올리니 애절하기도 하여, 관광지로서 좀 더 발전해서 주목을 끌었으면 싶은 기분이었다.

한반도 남해안의 사천에는 풍요로운 자연이 남아 있다. 그로 인해 산과 바다의 진미珍味가 수두룩하여 별미도 잔뜩 있었다. 게다가 사 천에는 특필할 만한 역사와 산업이 있었다. 한국으로서는 고난의 역 사였을지 모른다. 앞서 이야기했듯이 도요토미 히데요시의 왜군이 쳐들어왔을 때 이순신 장군이 처음으로 거북선으로 싸운 '사천해전' 전적지와, 시마즈 부대가 상륙하면서 쌓은 왜성 터 등 역사 탐방을 즐기는 이들에게는 매력적인 지역이다.

나아가 한일합병 시절로부터 항공기지가 있었던 인연으로 사천은 항공산업이 발전했다. 사천공항과 인접한 항공우주박물관으로 가보 니 그 넓은 부지 안에 미국제 B29와 그라만 등의 전투기, 에어포스 수송기, 또한 일본인들에게는 신기할 한국 대통령 전용기와 폭격기, 헬리콥터 등이 전시되어 있었다. 보통 사람인 나로서도 무척 흥미로 웠으니 항공 팬들이라면 군침을 삼킬 만했다.

나는 말로만 듣던 B29를 여기서 난생 처음 보았다. '이것이 일본 을 괴롭힌 바로 그 B29인가?' 하는 생각이 들었다.

또한 전시관 내에는 옛 소련의 스탈린이 멋진 검정색 승용차 세 대 를 제작하여 한 대는 본인이 사용하고, 나머지는 마오쩌둥(毛澤東)

사천항공우주박물관에 전시되어 있는 B-29 폭격기

과 김일성에게 선사했다는 전설의 차가 전시되어 있다. 6·25전쟁 때 김
일성이 타고 왔다 갔다고 한다(아쉽게 현재는 전시되어 있지 않다).

어떤 경위로 여기에 전시하게 되었는지까지는 취재하지 못했다. 하
지만 이들 항공기와 김일성의 승용차를 보는 것만으로도 가치가 있다.

여기에는 두 전시관이 있다. 하나는 항공우주과학의 미래에 관한
전시관이고, 다른 하나에는 6·25전쟁의 비극이 남긴 흔적이 전시되
어 있다. 그 한 모퉁이에는 6·25전쟁 당시의 영상이 모니터로 흘러나
왔다. 아들을 전쟁터로 보낸 어머니의 모습, 전쟁의 참화를 피해 피
난하는 사람들의 모습. 그것은 동족끼리 싸운 전쟁의 비참함을 전해
줌과 동시에, 평화에 대한 기원을 더 깊게 만들어 준다.

우리 일본인들로서도 꼭 봐야 할 매우 귀중한 영상으로 여겨졌다. 나는 가능하다면 여러 외국어 자막을 붙였으면 좋겠다고 시장에게 건의했다.

이 자료관이야말로 평화를 기원하는 사천에 어울리는 전시물이며, 관광 자원으로서 좀 더 주목해야 하리라고 본다. 이런 재산을 얼마나 많은 한국인들이 알고 있을까 생각하니, 약간 아쉬운 심정이 들기도 했다.

사천은 한반도 남쪽 끝에 위치한다. 그리고 오키나와를 향하는 특공기지가 있었던 지란도 규슈(九州) 최남단 가고시마에 있다. 전쟁 피해가 격심해지자 일본 본토에서의 전투기 조종 훈련이 차츰 어려워져 만주에서의 훈련이 감행되었다. 훈련을 마치면 가고시마 지란까지 가는 도중에 바로 이 사천의 기지에 일단 착륙하여 연료를 보급한 뒤, 다시 지란으로 날아간 모양이었다. 혹시 탁경현도 만주에서 훈련을 끝내고 고향 사천에서 보급을 받았을까?

지란 남쪽에는 사쓰마 후지로 불리는 원추형의 아름다운 산, 가이몬다케가 있다. 그리고 이곳 사천에는 가이몬다케보다 훨씬 낮으나 완만하게 삼각형의 산자락이 펼쳐지는 '금오산金五山'이 있다는 사실을 발견했다. 탁경현이 지란의 비행장에서 뜨고 내리면서 본 가이몬다케에서 고향의 금오산을 떠올렸을지 모른다는 생각이 문득 들었다.

지란이나 사천(곤명면)이나 양쪽 다 차(茶) 산지로 알려져 있다. 한국의 차 산지라고 하면 전라남도 보성이 유명하다. 보성은 일제시대에 시즈오카(靜岡) 차 품종이 대규모로 재배되어, 지금도 차라고 하면 금방 보성을 떠올릴 정도다. 그런데 여기 사천시 곤명면에도 대규모의 드넓은 차밭이 있어서 놀랐다.

공장 견학을 할 수 있었는데, 일본에서 만든 기계와 기술이 도입되어 있었다. 여기도 역시 일제시대에 개척된 차밭으로 여겨졌다. 지란 역시 차밭이 있고, '지란차'는 일본 전국에 알려진 브랜드다. 사천은 알면 알수록 지란과 서로 닮았음을 느끼지 않을 도리가 없었다. 아니, 불가사의한 인연까지 느껴졌다.

이 밖에도 사천의 매력이라면 뭐니 뭐니 해도 풍요로운 바다이다. 그것을 대표하는 곳이 삼천포 어시장. 나는 한국의 다른 어느 어시장보다 이 밝고 재래시장의 분위기가 넘쳐나는 삼천포 어시장을 좋아한다. 근대화되어 빌딩 안으로 들어가 버린 부산의 자갈치시장도, 30년 전에는 꼭 삼천포 어시장과 같은 풍정風情이 있었다.

여기에 나오는 어패류의 종류도 엄청나다. 개펄이 많아서인지 듣도 보다 못한 다양한 조개류가 잔뜩 널렸다. 방파제를 따라 아줌마들이 생선의 배를 따서 말리는 작업을 하고 있다. 특히 이 부근에는 쥐치가 많이 잡히는 모양으로, 명물이 되어 있다.

계절마다 잡히는 생선회나 조개구이도 좋지만, 내 마음을 가장 사로잡는 것은 아침에 해장탕으로 내놓는 1인분 6천 원가량의 복국이다. 미나리를 듬뿍 넣고 소금 맛으로 깔끔하게 끓여내는 국물. 그와는 별도로 커다란 그릇이 나누어지고, 거기에 고소한 참기름과 양념에다 나물 등을 넣어서 복과 같이 먹어도 좋다. 나중에는 밥을 비벼 비빔밥처럼 해먹어도 그만이다. 이런 식으로 먹는 방법은 여기 사천에서 처음 경험했다. 쉬 잊어지지 않는다.

게다가 약간 내륙으로 발걸음을 옮기면, 산나물을 만끽할 수 있다. 한국다운 야채 즐기는 법으로서는 쌈밥이 최고다. 쌈밥은 농부들이 들일을 하면서 먹은 점심에서 유래한다. 상추에다 밥과 김치,

된장을 싸서 먹는 소박한 음식이다.

음식점에서는 여러 종류의 야채와 함께, 잘게 썬 돼지고기를 고추장으로 볶은 돼지볶음이 따라 나오기도 한다. 여기서는 몇 종류의 젓갈도 나왔다. 상추에다 고추장과 미나리 등 향기와 매운 맛, 쓴맛이 강한 야채를 섞는 식의 코디네이터를 하기에 따라 입 안에서 넘쳐나는 맛이 그때마다 달라 즐겁다. 내가 아주 좋아하는 한국요리다.

시장이 단골로 다닌다는 식당으로 안내해 주었다. 역시 바닷가 사천인지라 여러 종류의 젓갈이 나왔다. 나물 종류도 다양했다. 또한 삶은 정어리 등 이 지방에서 맛볼 수 있는 반찬도 곁들여졌다.

솔직히 말해 경상도는 한국에서 '먹을거리의 고장'으로 칭해지는 전라도 지역에 비하자면, 음식에 관한 한 다소 처지는 면이 있다. 그런데 여기 사천은 산과 바다의 풍부한 자원이 넘쳐나는지라, 관광에 빼놓을 수 없는 '먹는 즐거움'을 충분히 만끽하게 해준다.

역사를 느끼게 해주는 고찰古刹 다솔사多率寺, 그리고 조선시대 학문을 가르치던 향교와 서원 등도 남아 있다. 한국의 불교와 유교 문화를 엿보게 해주는 역사적 자취에서도 빠지지 않는 것이다.

나아가 한국 동화「토끼와 거북이」이야기의 발상지이기도 하다. 이야기에 등장하는 토끼와 거북이를 빗댄 섬이 있으므로, 동화의 재미를 맛보면서 섬과 바다의 경치를 즐기는 것도 운치가 있다.

봄이면 벚꽃의 명소가 있고, 바다로 빠져드는 일몰이 섬 그림자를 짙게 색칠하는 아름다운 경승지景勝地도 있다. 대표적인 것만 손꼽아도 이 정도이다. 그렇게 구경할 곳이 많은 사천이 여태 관광지가 되지 않았다는 사실이 도리어 이상할 지경이다. 이만큼 자원이 있다면 관광지로 훨씬 더 발전해도 좋을 듯싶었다.

팸플릿 준비도 완료

이렇게 사천 각지를 돌아다니면서 얻은 정보를 여행사 산신트래블에 제공하여 투어에 참고로 삼도록 했다. 또한 여기저기서 찍은 사진은 귀향기념비의 팸플릿에 담았다.

사천은 관광지로서도 뛰어나다는 확신이 생겼다. 앞으로 이 귀향기념비 건립을 계기로 많은 일본인들이 이곳을 찾아오게 되면 참 좋으리라 여겨졌다.

다행히 고교 시절 친구인 시라이 유꼬(白井裕子)가 그래픽 디자이너이다. 그녀에게 팸플릿 제작의 도움을 받기로 했다. 우선은 여러 종류의 팸플릿을 입수하여, 그 형태를 비교해 보았다. 그리고 펼치면 한 장이로되, 아코디언 주름처럼 차곡차곡 접혀져 손에 들기 쉽도록 만들기로 결정했다.

언어는 한일 양국어를 나란히 적기로 했다. 두 나라 사람들에게 이 비의 유래를 해설하여 이해를 구하고, 사천과 더불어 석비를 사랑해 주었으면 하는 바람을 담았다.

표지는 완만한 금오산이 바라보이는 전원풍경의 하늘에, 탁경현의 사진이 반쯤 안개 낀 것처럼 조그맣게 떠오른 디자인으로 했다. 허공을 헤매던 혼령이, 고향 산하의 하늘에 안주의 땅을 찾았다는 듯한 이미지다.

톱 페이지에는 〈석비 건립 경위〉, 이어서 한국 측을 대표하여 〈김수영金守英 사천 시장의 인사말〉, 일본 측 대표로서 신세를 진 〈오오타 마사히데 전 오키나와 현 지사의 인사말〉, 나아가 비문에 새겨질 〈비문 소개〉, 영화 〈호타루〉로 대표되는 〈일본에서의 탁경현 소개〉, 그리고 마지막으로 H선생과 나의 짧은 인사말.

마지막 페이지에는 석비를 찾아가는 〈길 안내〉와 〈문의처〉로 사천시 관광과의 전화번호 등을 실었다. 거기에는 섬 그림자가 떠오르는 저물 무렵의 사진을 배치했다. 표지의 화사함에서 시작하여, 저물어가는 바다 경치로 넘어가는 차분한 시간의 흐름을 연출한 것이다.

인사말 원고와 얼굴 사진도 각각 부탁했다. 한국어 번역은 친구에게 의뢰했고, 일본어 번역은 내가 맡기로 했다. 이리 조그만 팸플릿에다 용케 이토록 많이 담았다고 여길 정도여서, 충분히 만족할 만하게 완성되었다.

영화 〈호타루〉 소개 페이지에서는, 제작사인 도에이(東映)에 저작권료 5만 엔을 지불하고 포스터 사진 게재 허락을 받았다. 조그맣게 쓸 수밖에 없지만, 이 한 장의 사진이 있는 것과 없는 것의 무게감이 달랐다.

탁경현을 소재로 한 〈호타루〉는 영화 팸플릿에도 적혀 있는 것처럼, 일본을 대표하는 배우 다카쿠라 겐이 애를 쓴 덕분에 실현된 작품이다. 이런 사실은 한국인들에게 더 큰 의미가 있으리라.

디자이너 유꼬 씨에게는 친구라는 걸 빌미로 공짜나 다름없는 싼 가격에 디자인을 부탁했다. 그렇지만 디자인은 일류였다.

〈석비 건립 경위〉의 배경에는 K교수가 디자인한 삼족오, 김 시장의 인사말 배경에는 사천의 한글 표기 문자, 오오타 씨의 인사말 배경에는 오키나와의 한자 표기를 희미하게 깔았다. 더불어 평화를 기원하는 두 도시가 기념비를 인연으로 다가선 것 같았다.

표지를 비롯하여 팸플릿에 쓴 사진은 모두 '고향의 산하'를 이미지하여 내가 촬영해 온 것이었다. 지금 봐도 정말이지 잘 만들어진 예쁜 팸플릿으로 여겨진다.

인쇄는 되도록 싸게 부탁할 수 있는 업자를 유꼬 씨에게서 소개받았다. 이로써 제작 준비는 완료되었다. 하지만 만에 하나, 앞으로 변경 사항이 생길 경우에 대비하여 언제라도 고칠 수 있도록 인쇄를 막판까지 미루어 두었다가 발주하기로 했다.

취지가 취지인 만큼 다들 협력해 주었다. 우선 7천 부를 찍기로 했다. 앞으로 필요가 있으면 더 찍어 사천시에 제공하자고 생각했다. 예산이 넉넉하지 않은 가운데, 대략 17만 엔의 인쇄비로 충당할 수 있었다.

이제는 무사히 석비가 완성되기를 기다리기만 하면 될 터였다.

석비에 관심을 기울여 준 군인 출신 한국인들

2007년의 가을도 깊어지고 있었다. 9월 27일 동아일보에 이 석비에 대한 기사가 보도된 이래, 한국 내에서 부정적인 기사나 비판은 일절 없었다. 오히려 이것이 화제에 오르면 한국인들은 누구나 입을 모아 이렇게 말했다.

"원래라면 우리 한국인이 해야 마땅할 일을 일본인인 당신이 해주셔서 죄송하다. 한국인으로서 감사한다."

동아일보 기사를 읽고 H선생에게 연락을 취해 온 분들이 있었다. 학도병으로 징병되어 '저 빗속의 진구구장(神宮球場)'에서 행진한 경험을 가진 곽병을郭秉乙, 신용민辛溶珉 두 분이었다.

기사를 본 뒤 감명을 받아 꼭 식사를 함께 했으면 한다고 해서 뵙게 되었다. 서울 시내에 있는 학도병의 이름을 새긴 석비로 안내를 받은 다음, 멋진 한식점에서 식사를 대접 받으면서 이야기를 나누었다.

곽 선생은 중앙대학 법학부를 다니던 중 징병된 모양으로, 장래

변호사를 목표로 삼았으나 그 꿈이 사라져 버렸다고 한다. 신 선생은 만주에서 1년쯤 보병으로 보냈다고 한다. 내가 "얼마나 일본이 원망스러웠겠습니까?" 하고 묻자 "아니 그냥 원망이고 뭐고 없었어요. 그저 막연히 체념할 따름이었지요"라는 말씀이었다.

나는 도저히 그 말을 액면 그대로 받아들이기 어려웠다. 인간은 너무 슬프면 눈물조차 나오지 않는 수가 있듯이, 원망할 마음의 여유조차 없는 경지였지 않았을까.

두 분은 우리의 석비 건립에 감사했고, 헤어질 때에는 기부까지 해주셨다. 하얀 봉투에 떨리는 글자로 '촌지寸志'라고 일본식으로 적혀 있었다. 나는 너무 황송한 기분에 사로잡혔다.

또한 '파일럿 협회'라는 곳으로부터도 H선생에게 '우리가 할 수 있는 일이 있다면 무엇이든 돕고 싶다'는 연락이 와서 만나 뵈었다. 배상호裵相浩, 김동흡金東洽 두 분이었다. 한국군에서 배 선생은 장군, 김 선생은 대령으로 예편했다고 한다.

한 마디로 파일럿 협회라고 했지만, '공군 전우회'와 '6·25 참전 용사회' 등 여러 단체가 있는 모양이었다. 두 분은 6·25전쟁 당시 파일럿으로 참전했다고 한다. 배 장군이 말했다.

"이걸 한일 두 나라 파일럿 OB가 응원하면 어떨까? 일본에는 '즈바사회'[즈바사는 날개라는 뜻 − 옮긴이]라는 모임이 있을 터이다(나중에 알아보니 '항공자위대 퇴직자 단체'였다). 두 나라 파일럿 OB가 이 석비 건립을 곁에서 돕는 게 바람직하다. 우리도 같은 조종사 출신으로서 이런 움직임을 잠자코 바라보고 있을 수만은 없다."

배 장군은 유창한 일본어로 말씀하셨다. 그런데 당시의 군대 계급이나 용어(가령 육군 참모장 등등)가 나오면 그 부분은 더욱 돋보이는 정확한 일본어 발음을 하시는 게 인상적이었다. 한국 공군 이전에는 일본군 파일럿이었는지 모른다.

이야기가 무르익어가는 가운데 H선생이 무슨 말 끝에 "전쟁은 나쁘다"고 한마디 던졌다. 그러자 배 장군이 다부진 어투로 되받았다.

"댁은 전쟁에 나서지 않았으리라. 경험이 없으니까 그런 말을 하는 것이다. 전쟁에는 좋고 나쁨이 없다. 조종사에게는 조종사만 알 수 있는 일이 있다."

70대의 H선생도 배 장군의 어투에 눌려 입을 다물었다. 나는 예상하지도 않았던 사람들이 저마다의 처지에서 이 석비에 관심을 기울여주시는 것을 알고 기뻤다.

H선생의 허풍

2007년 11월 20일.

새롭게 모뉴먼트를 만들려면 도저히 연내의 제막이 어렵겠다는 K교수의 의견에 따라, 제막식 일정을 변경하지 않을 도리가 없었다. 5월 10일로 제막식을 바꾸겠다는 사과를 위해 김영수 사천시장을 찾아갔다.

권위 있는 조각가의 등장으로 시장으로서도 연기에 이의는 없었다. 애초에 제막식 일정을 공표한 적도 없었다. 연내 완성을 목표로 삼은 이유도, 고령이 된 유족들을 배려하여 추위가 심해지기 전에 한시바삐 세우고자 한 내 심정에서 나온 것이었다.

이 무렵부터 나는 석비를 사천시의 지원을 받아 건립하게 되었다는 것, 그래서 석비가 한일 우호의 상징으로 떠오르기 시작한 전개 과정과 경과 등을 한국 주재 일본 특파원들이나 일본의 지인 기자들에게 알리고 있었다. 만약 석비 건립이 많은 사람들에게 알려짐과 동시에 한일 두 나라의 이해와 축복을 받을 수 있다면, 한일 우호에도 공헌할 수 있지 않을까 싶었기 때문이다.

일본 매스컴의 반응은 예상 이상이었다. 여러 곳에서 제막식에 취재하러 가겠다는 반응을 보였다. 실제로 이 날 역시 어느 텔레비전 방송 특파원이 사천시로 내려가는 우리와 동행했다. 제막을 기다리지 않고 그 과정부터 취재해 두려는 미디어가 나타난 셈이었다.

한국 언론에서 일하는 분의 이야기로는 "사천은 지방 소도시여서 이제까지 전국적인 화제에 오른 적이 없었다. 이번 이 일을 계기로 주목을 받는 것은 사천시로서도 획기적인 일이다"는 것이었다.

실제로 이러쿵저러쿵 하는 사이에 일은 커져만 갔다. 일본에서는 제막식 투어도 모집하게 되어 일본 미디어가 주목하고 있다. 나아가 '항공산업 도시 사천'이 한일 파일럿들의 성원을 받을지 모르는 상황으로 전개되어 가자, 사천시장의 기대감 역시 높아졌으리라.

연내 제막을 연기하여 이듬해 5월로 변경하자는 제의에 시장은 특별히 이견이 없었다. 나는 준비해간 팸플릿 시제품을 시장에게 보여드렸다. 이제 인쇄기에 걸기만 하면 완성되는 단계에 와 있었던 것이다. 사전에 체크하여 무언가 모자라는 게 있거나, 번역 등에 잘못된 곳이 있으면 지적해 달라는 뜻을 전했다.

시장도 안경을 쓰고 펜을 든 채 열심히 체크해 나가면서도, 점점 모양새가 갖춰지고 있다는 사실을 실감하는 듯했다. 그러자 곁에서 H선생이 시장을 선동하는 것처럼 말했다.

"여하튼 석비가 건립되기만 하면 구로다 씨가 많은 관광객을 데리고 올 것이고, 구로다 씨의 힘으로 일본의 텔레비전이 와서 사천을 선전하는 프로그램을 잇달아 만들어줄 겁니다."

나는 서둘러 고개를 저었다.

"아니, 그럴 힘이 저에게는 없어요."

그러자 H선생이 어떤 서류를 시장에게 건네면서 무언가를 열심히 이야기했다. 네다섯 매로 묶인 서류의 표지에는 「평화의 초석 건립 시안」이라고 적혀 있었다. 그게 무얼까 궁금했다. H선생이 나에게도 한 부를 건네주었다.

사천에서 서울로 돌아오는 버스 안에서 나는 H선생에게 고충을 털어놓았다.

"선생님, 곤란합니다. 시장에게 그렇게 말씀하셔서는 너무 무책임 해요. 나는 일개 배우에 지나지 않아요. 사천에 관한 프로그램을 제 작할 힘 따위가 저에게는 없어요."

"괜찮습니다. 그 정도 말해두지 않으면 한국인은 움직이지 않으니 까요."

「평화의 초석 건립 시안」이란?

앞서 H선생이 시장에게 건네준 서류를 펼쳐보고 놀랐다. 그것은 태평양전쟁에서 희생된 조선인 병사의 이름을 새긴 오키나와 '평화 의 초석'과 같은 시설을 사천시에 조성하자고 제안한 것이었다. 제안 자는 H선생일 텐데 어디에도 H선생의 이름은 적혀 있지 않았다.

"일제 강점기에 많은 한국인이 일본으로 강제 연행되어 '황군皇 軍'으로 희생되었다"고 하는 사실을 전제로 쓴 다음, 이어지는 '건립

취지'가 이렇게 되어 있다.

"사천시가 태평양전쟁 희생자들의 혼을 추도하기 위한 '귀향기원비'를 건립하는 것을 계기로, 이를 확대 발전시켜 2009년 대한민국 독립 60주년을 기념하여 평화의 초석을 사천시에 건립하자는 것이다. 이곳에 해마다 5월 11일, 모든 희생자 가족이 모여 합동 위령제를 개최함으로써 평화의 마음을 보다 널리 전하고, 세계 평화를 기원하는 평화의 발신기지로 삼는다."

또한 '기본 이념'은 이랬다.

〈1〉 희생자 추도와 평화 기원

… 일제 강점기에 '황군'이라는 이름으로 전쟁터에 끌려 나가 희생된 모든 이들을 추도하고, 혼이나마 이제는 독립된 고국으로 돌아와 편안히 쉬도록 함과 더불어, 무슨 일이 있더라도 전쟁을 일으켜서는 안 된다는 점을 강조하고 평화의 소중함을 확인하여….

〈2〉 전쟁의 교훈과 계승繼承

한국이 36년간 일제에 지배당하는 동안, 일제 자신을 위해서 '대동아공영권' 구축을 위한 식물연쇄食物連鎖가 된 것이 식민지 하의 조선이었다. 그로 인해 조국은 엄청난 인적, 물적 피해를 입었고, 그 후유증은 여태 한민족의 마음에 새겨져 치료되지 않고 있다. 이처럼 잔혹한 전쟁의 비참함을 소중한 교훈으로 후세에 올바르게 남기기로 한다.

그 외에도 '각명 대상'과 '각명 방법' 등에 관한 설명이 이어지고, 거기에 필요한 것으로 여겨지는 면적으로 '1만 5천 평'을 예상해 놓

왔다. 그러나 내가 가장 놀라고 전율한 것은 '예산 조달 및 행정行程'
이라는 대목이었다.

여기에는 총 예산으로 30억 원을 계상하고 있었다. 그 내역으로는
'국비 18억 원', '경상남도 6억 원', '사천시 5억 7천만 원', 마지막에
'구로다 후쿠미 3천만 원'으로 나와 있는 게 아닌가. 잇달아 '공사 공
정'으로 세세한 작업 일정까지 기재되어 있었다.

여기에 적힌 이념은 H선생 자신의 역사관일지 모른다. 그렇지만
이번에 내가 건립하는 귀향기념비는 오로지 '인도적으로 희생자를
추도하는 것'이며, 정치적인 행위로 오해를 받지 않도록 조심스레 해
왔다.

그럼에도 이와 같은 역사 해석의 글들을 나열한 곳에 내 이름을
마음대로 적어놓은 것에는 참을 수 없다. 내 이름은 그렇게 적어놓
고, 이 서류의 어디에도 자신의 이름이 없다는 점도 이상한 이야기가
아닌가.

나는 H선생에게 "이게 무엇인가?" 하고 따져 물었다. 그러자 이렇
게 대답하셨다.

"이것은 형식적인 것입니다. 실제로 나라에서 돈이 나오면 후쿠미
씨는 돈을 내지 않아도 상관없게 됩니다. 지금까지 나는 내 돈은 단 한
푼도 쓰지 않고, 문화재청 등의 예산을 끌어내어 여러 가지 일을 해왔
습니다. 이런 일에는 재주가 있으니까 걱정하지 않아도 괜찮습니다."

"하지만 제 허락도 없이 이런 일을 하시면 곤란하지요."

이것은 단순히 금전 문제가 아니다. 첫째로 석비 건립과 H선생이
말씀하시는 '평화의 초석'은 전혀 차원이 다른 이야기이다. 석연찮은
기분이 들었다. 화도 났다. 그렇지만 이건 H선생의 개인 생각이며,

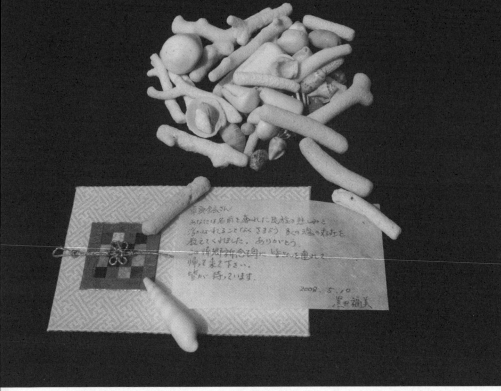

집에다 고인의 유골처럼 모신 산호와 조개껍질들. '모든 분들의 귀향을 바라며'라는 메모를 적어 손수 만든 비단 주머니에 담았다.

아직 아무 것도 진전되지 않은 지금 H선생과 말다툼을 벌여 보았자 소용이 없다고 판단했다.

게다가 H선생이 토라져 버리면 5월의 제막식까지 나 혼자의 힘으로 일을 치러낼 자신도 없었다. 나는 꾹 참았다.

이튿날, 나는 H선생과 충청남도 조치원의 K교수 자택을 방문했다. 홍익대학 조형학부 캠퍼스는 여기 조치원에 있었고, K교수도 이곳에서 거주했다.

아무래도 당초 다툼이 생겼던 이래 감정이 풀리지 않은 것인지 H선생은 K교수에 대해 불신감을 품고 있는 것 같았다. 석비 제작의 진척 상황을 의심하는 것으로도 비쳤다.

　나는 이번에 방한하면서 평소 도쿄의 집에 유골처럼 모신 '산호와 조개껍질'을 지참해 왔다. 고향 서포의 석비 건립 현장에 함께 가 앞으로 안주할 장소를 보여 드렸다. 그리고 그 날도 K교수 댁으로 가져갔다.

　조그만 보라색 비단보자기를 펼치자 거기에 모양을 드러낸 새하얀 진주와 조개껍질을 K교수가 물끄러미 바라보았다. 그 모습은 감정을 억누르지 못하는 인상을 던져주었다. 한참 말없이 그것을 응시하다가 서서히 입을 열었다.

　"디자인한 석비 본체 가운데 타임캡슐을 넣을 공간을 만듭시다. 거기에다 이걸 넣기로 하죠."

　그러면 어떻게 될까, 상상조차 할 수 없었다. 불상佛像의 복장腹藏 유물처럼 석비 본체 속에 넣는 것일까? 어쩐지 아주 멋지게 될 것으로 여겨졌다.

　K교수가 자택 아틀리에에 주변을 안내해 주었다. 자신이 쌓았다는 조그만 돌로 된 석탑 몇 개가 서 있었다.

　"인간이 할 수 있는 일은 하나도 없다. 그렇지만 할 수 없는 일도 하나도 없다."

　그런 말을 하면서 재빨리 살짝 눈이 덮인 산길을 올라가는 뒷모습은 선인仙人과도 같았다.

7

'한일 우호의 가교'에
떠돌기 시작하는 먹구름

2백 평에서 3천 평, 그리고… /

비판의 목소리 / 팸플릿 배포 중지 /

단 세 글자 '위해서'로 인해 /

꽁무니를 빼는 한국관광공사 /

석비의 운명은 어떻게? /

수수께끼 같은 토목업자의 교란攪亂 /

격앙된 K교수와의 대결

2백 평에서 3천 평, 그리고…

나는 석비 제막식이 '내 바람을 이루고, 유족이 위안을 받는' 것만의 행사로 하고 싶지는 않았다. 가능하다면 한일 두 나라의, 아니 이번에는 거기까지 손을 뻗치지 않더라도, 하다못해 사천 시민과 일본에서 올 방문단이 평화를 기원하는 마음으로 '서로 손을 맞잡는 행사', '상호이해의 자리'가 되었으면 하고 절실히 바랐다.

그걸 위해서는 심포지엄 등을 함께 해도 좋겠다. 마침 삼천포에는 사천시가 운영하는 사천시 문화예술회관이 있고, 거기 200석 가량의 소극장이 안성맞춤으로 여겨졌다.

심포지엄을 개최하려면 역시 현지를 대표하는 전문가의 참가가 바람직하다는 H선생의 의견에 따라, 경상대학 박종현朴鍾玄 교수가 오시기로 했다. 그 외에 김수영 시장, H선생, 그리고 나를 포함한 네 명이 등단하여 '이번의 석비 건립 의의와 평화에 관해 대화를 나눈다'는 취지로 심포지엄을 개최하게 되었다.

또한 사천의 유명 사찰인 다솔사로부터 봉명산鳳鳴山(408미터)을 오르는 '위령 등산'을 기획했다. 이 때는 불공을 드리며 제사를 지내는 법요法要가 사천에서 앞으로도 계속 이어지리라 여겼다. 이렇게 해서 해마다 우리가 일본에서 찾아오는 것이 조금씩 현지 사람들에게도 알려지면, 일본인과 한국인이 손에 손을 잡고 산길을 오르면서 교류하는 것이 일상적이 되는 행사로 성장해가지 않을까 하고 기대했다.

그것은 도쿄 신오쿠보역(新大久保驛)에서 철길 선로로 떨어진 남성을 구하려다 희생된 한국인 유학생 이수현李秀賢 군을 기리기 위해, 해마다 부산에서 위령 등산이 행해지는 것에서 얻은 착상이었다.

산신트래블의 여행 일정도 완전히 정해졌다. 방한 첫날인 5월 9일은 진주의 관광지인 진주성과 촉석루, 국립 진주박물관 등을 견학한 뒤 사천으로 온다. 이튿날 10일은 아침부터 심포지엄에 참가하여 점심을 곁들인 다음, 오후에는 석비 제막식. 그것을 끝낸 시점에서 편도 한 시간쯤인 봉명산 하이킹, 정상에서의 기념 촬영.

사흘째인 11일에는 어시장과 항공우주박물관, 구계龜溪서원과 사천향교를 둘러보고 부산으로 향하도록 짜여졌다. 식사도 산해의 진미를 충분히 맛볼 수 있는, 상당히 즐거운 코스 편성이 이뤄진 셈이다.

새해가 되자 이 투어를 한국관광공사 오용수吳龍洙 도쿄지사장이 알게 되었다. 관광공사로서도 이 투어를 크게 선전하자고 생각한 모양으로, 관광공사 주최로 한일 양국에서의 기자회견 자리를 마련하자는 제안을 해주셨다.

산신트래블이 이 투어를 위해 만든 팸플릿은 1만 5천 부. 그 마지막 페이지에는 오용수 지사장의 얼굴 사진을 곁들여 이 투어에 기대를 거는 글도 게재되었다.

한국관광공사로서는 이 투어를 센세이셔널하게 발표했으면 하는 눈치였다. 우리에게 한일 두 나라에서의 기자회견(도쿄에서는 3월 24일)까지는 공표하지 말았으면 하는 의뢰를 해왔다. 그러나 5월 초순의 투어를 3월말에 발표해서는 투어 참가자들이 스케줄 조정하기가 어려워진다.

여행사로서는 코스가 정해지면 가능한 한 빨리 발표한 뒤, 참가자를 모집하여 투어를 성공시키고자 하는 것이 당연하다. 그러니 관광공사의 요청에 따르기가 벅찬 면이 있었다.

본시 장사를 도외시하고, '한일의 평화와 우호를 생각하는 행사'에 공감해 주는 분이 한 명이라도 더 많이 모이도록 하자는 것이 투어의 취지다.

사천시에서도 홈페이지를 통해 이 행사를 PR해 준다고 했다. 나로서도 부디 사천의 일반시민 분들을 향해, 심포지엄과 등산에 참가하도록 널리 알려주기를 바랐다. 그 외에도 당일 심포지엄 장소 확보와 단상 설비, 제막에 즈음한 여러 편의를 사천시가 해주기로 했다.

마침내 국가기관인 한국관광공사가 적극적으로 나섬으로 해서 사천시로서도 점점 기대가 커졌으리라. 지금까지 없었던 한일 양국어로 된 사천시 관광 안내 소책자와 지도도 새롭게 제작되었다.

그런데 나에게는 한 가지 신경 쓰이는 게 있었다. 당일 일본의 텔레비전 취재팀과 신문기자들이 제법 모여들 모양이었다. 게다가 투어 참가자들과 탁경현 유족, 친척 분들이 오실 것인지라 그것만 해도 대단한 혼잡이 예상되었다.

더구나 K교수로부터도 당초 예상보다 석비 사이즈를 크게 하고 싶다는 요망이 있었다. 나는 이를 솔직하게 시장에게 털어놓고 의논했다. 그러자 시장이 단숨에 더 너른 부지를 마련하겠노라는 결단을 내렸다.

2008년 2월 29일, 나와 H선생은 사천시가 새로운 부지로 마련해준 장소를 찾아갔다. 시가 준비해준 곳은 3천 평의 대포大浦 마을 체육공원이었다. 주변에는 정수장이 있었고, 놀이기구가 여기저기 만들어져 있었다. 그러나 과소過疎 지역인 듯 아이들의 모습이 보이지 않는 적적한 곳이었다.

하지만 부지만은 광대했다. 여기를 안내해준 사람은 현지의 시의회 의원인 김석관金碩官 씨였다. 사천시 중심부에서 벗어난 지역으로서는 '혹시 이걸로 마을의 발전이 이뤄질지도…'라는 기대가 부풀어 올랐을지 모를 일이었다.

곤명의 차밭과 그 근처의 스파 시설을 견학 갔을 때에도 다들 아주 친절하게 대접해 주셨다. 당시에도 관광객 유치로 이어졌으면 하는 뜨거운 기대가 나에게로까지 전해져 왔었다.

게다가 200평의 녹지에서 3천 평의 공원을 사천시가 준비해 주었다는 사실이 알려지자, 일부 관계자로부터 "우리는 6만 평의 부지를 제공할 용의가 있다"는 소리가 들려왔다. 여기에는 내가 기겁을 했지만, H선생은 민감하게 반응했다. 6만 평의 부지가 있다면, H선생이 구상하던 한국판 '평화의 초석'을 건립하기에 충분한 넓이다. 그 바람에 H선생의 마음이 흔들린 모양으로 그쪽으로 잔뜩 흥미를 드러냈으나, 내가 말렸다.

"여하튼 이 석비를 건립하는 일이 우선입니다. 먼저 이걸 세운 다음에 나중 일을 생각하시지요?"

아무런 인연도 없는 내가 탁경현의 이름을 영원히 새기고 싶다는 마음을 먹은 걸 떠올리면, 전쟁으로 사랑하는 가족을 잃은 사람들은 어떻게 해서든 그 사람이 '살았다는 증거'를 남기고 싶을 것이리라. 그런 의미에서는 한국판 '평화의 초석'이 생겨나는 것도 멋진 일로 여겨졌다.

그렇지만 그것은 아직 먼 훗날 이야기다. 당장 우리는 '귀향기념비' 건립이 이루어지느냐 마느냐의 고비에 직면해 있는 것이다. 하나씩 하나씩 조심스레 진행해 나가는 것이 중요하다고 생각했다.

비판의 목소리

건립 부지가 변경되자 K교수도 재빨리 측량을 다시 하느라 찾아간 모양이었다. 이 무렵부터였을까, 사천시 직원이 "최근 들어 시 홈페이지 게시판에 이 석비 건립에 대한 비판이 있다"는 말을 흘리기 시작했다.

그러나 그렇다고 해서 우리로서는 어찌 할 방법이 없었다. 어디까지나 시장과 의논하여, 시장의 결단 범위 내에서 신중하게 진행해 온 일이 아닌가. 시로서도 그런 반대 의견은 사전에 예측할 수 있었을 터, 그것을 물리치고 추진해 갈 결단을 한 바에야 사천시가 해결해야 할 문제이리라.

어쨌든 시로서도 반대 의견이 있을 것이라는 점을 전혀 예측하지 못했으리라고는 믿어지지 않는다. 숙려熟廬를 한 끝에, 이 일을 추진

하는 데 의의가 있다는 판단을 내렸으므로 시장도 협력을 결단했으리라. 그런 것을 반대 의견이 게시판에 올라왔다고 해서, 푸념하듯이 우리에게 그걸 알려주는 시 직원의 의도가 이해되지 않았다. 더구나 이 석비를 '우리 쪽으로 유치하자'는 움직임마저 실제로 일어난다지 않은가.

나는 항상 시장의 결단을 확인하면서 그에 따라 왔던지라, 당연히 사천시가 이것을 수습하리라 여겨 그다지 신경을 쓰지 않았다. 그러나 H선생은 사천의 공무원으로부터 '광복회'가 나섰다는 이야기를 듣고 표정이 어두워졌다. 아무래도 상당히 버거운 상대로 짐작되었으나, 당시의 나는 그런 사실을 알 턱이 없었다.

이 무렵이 되자 H선생은 점점 더 K교수를 불신하고 있었다.

"어째서 K선생은 우리에게 완성한 석비를 보여 주려고 하지 않는가? 전날 시장이나 우리에게 보여 준 부분적인 삼족오 조각 사진은 진짜로 돌을 깎아 만든 것이 아니라, 발포 스티롤을 깎은 시제품이라고 생각해요. 사진이라도 좋으니까 완성된 실물을 확인하게 해주었으면 좋겠어요. 왜 고 선생은 우리에게 보여 주지 않는 걸까요?"

그때까지 나는 석비의 전체상을 보여 주지 않는 것을 대수롭지 않게 여겼다. 첫째로 크고 무거운 석조물이니까 그리 간단한 일이 아니리라고 K교수를 배려해 주었다. 하지만 그로부터 얼마 지나지 않아 H선생이 염려한 대로 '도중의 경과'를 전혀 모르고 있었던 것의 '불리不利'가 우리를 덮쳐오게 된다.

지금 돌이켜보면 한일 문제에 정통한 기자들은 이런 전개를 '반신반의'로 지켜보고 있었던 게 아닐까? 내가 던진 돌멩이 하나가 점점 커다란 파문을 일으키고, 긍정적인 방향으로 나아간 것은 사실이었다. 그러나 그것이 언젠가 뒤집힐 때가 온다. 오히려 이 배가 언제 전복하는가, 어떤 형태로 파탄이 나는가, 거기에 한일의 문제점이 드러날 때가 온다고 생각하면서 이 일을 주시해 왔을지 모른다.

그러나 당시의 나는 그 와중에 있으면서도, 모든 것이 상상 이상의 성과를 올리면서 나아간다는 사실에 눈이 어두워져 있었던 것인지 알 수 없다. 내 눈으로 보자면 주위는 다들 이 일에 협력적이었고, 이야기는 더욱 더 좋은 방향으로 나아가고 있었으니까.

"시대가 변해 가고 있다."

오히려 나는 이렇게 실감했다.

팸플릿 배포 중지

이 무렵 일본에서 파견된 서울 특파원들은 죄다 한국어를 하고, 한국 사정에도 정통한 전문가들이었다. 그런 만큼 이 일에 그들의 이목이 모여져 있었으리라.

마이니치신문의 호리야마 아키꼬(堀山明子) 특파원도 그런 사람의 한 명으로, 내가 매달 배포하는 경과보고를 꼼꼼히 읽어 주었다.

2008년 3월 20일. 한국관광공사가 제작하는 한국 소개 비디오 〈한국 사계四季의 여행〉의 로케를 전라도 담양에서 마치자, 도중에 진주 버스 터미널에서 호리야마 기자와 만나 사천으로 향했다.

어쨌거나 3천 평의 공원으로 장소가 바뀐 뒤 준비가 어찌 되어 가는지 불안하여, 거듭 논의를 하지 않으면 안 되겠다는 생각을 갖고 있었다. 그 무렵의 나는 솔직히 눈앞에 닥친 석비 건립으로 한눈 팔 겨를이 없었다.

호리야마 기자는 사천시장의 이번 결단을 위주로 여기에까지 이른 경과를 취재하고자 했다. 뭐니 뭐니 해도 이번에는 시장의 강력한 리더십으로 견인해 온 요소가 컸다. 우리는 시장과의 면담에 앞서 담당자들과 협의 시간을 가졌다. 그런데 담당 공무원들이 꺼낸 이야기는 '비문 변경'과 '팸플릿 배포 중지'라는 충격적인 것이었다.

우선 비문에 대해서는 "강제노동과 위안부 문제에 관해 언급하지 않으면 안 되며, 거기에 대한 사죄 문구가 포함되어야 한다. 야스쿠니에 모셔져 있는 탁경현을 추도하는 것도 과연 어떨까?"라고 했다.

문제의 바로 그 팸플릿. 위는 한국어를, 아래는 일본어를 배치했다.

"벌써 석비에 비문을 새겼다면 그 부분을 도려내고 얼마든지 고칠 수 있다, 비문 변경에는 K교수도 찬성한다"는 이야기도 했다.

하지만 비문은 당초의 안에서 하나도 바뀌지 않았다. '이제 와서 무슨 말을 하는가?' 싶었다. 나는 이렇게 반론을 폈다.

"나는 한 명의 민간인에 지나지 않아 국가를 대표하여 사죄할 수 있는 처지가 아니다. 게다가 이 석비는 전쟁이라는 비극 속에서 희생되어 일본인은 말할 나위도 없고 같은 동포로부터도 위령 받지 못하는 많은 분들을 추도하려는 것이다. 탁경현 한 사람을 모시는 게 아니라, 사천시의 희생자를 함께 추모한다는 사실이 비문에도 나오지 않는가? 이것은 정치적인 면을 배제하고 어디까지나 인도적인 입장에서 희생자를 추도하는 것이다. 지금 이야기하는 식의 비문은 내가 받아들일 수 없다."

그러자 이번에는 팸플릿의 번역문이 문제라고 했다. 그들이 지적한 것은 오오타 마사히데 씨의 일본어 원고를 한국어로 옮긴 부분이었다. 근본적으로 큰 잘못이 있는 게 아니어서 그냥 이대로라도 아무 문제가 없는 것으로 여겨지는 번역문이었다. 그럼에도 마치 일부러 트집을 잡는 것처럼 사소한 문제를 들고 나왔다.

외국어에 관한 것이므로 간단히 설명하자면 이렇다. 오오타 씨의 메시지를 요약하면 서두에 '이번에 구로다 씨가 한일 우호를 위해 동분서주한 결과, 탁경현 위령비 건립에 이르렀다'는 사실로 운을 뗐다. 문제는 거기에 이어진 다음 글로, '젊은 생명을 일본을 위해서 희생하신…'이라는 구절이었다.

그들은 '일본을 위해서'가 '일본에 몸 바쳐'라는 뜻으로도 해석되므로, '일본 탓으로'라고 해야 한다는 것이었다. 당초 나는 상대가 대관절 무슨 소리를 하는지 그 의미가 잘 파악되지 않았다. 그만큼 그들의 지적을 이해하기 어려웠던 것이다.

더구나 이 팸플릿은 작년 11월 20일, 벌써 넉 달 전에 내용을 검토하도록 최종안을 넘겨주었다. 문제가 있다면 그동안 확실하게 지적했어야 할 게 아닌가. 그러나 그들은 자신들의 책임에 관해서는 일절 언급하지 않았다.

이제 와서 그런 소리를 한들 되돌릴 수 없었다. 왜냐하면 한국관광공사가 주최하여 도쿄 히비야(日比谷)의 프레스센터 빌딩에서 열릴 기자회견이 나흘 뒤인 3월 24일로 정해져 있었고, 이날 참석할 기자들에게 배포할 보도자료로 이미 7천 부를 인쇄해 두었기 때문이다. 정정 가능성에 대비하여 마지막까지 인쇄를 미루고 있었으나, 더 이상 변경은 없으리라고 판단하여 막 인쇄에 들어간 참이었다.

"이걸 배포할 수 없다면 기자회견에서 참석자들에게 나눠줄 자료가 없는 셈이다. 기자회견에는 사천 투어에 관심을 가진 여러 기자들도 온다. 사천시로서도 절호의 PR 찬스다. 그 자리에서 석비의 의미를 전하는 팸플릿을 배포할 수 없다는 것은 사천시로서도 커다란 손실이다."

그렇게 설득을 했지만, 공무원들은 들은 척도 하지 않았다. 도리어 "만약 이 팸플릿을 배포하면 당신을 제소하겠다. 국가 간의 책임을 어떻게 지겠는가?" 하고 나를 몰아세웠다.

단 세 글자 '위해서'로 인해

그 때였다. 내 머릿속에서 무언가가 아주 조용하게 '푸석' 하고 잘리는 듯한 느낌이 들었다. 나 스스로도 그 순간 '어?' 하고 의아스러웠다.

분노도, 슬픔도, 걱정도, 자제도, 일체의 감정이 흡사 돔 안으로 빨려 들어가 멀어지는 것처럼 느껴지고, 딱 잘려 버린 기분이었다.

점점 커져가는 계획과 부풀어 오르는 예산에 압박당하는 불안. 이치에 맞지 않는 일이 가차 없이 퍼부어지는 가운데, 죽자 사자 골인 지점에 도달하자며 스스로를 달래 온 기분. 제아무리 성의를 다해도 아무렇지도 않게 배신하는 사람들의 무신경하고 부도덕한 행위.

절대로 폭발해서는 안 된다며 필사적으로 견뎌왔다. 그렇지만 탱탱하게 부풀어 오른 풍선에서 공기가 빠져나가듯이, 스스로의 기분이 쪼그라드는 것을 알 수 있었다. 그것은 결코 격렬하지 않고, 극히 조용하게 서서히 붕괴되어 가는 것 같은 느낌이었다.

인간은 극한까지 오면 자기 방어를 위해 기억이나 감정을 잃어버린다는 이야기를 들은 적이 있다. 그게 바로 그 순간이었으리라. 그로부터의 나는 마치 인간다운 감정을 잃어버린 듯했고, 감각이 마비된 것 같은 느낌에 계속 사로잡혔다.

그로부터 더욱 더 많은 재난이 덮쳐오게 되는데, 기이하게도 묘하게 담담하게 헤쳐 나갈 수 있었던 것은 이때 '중요한 배선配線'이 끊어져 버렸기 때문인지 모른다.

오랫동안 쌓아온 것이 한순간에 어이없이 무너졌다. 홀로 용을 쓰며 여기까지 왔다. H선생에게도 도움을 받았으나, 모든 책임은 내 한 몸이 짊어져 온 것이다. 오히려 어떨 때에는 불안으로 흔들리는 H선생을 달래거나 격려하지 않으면 안 되었다. 고마웠던 반면 스트레스가 되기도 했던 것이다.

일흔을 넘긴 노인으로, 메일이나 컴퓨터를 쓰지 못했다. 오직 전화나 팩시밀리로밖에 소통이 이뤄지지 않는다는 것은 여러 의미에서 정말이지 예삿일이 아니었다.

미리 준비를 꼼꼼하게 하는 일본인과는 달리 한국인은 임기응변에 능하다. 나도 어설피 민족성의 차이를 알고 있었으므로, 지방 공무원들과의 의견 조정을 신중하게 하느라 몇 번이고 사천으로 발걸음을 옮겼다.

조그만 팸플릿이긴 해도, 그 꿈을 꾼 뒤 여태까지의 모든 일이 담긴 것이었다. 정말이지 마음을 쏟아 정성 들여 만든 소중한 팸플릿이었다. 그게 단 세 글자를 위해서…. 그야말로 '위해서' 모든 것이 수포로 돌아갔다. 그에 대한 책임을 느끼고 나에게 미안하게 여기는 사람 따위는 단 한 명도 없었다. 이 얼마나 무책임한 사람들인가. 이 얼마나 지독한 사람들인가.

그 후 시장을 만났으나 시장 역시 잔뜩 찌푸린 얼굴이었다. 나는 「사천 시장의 용단에 의해 추진되는 한일 상호이해」와 같은 기사가 호리야마 씨의 손에 의해 작성되리라 믿었다. 하지만 거꾸로 엉뚱한 면을 보여 주는 결과가 되고 말았다.

시장의 이야기가 어려운 내용이 되면 나로서는 잘 알아듣지 못한다. 호리야마 씨가 "시장은 현지 원로들에게는 미리 이야기를 해두었는데, 지방의회 쪽을 통하지 않는 바람에 그게 문제가 되고 있는 모양이다"고 나에게 일러주었다.

결국 이 날 일을 호리야마 씨는 기사화하지 않았다. 기사를 쓴들 「암운暗雲이 드리우기 시작한 귀향기념비」라는 식으로밖에 되지 않으리라. 쓰려고 마음만 먹으면 어떤 의미에서는 재미있고 우스운 기사로 만들 수 있었을 것이다. 하지만 그러지 않고 앞으로의 추이를 지켜봐 주었다는 점에서, 호리야마 씨의 기자로서의 양심이 전해져 왔다. 너무 고마웠다.

꽁무니를 빼는 한국관광공사

3월 24일, 히비야의 프레스센터에서 한국관광공사 주최 기자회견이 열렸다. 한국관광공사가 기자들을 불러 이번에 산신트래블이 기획한 '귀향기념비 제막식 참가 여행'을 PR하는 자리였다.

유감스럽게도 귀향기념비 건립 경위와 영화 〈호타루〉로 대표되는 탁경현과 도리하마 도메 씨의 에피소드 등을 담은 팸플릿은 '위하여' 세 글자로 인해 배포하지 못했다. 그토록 심혈을 기울여 만든 것이 햇빛을 보지도 못한 채 그냥 쓰레기가 되었다.

다만 산신트래블이 독자적으로 작성한 여행 일정과, 특별한 의미를 가진 이번 여행의 기획 의도를 적은 팸플릿은 배포할 수 있었다.

기자회견은 정확하게 한 시간. 먼저 서두에 내가 이 귀향기념비 건립의 취지를 이야기하고, 이어서 산신트래블 다치기 사장이 이 투어를 기획하기에 이른 회사로서의 감상을 밝혔다. 그리고 마지막으로 한국관광공사 도쿄지사장인 오용수 씨가 '평화를 염원하는 여행'임과 동시에, 사천을 중심으로 한 매력적인 여행 코스임을 해설. 나아가 한일 우호의 가교가 될 여행의 깊은 의미를 이야기한 뒤 기자회견은 끝났다. 50~60명의 기자들이 모였다.

지금 돌이켜보면 우리의 기획을 관광공사가 '자신들의 솜씨'로 바꿔치기하려 했던 게 아닌가 싶다. 그러나 이 기자회견을 계기로 여행 기획이 각지에서 보도되었다. 회견을 마친 뒤 서울에서의 기자회견에 관해 물어보았으나, 오 지사장은 어쩐지 말끝을 흐렸다(결과적으로는 실현되지 않았다).

암운이 드리우기 시작했음을 알아차렸으리라고 본다.

석비의 운명은 어떻게?

사천시가 비문 변경을 요구한다는 사실은 H선생이 K교수에게 전했다.

"석비는 이미 완성되었다. 비문 변경을 하게 되면 다시 한 번 새로운 석재를 사들여 처음부터 작업을 하지 않으면 안 된다. 화강암을 끼워 넣어 거기에다 비문을 고치는 것은 받아들일 수 없다. 그러니 석재비로 다시 3천5백만 원의 비용이 든다."

이것이 K교수의 의견이었다고 한다.

H선생은 이전부터 석비가 완성되지 않았다고 의심했다. 그러므로 실물을 보고 싶다고 몇 번이나 요청해도 응하지 않았고, 완성한 사진조차 보여 주지 않는다면서 몹시 화를 냈다. 나는 여간 낭패가 아니었다.

"K교수는 예술가니까 자신의 미의식이 있겠지요. 본래 석비 본체에 비문을 새길 예정이던 것이 거기에 다른 돌을 끼워 넣어 비문을 고친다고 한다면, 자신의 작품으로서 걸맞지 않다는 그 기분은 이해됩니다. 그러나 나에게는 다시 3천500만 원의 추가 비용을 지불하고 석비를 다시 만들 여유가 없어요. 원래 당초 약속한 석재 원가는 400만 원이었기도 하고요."

K교수와 사천시 사이에 무슨 이야기가 오갔는지 알 수 없었다. 하지만 "나에게는 거기에 대응할 만한 예산이 없다"고 솔직하게 사천시에 털어놓자 그쪽이 굽혔다. "강제노동과 위안부에 대한 사죄문을 넣자"는 주장을 거둬들인 것이다.

그러자 이번에는 귀향기념비라는 타이틀 아래 탁경현을 위령하는 짧은 문장이 표면에 들어가는 것을 뒷면으로 돌리고, 뒷면의 사천시민에 보내는 위령문을 앞쪽에 넣자고 요구해 왔다. 그러자면 역시 문면의 앞뒤를 교체하게 된다. 그러나 K교수는 여하튼 새로운 석재를 사서 거기에 새겨야 한다는 주장이었고, 그러자면 3천5백만이 더 필요하다는 것이다.

기자회견 이후 조금씩 투어 참가 희망자가 늘어나고 있었다. 제막까지 한 달가량 남은 시점에, 아직 석비 본체가 완성될지조차 몰라서야 이보다 더 큰 불안은 없었다. 터무니없는 고뇌의 소용돌이에 말려든 기분이었다. 그렇지만 예전처럼 초조감은 들지 않았다. 언젠가 '푸석' 하고 감정이 잘려 버린 뒤 사태는 점점 엉망이 되어 가는데도, 어찌 된 영문인지 계속 담담하게 대응해 간다는 느낌이 들었다. 그러나 사태가 여기에 이르러서는 H선생과 나도 어찌 할 바를 몰라 머리를 감싸 쥐었다.

"후쿠미 씨, 이렇게 하면 어떨까요. 나는 지금까지 여러 석비를 봐왔어요. 개중에는 부서져 깨진 것이나, 거꾸로 세워진 것도 있답니다. 하지만 나중에 가서 보면, 그 석비 자체가 자신의 운명과 그 시대 배경을 들려주고 있습니다. 건립자가 생각한 대로 세우는 것도 좋겠지만, 여론이나 그 때의 주변 사정이 드러나도록 본의 아닌 형태로 건립할 수밖에 없었다는 것도 하나의 시대와 상황을 후세에 남기게 됩니다. 석비가 K교수가 말한 대로 완성되어 있다면, 그걸 그대로 가져가는 겁니다. 그리고 사천시가 말하듯이 사천시의 희생자를 위한 비문을 표면으로 하겠다고 한다면, 석비의 앞뒤를 돌려놓으면 그만입니다. 차라리 그게 나아요. 이렇게밖에 할 수 없었다는 사정을 있는 그대로 후세에 남기는 겁니다."

이야기를 듣고 나는 H선생과 손을 맞잡았다. 정말 그렇다고 생각했다. 그처럼 도리에 어긋나는 요구에 져서는 안 된다며 싸울 용기가 솟구쳐 올랐다. 그렇지만 우리의 '버티기'가 어디까지 통할까 염려스럽긴 했다. 만약 내가 3천5백만 원을 지불하지 않으면 석비를 내주지 않을지 몰랐다.

5월 10일의 제막식 당일, 석비의 제막은커녕 석비 자체가 없게 될지 알 수 없었다. 그러나 우리는 그 또한 각오하자는 데 뜻을 맞추었다. 이미 투어 참가자는 모집 중이었고, 일본에서 선의를 가진 분들이 찾아온다. 또한 일본 언론도 신문, 방송, 통신사가 모이게 되어 있다. 물론 한국의 매스컴에서도 지켜보리라.

지금까지는 느닷없이 터지는 사태를 어떻게 대처할까에 급급했다. 그러나 일이 이 지경에 이르자, 어떤 결과를 초래하든 모든 분들 앞에서 '현상現狀'을 밝힐 각오를 하면 되리라고 마음먹었다. 아니, 그럴 수밖에 없었다.

공은 사천시 쪽으로 넘어갔다. 우리는 충분하게 성실하고도 진지한 자세로 사천시와 교섭해 왔으므로, '당초 약속한 그대로' 일을 밀어붙이기로 작정했다. 예상치 못한 사태가 발생하더라도 그것이 한국과 일본의 현실이라고 한다면, 우선 우리가 그것을 고스란히 받아들이자고 각오했다.

수수께끼 같은 토목업자의 교란攪亂

이런 일련의 흐름 속에 한 사람, 이상한 움직임을 보여 주는 인물이 있었다. 이재완 씨라고 하는, 사천시 토목 관계 일을 맡아서 하는 업자라고 했다. 그러나 내가 받은 명함은 회사의 명함이 아니라 '한국 서각書刻협회 진주 지부'라는 의미 불명의 것이었다.

이 이재완이라는 사람이 언제부터인가 우리가 논의하는 자리에 끼게 되었다. 석비 시공업자라면 있을 수 있는 일이다. 그렇지만 비문에 "강제 노동과 위안부에 대한 사죄문이 필요하다"고 강력하게 제안한 것이 그 사람이었다. "왜 이 사람이?" 하고 나는 의아하게 여겼다. 나아가 비문을 정정한다면 석재를 뜯어 붙여 새로 쓰는 방법이 있다고 말한 것도 바로 이 사람이었다.

그러고 보니 비토飛兔 섬(島) 쪽에 6만 평의 땅이 있으므로 이 기획을 유치하고 싶다면서 나선 것도 이 사람으로, K교수는 그를 따라 6만 평 토지를 둘러보았다고 한다. 도대체 그는 이 석비 건립에 찬성인지 반대인지 일관성이 없었다.

석비 자체와 비문에 시비를 거는가 하면, 이번에는 6만 평의 땅에 유치를 시도한다. 단지 어디로 굴러가든 현장은 이재완 씨의 '담당 업무'가 되는 셈이다. 그것이 궁극적인 목적인지는 알 수 없다. 어쨌든 우리가 이 사람의 언동에 심하게 휘둘리고 있다는 사실은 분명했다.

4월초, 사천시에 들렀더니 이재완 씨가 예정 부지에 석비가 설치되었을 때의 멋진 조감도를 작성하여 가져왔다. 이 석비는 기단과 비문이 적힌 기다란 본체, 삼족오의 오브제로 3등분되어 있고, 그것을 목재를 쌓은 것처럼 겹쳐놓은 구조다. 다행히 비문이 적힌 본체 부분의 앞뒤를 거꾸로 한다고 해서 금방 그것을 알아차릴 수 있는 것도 아니었다.

본래 앞쪽인 탁경현의 명복을 비는 면을 꺼려하여, 뒤쪽인 사천 출신 전몰자에 대한 비문과 바꾼다면 이 본체 부분만 돌려놓으면 된다. 나에게 더 이상 대응할 수 있는 예산이 없는지라, 이런 식으로 설치하도록 사천시의 양보를 받을 수밖에 없었다.

설치할 공원에서는 이미 땅고르기 작업이 벌어지고 있었다. 시장 역시 일단 그렇게 하기로 납득했다.

시장과의 면담이 끝나자 이재완 씨가 H선생과 나를 비토 섬의 6만 평 언덕으로 안내했다. 바다가 보이는 탁 트인 언덕으로 전망이 좋았다. 사천시에도 약 1천3백 명의 태평양전쟁 희생자가 있다는데, 한국 전체의 희생자는 2만 명을 넘는다. 오키나와의 '평화의 초석'에는 약 24만 명의 이름이 새겨져 있고, 총 면적은 약 5천5백 평이다. 거기에 비해 6만 평이라면 훨씬 넓다.

H선생은 감개무량한 듯 바람을 맞으며 주위를 둘러보고 있었다. 그 풍경 속에 한국판 '평화의 초석'이 건설되는 이미지를 연상하고 있었을지 모른다.

격앙된 K교수와의 대결

이로써 간신히 매듭이 지어져 석비가 무사히 건립되리라 여겼다. 두 시간짜리 드라마 촬영으로 한창 야간 로케를 하는 도중에 H선생이 휴대전화로 연락을 해왔다. K교수가 격노하여 "여하튼 만나서 이야기하자"고 한다는 것이었다. 일순 내 마음은 새까맣게 바뀌었다.

드라마를 찍는 중이기는 했으나, 도중에 사흘가량 촬영이 없었으므로 곧장 한국으로 건너갔다. 이동하면서 K교수를 만나 어떤 식으로 이야기를 풀어갈까 몇 차례나 머릿속으로 시뮬레이션 해보았다.

최악의 경우 석비를 받아내지 못할 것을 각오하면서, 기본적인 사실을 하나씩 따져나가면 반드시 사태가 수습되리라 믿었다. 조치원의 K교수 연구실을 찾아간 것은 4월 21일. 제막식(5월 10일)까지 이제 20일도 남지 않았다.

지금까지 H선생과 K교수 사이에 말다툼이 있었던 모양으로, K교수의 감정이 뒤틀려 있었다. "며칠 전 AP통신 기자가 찾아와 '이번 석비 제작을 실비로 맡아주셨다더군요'라고 묻기에 실비조차 안 된다고 고함을 질러 주었다"는 말로 대화가 시작되었다.

나도 AP통신 기자가 취재를 왔을 때 "석재를 실비만으로 고명한 K교수가 맡아주셔서 고맙고, 감사드린다"고 대답했었다. K교수의 주장은 주로 금전적인 것에서 비롯되었다.

"본래 내 작품은 1억 5천만 원에서 2억 원쯤 한다. 그런 걸 단돈 400만 원이라면 실비는커녕 인건비도 나오지 않는다. 현장으로 몇 번이고 발걸음을 옮겨야 했고, 걸핏하면 눈에 보이지 않는 돈이 드는데도 당신들은 나에게 식사조차 한 번 대접해준 적이 없지 않은가!"

솔직히 '역시 돈 이야기로군' 하는 느낌이 들었다. K교수는 당초 2천만 원이 필요하다고 하셔서 일단 단념한 경위가 있었다. 하지만 K교수는 은혜를 입은 박 교수에게 떠밀려 다들 있는 자리에서 석재 비용 400만 원으로 납득했던 게 아니던가?

나 또한 고명한 분에게 그 정도 비용으로 부탁하는 것이 타당하다고는 여기지 않는다. 말하자면 볼런티어와 같은 형식으로, 박 교수로부터 '뜻있는 일이니까'라고 등 떠밀려 받아들여 준 것으로 이해하고 있었다.

그럼에도 이제 와서 또 돈 이야기를 꺼내다니…. 그럴 거였으면 그 때 딱 잘라 거절했어야 하지 않았을까. 내심 그런 생각이 들었으나 대뜸 그 이야기부터 하다가는 결렬되고 만다.

어떻게 해서든 순순히 석비를 건네받고 싶다. K교수로서도 AP통신까지 취재하러 와서 세계에 뉴스가 되어 전해지는 이 일이, 자신 탓으로 엉망진창이 된다면 나라의 얼굴에 먹칠을 하게 된다는 사실쯤이야 알고 있을 터였다. 무엇보다 석비를 우리에게 넘기지 않고 수중에 두고 있다고 한들, K교수로서는 아무 의미도 없는 돌덩어리에 지나지 않는다.

나는 최악의 경우 석비가 없는 제막식이 될 것을 각오한 바 있었던지라 비교적 침착할 수 있었다.

H선생은 말투가 거칠어져 "한 번 만든 석비를 부숴 버렸다고 하지 않았느냐?", "앞뒤를 바꾸어 설치하는 데 동의했잖으냐?"는 등 지엽적인 이야기만 끄집어내는 바람에 점점 더 K교수를 격앙시켰다. 나는 수시로 "흥분하지 마세요!" 하고 H선생을 말리지 않을 수 없었다.

K교수는 자꾸 자질구레한 돈 이야기를 되풀이했다. 가령 "기자들이 모이면 한 사람마다 거마비를 주어야 한다"고 했다. 나는 '거마비'라는 단어를 처음 듣는지라 H선생에게 살짝 물어보기도 했다.

K교수가 "일본에도 그런 관습이 있지 않은가? 이래저래 돈이 드는데, 모른 척하고 나에게 대한 개런티는 없나?"면서 목청을 돋우었다. 거기에 H선생이 끼어들었다.

"나는 두 나라의 문화를 아니까 하는 말입니다만, 일본에는 그런 관습이 없어요."

"없어?"

K교수도 다소 놀란 듯 일순 입을 다물고 뚱한 표정을 지었다. 거꾸로 나는 아직 한국에서는 보도의 편의를 봐주는 대가를 치르는 사회인가 하고 놀랐다.

"처음에 정한 400만 원은 인사치레로 주려던 게 아닌가!" 하고 K 교수가 따졌다. 나는 박 선생의 집에 모여 다들 함께 한 자리에서 지불 금액을 정하던 밤의 일을 다시 한 번 차례대로 되짚어 보았다. 그리고 "그때 정한 400만 원이 인사치레였다면, 그게 처음부터 액수를 정하여 드리는 성질의 돈일까요?" 하고 넌지시 허를 찔렀다.

"아니, 그야 그렇지는 않겠지."

K교수도 퉁명스럽게 인정했다. 그러나 차분히 K교수의 말을 듣고 있자니, 그는 자신이 너무 '무시당한다'는 사실이 불만인 듯했다. 금전 문제 때문만이 아니라는 것이다.

그것은 나로서도 알 것 같은 기분이 들었다. 금전이라는 것은 대가代價뿐만이 아니라 '평가評價'라는 부분도 있다. K교수로서는 '천하의 내가 단돈 400만 원에 이런 멋진 석비를 만들었다. 그랬음에도 비문을 고칠 테니 그 부분을 깎아내고 화강암을 끼워 넣어 다시 만들어라, 그러더니 이번에는 비문의 앞뒤를 바꿔 설치하라고 (사천시로부터) 농락을 당하는데도 구로다가 수고한다는 말 한마디 하지 않았다'고 마음이 상했을지 모른다.

나는 배려가 모자랐음을 정중하게 사과했다. 한마디로 커뮤니케이션이 부족했던 것이다. 솔직히 털어놓자면, 그동안 나 역시 사천시의 터무니없는 요구에 농락당하여 심신이 고달팠다. 그런 와중에 지방에서 거주하는 K교수를 찾아가는 것이 여간 힘겹지 않았다. 더군다나 K교수에게 의뢰하기까지의 우여곡절을 떠올리면, '존경하되 거리를 두자'는 기분이었던 게 사실이다.

그렇지만 자금이 윤택할 리도 없는 가난한 영화배우가 자신이 가진 얼마 되지 않는 자금으로, 한국인 전쟁 희생자의 혼이 안주할 땅을 찾아 이국에서 동분서주하는 걸 부디 이해해 주길 바랐다. 나는 그런 내 심경을 더듬더듬 이야기했다. K교수도 내 이야기에 가만히 귀를 기울여주었다.

"K교수님이 고생하신 것에는 아주 감사하게 생각하고 있어요. 그동안 제 배려가 모자랐던 것을 반성하면서 진심으로 사죄드려요."

그러면서 고개를 숙이자 K교수가 비로소 기세를 꺾고 낮은 목소리로 말했다.

"됐어요."

마침내 석비가 우리에게로 전해졌다.

8

반일 단체의 함성으로
저지된 제막식

최악의 각오를 한 제막식 전야 / 백지철회를 선언한 당국 /

'반일' 딱지 붙이기의 위력 / 참석을 고사한 한국의 대학 교수 /

반대파와의 대치, 진보연대와 광복회 /

임시 모면의 사정 설명회 / "즉각 돌아가라!" /

우리만의 제막식 / '반일'은 '비단 깃발'? /

설마 했던 철거 / 시민 부재不在의 '시민 감정' /

사천시내의 절에 드러누운 석비 /

'반일'이라는 울타리 안의 슬픔을 보다

최악의 각오를 한 제막식 전야

그로부터 열흘쯤 지난 2008년 5월 2일. 사천시가 제공해준 3천 평의 공원에 석비를 설치하게 되었다. 5월 10일의 제막식까지 불과 일주일 밖에 남지 않은 아슬아슬한 착공이었다.

한때는 '석비 없는 제막식'이 될 것까지 각오했다. 많은 사람들과 매스컴 앞에서 창피를 당하는 것도 어쩔 도리가 없다고 마음먹었다. 그분들 앞에서 이렇게 되기까지의 경위를 설명하고, 용서를 비는 제막식이 될 것을 이미 각오한 바였다. 그런 만큼 석비가 반입되고, 제자리를 찾아 설치됨으로 해서 이윽고 어깨의 짐을 내려놓는 듯 홀가분했다.

원래대로라면 나도 그 자리에 있어야 했지만, 중요한 제막식 날짜가 얼마 남지 않았다. 그래서 건립 공사 현장은 H선생이 지켜두도록 부탁하기로 했다.

현장 사진이 나에게 보내져 왔다. 멋지게 석비가 설치되고, 석비 앞에는 제수祭需가 놓여 있다. H선생이 석비 앞에 앉아 스님 두 명과 함께 제를 지내는 모습이 찍혀 있었다. 비석을 설치할 때에도 이처럼 경건한 의식이 행해진다는 사실을 처음 알았다.

나는 평소 알고 지내던 매스컴 관계자들에게 그동안의 경과를 늘 전해드리고 있었다. 거기에 호응하여 많은 기자들이 이번 제막식을 취재하러 올 예정이었다. 아사히신문, 마이니치신문, 요미우리신문, 니시니혼(西日本)신문, 교도통신(共同通信), 닛뽄(日本)텔레비전, 도쿄방송 등등.

그리고 가고시마로부터 미나미니혼방송 텔레비전 취재팀이 내가 8일 부산 김해공항에 도착하는 장면부터 밀착 취재를 하게 되어 있었다. '특공의 마을, 지란'으로서는 이번 제막식이 어떻게 될는지 큰 관심사였다. 투어에는 미나미규슈 시(南九州市) 지란으로부터 시모이데 간페이(霜出勘平) 시장도 참가한다.

또한 이번 투어에 참가를 신청한 분은 30여 명으로, 정말이지 다양한 배경을 가진 분들이 모여 주셨다.

해방 전 북한 지역에서 부모와 함께 살다가 일본 패전 후 귀환한 경험을 가진 어르신. 어느 방송국 기자 OB. '헌법 9조의 모임' 회원. 일본 펜클럽에 소속되어 특공대원을 추적해온 여성. 일본 불교의 한 종파인 진언종眞言宗 승려. 약혼자가 해군 비행 예과豫科 연습생 출신이었다는 시긴(詩吟) 선생.[시긴은 한시漢詩나 일본 전통 와카(和歌) 등을 독특한 가락으로 읊는 예능을 가리킴 – 옮긴이]

진언종 스님은 3월의 프레스센터 기자회견장에도 모습을 보였다.

막깎이 머리(당연했지만)에 양복 차림으로 두 분이 오셨는데, 혹 '그쪽'(야쿠자) 세계에 몸담고 있지나 않나 하고 몰래 부르르 떨었다.

나중에 자세히 말씀을 들었더니, 태평양전쟁 당시의 조선 병사들 유골 반환 등에 불교계에서도 힘을 쏟고 있었던지라, 나의 석비 건립이 어떤 활동인지 알고 싶었다고 한다. 나로서는 이런 위령 여행에 '진짜 스님'이 참가해 주셔서 아주 마음이 든든했다.

또한 "구로다 후쿠미 씨가 어떤 사람인지 전혀 몰랐다. 단지 기사를 읽고 '여기는 꼭 가야 한다'고 결심했다"면서, 깊은 속죄의 마음으로 오신 분도 있었다.

8일, 부산 김해공항에 도착하자 H선생이 나를 맞아주었다. 만남의 장면을 찍느라 곁에서는 미나미니혼방송의 카메라가 돌고 있었다. 그런데 갑자기 H선생이 큰일이 벌어졌다는 소식을 전해 주었다. 부산에서 삼천포로 가는 고속버스 안에서 지난 며칠 동안 일어난 상상조차 하지 못한 '사건'에 관한 이야기를 들었다.

석비 건립에 반대하는 이정희李貞姬 사천시 시의회 의원이 이끄는 좌파계 정치단체 '진보연대'와, 항일 독립운동가의 후예들로 조직된 '광복회'가 6일 기자회견을 열어 석비 철거와 제막식 중지를 시장에게 요구했다고 한다. 그리고 거기에 응하지 않으면 시장 퇴진 운동을 펼칠 것이라고 선언한 모양이었다.

시장은 겁에 질려 '제막식 중지와 석비 철거'를 발표했다는 것이다. 물론 나에게는 사전에 한마디 양해도 없이….

낭패라는 생각이 들긴 했으나, 신기하게도 마음이 가라앉았다. '인간다운 감정'이 옅어진 나에게는 엄청난 핀치임에도 현실감이 없었다. '하나하나의 사안에 대해 최선을 다해 갈 수밖에 없다'고 냉정하게 생각했다. 이 지경에 이르러 그것 외에는 남겨진 길이 없었다. '결과야 어찌 되었든 최선을 다하자'고 다짐했다.

한편 H선생은 자신을 '친일파'라고 욕하는 협박전화가 걸려왔다면서, 거듭 나에게 "나는 절대로 친일파가 아니다"고 하소연했다. 불안을 떨치지 못하고, 누군가에게 매달리지 않고는 견뎌낼 수 없다며 허둥대는 모습이었다. 협박이 절묘하게 먹혀든 셈이었다.

그날 밤, H선생과 식사하면서 내일로부터의 대응책을 협의했다. 그 자리에도 미나미니혼방송 취재팀이 와서 밀착 취재를 했다. 당시의 비디오를 보니 "이제 어떻게 할 것인가?"라는 질문에 "최악의 각오까지 했다. 비장감은 없다"고 내가 웃으면서 대답하고 있었다.

태연한 내 모습에 방송 디렉터가 "그리 잘 될까요?"라고 하던 말을 기억한다. '잘 된다'는 기대조차 하지 않았다. 그보다는 '남겨진 최선의 일을 모조리 해치운다', 그것밖에 없다고 생각했다.

그렇다. '비관悲觀' 따위를 하면서 풀 죽어 있을 여유마저 없다. 맞붙을 수밖에 없다. 내일이면 일본에서 방문단이 도착한다. 무슨 수가 있더라도 내가 그걸 받아들이지 않으면 안 된다.

사천시 쪽에서 어떻게 나올지, 우선 그걸 확인한다. 그런 다음 우리에게 남겨진 '가능한 일'을 준비하는 것, 그 외에 달리 내가 할 수 있는 일은 없었다. 사태가 어떻게 전개되건, 할 수 있는 최선을 다하면 "그 나름대로 모양이 갖추어진다"는 기분이 들었다.

백지철회를 선언한 당국

이튿날 9일. 아무 것도 모르는 방문단은 부산 도착 후, 진주성 등

관광지를 둘러보면서 사천으로 들어오도록 되어 있다. 나는 아침 일찍 사천시 관광과를 찾아가 대관절 일이 어떻게 되어 있는지를 확인하는 것부터 시작했다.

사천시의 의견은 간결했다. 지금까지 사천시가 이번 석비 건립에 따라 협력하기로 약속했던 모든 것을 철회한다는 것이었다. 부지 제공 및 제막식과 심포지엄 등의 이벤트에 관한 협력 일체를 취소한다고 했다.

예컨대 심포지엄 개최에 따른 회의장 제공, 제막식에 있어서의 텐트와 마이크 설치, 심포지엄 회의장에서 제막식 장소로 사람들을 이송하기 위한 버스 제공, 제막식에서의 음료와 헌화 준비에 이르기까지 약속했던 사항을 하루 전에 와서 모조리 취소하고 협력을 거둬들인다는 것이었다. 게다가 그 자리에서 심포지엄 회의장 제공을 할 수 없으니 쓰려면 사용료를 내라고 했다. 나는 군말 없이 3만 5천 원을 지불했다.

이제 이렇게 적어나가면서 문득 떠오르는 일이 있다. 어쩌면 사천시 측에서 이렇게까지 나를 몰아세우면, 내가 모든 것을 포기하고 제막식을 중지하리라 여겼을지 모른다. 그러나 나는 전혀 그런 생각을 하지 않았다. 이미 방문단은 일본을 떠났다. 매스컴의 여러 기자들도 내일의 제막식이 어떻게 흘러갈지 지켜보느라 사천에 와 있다. 나에게는 여러분에 대하여 주최자로서의 책임이 있다.

'어떤 형태가 되던 마지막까지 노력한 그 결과를 보여 드리지 않으면 안 된다.'

여하튼 앞으로 나아간다. 그 외의 것은 전혀 떠오르지 않았다.

더 이상 사천시 쪽에 기댈 여지는 아무 것도 없었다. 단 하나, 지금까지 하지 못했던 것이 있다. 그것은 '반대파'로 불리던 사람들과 직접 만나 '대화'를 하는 일이다. 이토록 강경한 태도를 드러내는 사람들과 이제 와서 새삼스럽게 만난다고 해서 길이 트이리라고는 여겨지지 않았다. 하지만 무언가 조그만 타협점이 있을지도 모른다. 설령 그것마저 안 되더라도, 대화의 노력도 하지 않고 끝낼 수는 없다.

할 수 있는 일은 무엇이든 하자. 그렇게 결심했다. 나는 그날 밤에 반대파 분들을 한자리에 모이도록 하여 이야기를 나눌 수 있도록 사천시 측에 당부한 뒤, 시청을 나왔다.

'반일' 딱지 붙이기의 위력

"일단 현장으로 가 봅시다."

나는 H선생을 재촉하여 석비가 건립되어 있는 공원으로 향했다. 석비와의 첫 대면이었다. 거기에는 파란 비닐 시트에 감긴 석비가 우뚝 서 있었다. 컸다. '바로 이것인가….' 감회가 가슴 속에서 솟구쳐 올랐다.

그 기이한 꿈을 꾼 지 17년의 세월이 흘렀다. 긴 시간이었나…, 어떤가…. 잘 모르겠다. 단지 여기까지 오는데 끝없는 싸움이 있었던 것 같은 기분이 든다. 사람들은 입을 모아 "왜 그렇게까지?"라고 했다. 무슨 다른 목적이 있느냐는 것이리라. 내가 그토록 필사적으로 매달리는 것을 전혀 이해하지 못했다.

그런 거야 아무래도 좋다. 아무도 하지 않지만, 누군가가 하지 않으면 안 될 일을 했을 뿐이라고 믿었다. 스스로 돌이켜보아도 참 용케 포기하지 않고 여기까지 이끌어왔다는 기분이 들 때가 있다.

2000년 추석에 자마미 해안에서 '유골'인 셈 치고 주워온 산호는, 한국 전통의 옻칠을 한 조그만 소반에 올려 모시고 있다. 컴퓨터 데스크 탑에는 한복판에 탁경현의 사진을 붙여 놓았다. 그런 것들을 항상 목전에 두고 있었던 것이 뜻을 이끌어준 힘이 되었을지 모른다.

그리고 그 뜻이 차츰 커져서 이토록 거대한 석비로 결실을 맺은 것이다. 나는 매스컴이 뉴스로 다루면서 '특공병 석비'라고 표현하는 것을 못마땅하게 여겨왔다. 분명히 처음에는 특공병사로 여겨지는 청년이 꿈에 나타난 것에서 출발했다.

그의 무념한 마음을 어떻게 해서든 풀어주어 성불成佛을 바랐다. 성불을 바라서 지장보살을 모시는 듯한 조촐한 '징표'. 그 사람과 나만이 알 수 있을 정도의 조그만 석비라도 새길 수 있다면, 그걸로 충분하다고 생각하고 있었다.

애초에는 바로 그가 태어난 고향 근처 어딘가에 세우고자 했다. 그런데 그 조그만 시골 마을인 서포에도 뜻밖에 많은 희생자가 있었다는 사실을 알아차렸다. 서포 일대의 희생자를 위령하는 비문도 아울러 궁리했다.

그 석비는 현지 사천시의 협력을 얻게 되고, 고명한 예술가를 포함한 여러 사람들의 응원을 받기에 이르렀다. 그렇게 하여 서포라는 작은 마을에서, 사천시 전체의 희생자를 기리는 것으로 바뀌었다. 그러다 그 뜻을 가능하도록 하되, 한국 전체의 전쟁 희생자까지도 기리는 위령비로 발전해 갔다.

병사 한 사람을 위해 세운 뜻이, 차츰 일본으로 인해 목숨을 바친 2만 3천을 헤아리는 조선인 젊은이 모든 분에 대한 뜻으로 성장해 갔다. 그러나 어찌 된 영문인지 매스컴에서는 한결같이 '특공병 위령비'라는 표현을 고치려고 하지 않았다. 단순히 그쪽이 잘 먹혀들기 때문일까.

그렇다면 조선인 희생자 전체를 기리는 비석이기를 바라는 내 뜻은, '특공병 위령비'라는 알기 쉽고 선정적인 딱지 붙이기에 의해 왜소해지고, 훼손되어 온 것처럼 여겨짐을 어쩌지 못한다.

그렇지 않으면 그런 손쉬운 제목을 다는 매스컴에 무언가 다른 의도가 있는 것일까? 가령 언제까지나 '특공병 위령비'라는 레테르를 붙이기만 하면, 계속 알기 쉬운 '반일의 상징'이 될 수 있다.

반일 세력으로서는 일본인이 건립한 '조선인 희생자 추도 석비'로는 곤혹스러우리라. 그보다는 '군국 찬미의 일본인이 건립한 매국 특공병을 떠받드는 괘씸한 석비'라는 편이 마침맞으리라.

집요하게 '특공병 위령비'라는 표현을 그치지 않고 쓰는 한일 두 나라 매스컴. 과연 그 의도는 무엇일까? '특공병 위령비'라는 표현만이 독판치는 것을 나는 결코 바람직하다고 보지 않는다. 오히려 변함없이 그렇게 불리는 것이 불합리하다고 느낀다는 사실을 단호히 강조해두고 싶다.

참석을 고사한 한국의 대학 교수

나는 끈을 풀어 비닐을 걷어 올린 뒤, 시트에 머리를 밀어 넣듯이 하여 처음으로 석비의 모습을 보았다. 반들반들한 표면, 듬직한 체구. '우여곡절이야 있었지만 여하튼 여기까지 헤쳐 왔다'는 기분이 들었다. 그 때는 설마 그것이 며칠 뒤에는 철거되고 말리라는 사실을 상상조차 하지 못했다.

석비를 등지고 주위를 둘러보았다. 내일의 제막식에는 방문단 여러분, 탁씨 집안의 유족 여러분, H선생이 알린 오키나와 유족회(오키나와 전투에서 타계한 한국인 유족회) 여러분, 그리고 보도진이 여기로 온다. 기대할 수는 없으나 사천시로서도 도중에까지는 시민들의 참여를 권했으니까 인근에 사는 이들이 오실지도 모른다.

이튿날 제막식은 날씨도 좋을 것 같았다. 햇빛을 피하는 텐트나 의자는 고사하고, 아무 장비조차 없다. 참가하는 여러분의 부담을 줄일 수 있도록 제막 의식은 되도록 간략하게 하자고 마음먹었다.

인사말도 준비했다. 일본어는 물론이거니와 한국어로도 인사를 하자며, 몇 번이고 되풀이해서 연습해 왔다. 마이크는 없어도 힘껏 목청을 돋우면 그만이다. 모인 사람들만으로 마음이 담긴 제막이 된다면 그걸로 됐다고 생각했다.

한국에서는 법요에 참석하는 분에게 간단한 요깃거리를 대접하는 관습이 있다고 해서 인근 식당도 예약했다. 식을 마치면 재빨리 그쪽으로 자리를 옮긴다.

다만, 마실 물 준비 정도는 해두는 편이 나을 것 같았다. 우리는 가까운 슈퍼마켓으로 가서 당일 마실 물을 현장까지 배달해 주도록 의뢰해 놓았다.

그 후 심포지엄이 열릴 문화회관으로 이동하여 무대를 확인했다. 약속했던 경상대학 교수는 사태가 이 지경에 이르자 참석 불가를 통보해 왔다. 그렇다면 나와 H선생이 여태까지의 사연을 이야기하면 그뿐이다.

반대파와의 대치, 진보연대와 광복회

저녁 무렵, 약속 시간에 우리는 회의실에서 '반대파'로 일컬어지는 사람들의 도착을 기다렸다. 마음이 든든했던 것은 방문단의 일원으로, 내 오랜 친구이자 현역 통역인 신종미辛鍾美 씨가 와주었기 때문이다. 이 난국에 친구가 곁에 있어 주는 것은 정신적으로도 커다란 의지가 되었다.

사천시 측 대표로서 관광과장인 김태주金泰柱 씨 외 한 명이 입회했다. 또한 미나미니혼방송 취재팀과 교토통신 기자도 돌아가는 형편을 지켜보기로 했다. 먼저 도착한 것은 좌파 계열 '진보연대'의 여성 시의원 이정희 씨. 진보연대는 강경 좌파이고, 그 후 서울 광화문광장에서 일어난 미국산 쇠고기 수입 반대의 대규모 데모 때 체포, 구금되는 강자强者이다.

그녀는 '역사가'라고 신분을 밝히는 남성을 동반하고 들어왔다. 그는 온화한 느낌을 던지는 사람으로, 시종 우리의 대화를 조용히 지켜보았다.

나는 일어서서 상냥하게 악수를 나누고, 시간을 내주신 것에 대한 인사를 했다. 가능한 한 부드럽게 대화를 이어가자고 내심 다짐했다. 한참 지나 '광복회'의 남성 두 명이 나타났다. 창원의 광복회 대표라는 김형갑金炯甲 씨는 무서운 생김새에 위압감이 있었고, 완고하기 이를 데 없는 풍모였다.

여성 시의원은 주로 다음과 같은 의견을 말했다.

(1)석비 건립 건은 시장의 독단이며, 시의회의 승인을 받지 않았다. 따라서 시의회로서는 이것을 용인할 수 없다.

(2)일본으로부터 정식으로 사죄도 없는 채 이런 석비를 세우는 것은 의문이다.

(3)과연 탁경현이 석비에 새길 인물로서 어울리는지 어떤지 확인

되지 않았다.

광복회는 이런 취지의 의견을 밝혔다.

"반일 독립운동을 위해 싸운 후예로서는 야스쿠니신사에 안치되어 있는 것 같은 친일파 인물의 석비 따위 도저히 용납할 수 없다. 역사적인 결착이 이뤄지지 않았다. 일본군 병사를 안치하는 석비 건립과 그 제막식은 군국주의를 찬미하는 것이며, 도저히 용인할 수 없다."

나아가 '꿈에 나왔다'는 따위의 이야기 자체가 믿어지지 않는다고까지 했다.

여기에 대해 나는 이렇게 답했다.

(1)시의회 내의 사정은 우리가 알 리가 없고, 시장과의 약속을 믿고 오늘까지 왔다.

(2)한일의 문제는 국가 레벨에서 해결할 문제와, 민간 레벨에서 따뜻한 교류의 분위기를 만들어가는 두 바퀴가 필요하다. 나는 민간인으로서 지금까지 25년 동안 그런 분위기 만들기에 전념해 왔다. 이번역시 민간 레벨에서 교류하는 것이며, 정치적인 활동이 아니다.

(3)이 석비는 한 명의 병사를 모시는 게 아니다. 창씨개명에 의해일본인으로서 일본 이름으로 타계한 한국인 군인·군속은 세계로 퍼졌으며, 그 혼은 지금도 떠돌고 있다. 그런 분들의 혼이 고국으로 귀향하여 안주하기를 바라는 석비이다.

(4)독립운동에 참가한 분들은 국민의 1퍼센트에도 미치지 않으리라. 당시에는 누구든 살아가는 데 쫓겨 일본 이름을 지었고, 직접 간접으로 일본에 공헌하지 않을 도리가 없었던 시대였다. "의원님, 당신 부모님도 일본 이름을 가졌을 겁니다." 그렇게 살아가지 않을 수

없었던 것은 개인의 죄가 아니라, 그 시대의 흐름 속에서 일어난 비극이다. 시대의 희생이 된 사람들을 추모하는 것은, 당시 일본인으로서 보낸 시간을 가진 사람들의 마음을 위로하는 일이다.

(5)나는 일제시대의 당사자가 아니다. 한 개인으로 국가를 대표하여 사죄할 권리도 자격도 없다. 그러나 시대의 희생이 된 분들을 이웃사람으로서 기리고, 애도의 심정을 표하고 싶다는 뜻을 지니고 있다. 내일 멀리 바다를 건너 찾아오는 방문단 여러분도 똑같은 기분이다. 그 분들의 선의善意, 절실한 뜻을 이해해 주기 바란다.

논의는 두 시간 가까이 이어졌지만, 평행선을 그을 따름이었다. 상대의 이야기에 귀를 기울이는 자세가 느껴지지 않았고, '단호한 중지 요청'이라는 결론은 이미 정해져 있는 것처럼 비쳤다.

특히 광복회 분들은 강경하여, 제막식을 강행한다면 이쪽도 힘으로 제지하겠다고 했다. 끝으로 내가 말했다.

"지금도 이렇게 취재기자들이 우리를 지켜보고 있지 않은가? 그들을 통해 이런 식으로 결렬하는 장면을 노출하는 것은 서로에게 도움이 되지 않는다. 직전에 와서 약속을 뒤엎는다면 우리도 곤혹스러울 뿐이고, 우리에게 불합리한 대응을 한 시의 체면도 구겨지지 않을까.

무엇보다 이번에 일본에서 건너오는 이들은, 옛날 일본인으로서 희생된 여러 한국인의 혼령에 애도의 뜻을 표하고 싶다는 선의를 가진 분들이다. 순수하게 위령의 기분으로 오는 방문단 여러분을 이런 식으로 쫓아내서는, 사천시는 물론이거니와 한국이라는 국가의 이미지도 훼손하게 된다.

여러분들의 기분은 이해한다. 우리도 그걸 배려하여 제막식을 요란하게 거행할 마음은 없다. 단지 우리끼리 조용히 석비에 참배하고 돌아갈 수 있으면 그걸로 그만이다. 일행이 안전하고 조용히 돌아갈 수 있도록 양보해 주시기 바란다."

그러나 반대파 여러분들의 의지는 굳었다. 그들은 "단호하게 모든 행사의 중지를 요구한다"는 주장만 내세웠다. 광복회에 소속된 분은 만약 강행하면 "실력을 행사하겠다"고 말한다. '결렬'이라는 형태로 그들은 자리에서 일어섰다. 돌아가면서 역사가라는 분이 내 앞에 서더니 이런 말씀을 하셨다.

"어쩐지 사천시 쪽에도 책임이 있는 모양이니까 최소한의 협력은 요구해도 좋지 않을까요?"

우리가 처한 상황에 동정의 여지가 있다고 배려해 주신 것은 고마웠다. 하지만 '실현성이 있는' 최소한의 협력이 무엇일지 상상도 할 수 없었다.

함께 자리했던 시 관광과장은 그저 우리의 대화를 듣고 있기만 했다. 그리고 이튿날 아침 10시부터 열릴 심포지엄에 대해 "역시 개최를 중지했으면 좋겠다"면서 아침에 지불한 회의장 사용료를 되돌려 주었다. 나는 이렇게 따졌다.

"그렇다면 어떻게 할 생각인가? 시의 협력이 있었기에 개최하기로 했던 제막식과 심포지엄을 하루 전에 와서 시 쪽의 뜻대로 중지한다면, 방문단 여러분에게 설명할 책임이 시에 있지 않은가? 더구나 특공기지가 있었던 지란으로부터 공인公人인 미나미규슈 시장도 오시게 되어 있다. 본래라면 사천시 시장 스스로가 직접 사죄를 해야 마땅하지 않은가!"

관광과장은 원래 예정했던 이튿날 아침의 '공민관 홀에서의 심포지엄' 장소를 해상관광호텔 별관에 있는 예식장으로 옮겨, 이번에 찾아올 방문단 여러분에 대한 '사정 설명회'를 열겠다고 말했다.

"지금까지 시로서도 이번 행사에 관해 어느 정도 홍보를 해왔으므로, 당일 심포지엄 회의장으로 직접 오실 일반 손님도 있을 것이다. 그런 분들에 대해서는 어떻게 대응할 것인가?" 하고 다시 물어보자 "그럴 경우에는 셔틀버스로 호텔 예식장까지 안내하겠다"고 했다.

늦은 시간이었지만 방문단을 인솔해온 산신트래블의 다치기 사장을 만나, 여태까지의 경위와 내일부터의 예정이 크게 뒤틀려 버린 점을 사죄했다. 그리고 어떤 식으로 대응할지 의논했다.

"괜찮습니다. 가능한 것만이라도 해봅시다."

그 침착한 모습에서 나는 구원을 받은 것 같은 기분이 들었다. 나중에 차츰차츰 알게 되는 사실이로되, 갑작스러운 사태가 터져도 언제나 태연하게 대처하는 것이 다치기 사장이었다. 너무도 고마웠다.

임시 모면의 사정 설명회

본래라면 '한일 우호와 평화에 관해 생각하는 심포지엄'이 열릴 예정이던 5월 10일 아침, 우리 일행은 사천시 측이 준비한 호텔 예식장으로 모였다. 미리 다치기 사장으로부터 대강의 설명을 들었던지, 다들 차분한 표정으로 조용히 자리에 앉아 있었다.

어제까지만 해도 아무 의심 없이 위령비 제막식 참가를 기대했을 텐데, 하룻밤 사이에 상황이 급변하여 다들 깜짝 놀랐을 것임에 틀림없었다. 걸맞지 않은 하얀 테이블보가 깔린 원탁에 둘러앉은 방문단 여러분들. 그걸 에워싸듯이 벽 쪽에는 한일 두 나라 보도진이 저마다

카메라를 들고 자리를 잡았다. 언뜻 매스컴 관계자로 여겨지지 않는 사람들도 섞여 있었다.

먼저 내가 정면 단상 테이블로 올라갔다. 간신히 건립한 귀향기념비 제막에 함께 해주시느라 귀중한 시간과 돈을 들여 찾아오신 사려 깊은 여러분에게 처음으로 인사드리는 장소가, 이렇게 뜻하지 않은 자리가 되고만 것에 대해 우선 진심으로 용서를 빌었다.

그런 다음 지난 1년여 동안 사천시의 협력 아래 석비 건립이 이루어진 경위와, 어제가 되어 모든 약속이 뒤집어진 상황을 설명했다. 그리고 일이 이렇게 되어 버린 것에 대해 깊이 사죄했다.

"어렵사리 오셨는데 헛걸음이 되었다고 느끼시겠지요? 그렇지만 이건 결코 헛일이 아니라고 생각해요. 이런 결과가 되고 말았으나, 이것은 반드시 새로운 문을 여는 첫걸음이 되리라고 믿어요. 고통스러운 첫걸음이긴 합니다만, 여러분은 그 역사적인 시발점에 함께 해주신 것이라고…."

그렇게 인사하면서, 내가 하는 말이 내 귀로 들려왔다. 여러분에게 이야기하는 듯하면서, 한편으로는 나 스스로에게 들려주고 있었던 것인지 몰랐다. 갑자기 목에 무언가 걸린 것처럼 말문이 막혔다. '왜 이러지? 똑바로 이야기를 해야지!' 그렇게 안달이 나는데도 정작 말이 나오지 않았다.

그러자 박수가 터져 나왔다. "힘내요!" 하는 소리도 들려왔다. 나는 간신히 자세를 가다듬고 이야기를 이어나갔다.

"아쉽게도 오늘 제막식은 할 수 없게 되었어요. 그렇지만 사태가 여기에 이른 것에는 사천시 쪽에도 책임이 있다고 봐요. 본래라면 시장으로부터 직접 설명을 듣고 사죄를 받아야 마땅하겠지만, 오늘은 관광과장인 이태주 씨가 대신 사정을 설명할 거예요.

또한 본래라면 이 시간은 한일의 미래를 그리는 심포지엄을 개최할 예정이었습니다만, 과장의 설명이 있은 다음 여러분의 솔직한 의견과 질문을 받도록 하지요. 그와 같은 의견 교환이 반드시 앞으로의 한일 사이에 초석이 되어 주리라 믿어요."

　이태주 과장이 두어 장의 메모를 손에 들고 단상에 올랐다. 그는 형식적인 설명을 한 뒤, 석비에 관해서는 이후 철거하여 보관하겠다고 말했다. 나아가 이 같은 사태에 이른 것에 대해 간단히 사죄했다. 그런 다음 곧장 단상에서 내려가려는 이 과장을 내가 막아 세웠다.

　"여러분의 질문과 의견이 있으리라 보니까 거기에 대해서도 답변해 주기 바랍니다."

　이 과장은 어쩔 수 없다는 듯이 단상에 머물렀다. 나와 통역인 신종미 씨도 함께 자리를 잡았다. 방문객의 질문과 이 과장의 답변을 그녀가 혼자서 통역해 나갔다. 아래와 같은 의견이 나왔다.

　"직전에 와서 제막식을 중지하지 않을 수 없었다고 하는데, 사람과 사람의 관계에서도 약속을 지키고 법률을 지키는 것이 신뢰의 첫걸음이 아닙니까?"

　"한일 사이에서 지금까지 일본은 되풀이해서 사죄해 왔어요. 도대체 앞으로 언제까지 계속 사죄를 해야 좋을까요?"

　"야스쿠니신사에 모셔진 탁경현 님의 혼령이 마침내 야스쿠니를 나와, 고향땅에서 안주할 수 있게 되어 정말로 잘 되었다고 생각했습니다. '참 잘 되었어요'라고 말해 드리고 싶어서 오늘 여기를 찾아왔습니다. 그런데 혼령은 역시 고향으로 돌아올 수 없는 것입니까?"

　"오늘 위령 등산에는 현지 사천시 분들과 교류할 수 있다고 해서, 사이좋게 지낼 수 있는 기회라고 여겨 기대를 하고 왔는데 아쉽습니다."

이 같은 질문에 이 과장으로부터는 틀에 박힌 답변밖에 들을 수 없어 다들 실망의 빛을 감추지 못했다. 그 가운데 한 사람, 본래 심포지엄이 열릴 예정이던 문화회관으로부터 혼자서 여기까지 찾아온 일본인이 있었다.

"문화회관에 가봤더니 나이든 분들(광복회)이 슬로건을 외치면서 데모를 벌이고 있었습니다. 여기까지 시에서 준비한 셔틀로 이동한다고 들었는데, 그런 건 있지도 않았습니다. 벽에 붙은 안내문을 보고 나 홀로 이곳을 찾아왔습니다."

사천시의 무책임함에 화가 치밀었다.

"즉각 돌아가라!"

한 시간 정도의 질의응답은 실로 조용하게 진행되었다. 이제 슬슬 마무리 지어야겠다고 마음먹은 순간, 이 과장이 뜻밖의 발언을 했다.

"지금 막 연락이 왔습니다. 제막식이 거행될 곳에 광복회 사람들이 대기하고 있답니다. 하지만 경찰이 여러분을 선도先導하여 길을 열어, 예정대로 제막식이 열릴 수 있도록 배려한다고 합니다."

의외의 사태 진전에 놀랐지만, 나는 신중했다. 끝으로 이번 투어를 기획한 산신트래블 다치기 사장, H선생의 인사말을 듣고 마무리 지었다. 내가 다시 단상에 올랐다.

"이제부터 여러분을 점심 식사 장소로 안내할까 해요. 이제 막 과장으로부터 석비까지 가볼 수 있고, 경찰이 우리를 보호해 준다는 이야기를 들었습니다. 하지만 광복회 분들도 대기하고 있다니까 약간 소동이 벌어질 수도 있으리라 봐요. 저는 주최자로서 석비가 세워진 곳으로 직접 오시는 유족 분들을 맞으러 갑니다. 혹 위험한 일이 생길지도 모르니까 여러분은 충분히 안전을 고려하여 신중하게 행동해 주세요."

그러나 남겠다는 사람은 한 명도 없었고, 다들 석비가 세워진 장소까지 가보겠노라고 했다. 우리는 버스를 타고 석비가 설치된 공원으로 향하기로 했다.

공원이 가까워지자 그토록 한적하고 사람 그림자도 없던 곳에 경찰버스와 광복회 일행이 타고 온 것으로 여겨지는 대형 관광버스, 보도진의 취재차량 등이 주차되어 북적거렸다.

버스에서 내린 우리 주위에도 석비 쪽으로 가는 사람들이 우르르 몰려가고 있었다. 평소에는 조용한 한촌寒村이 느닷없이 시끌벅적한 곳으로 바뀌었다.

함께 걸어가는 사람들의 물결. 분명히 한국인인데 그들이 대관절 어떤 사람들인지 알 수 없었다. 보도진도 아니다. H선생의 연락을 받고 온 오키나와 유족회 분들인가, 그도 아니면 형사들인가? '적이냐, 우리 편이냐?' 하는 의문이 머릿속을 오갔으나 잠자코 걸음을 옮겼다.

차츰 큰 목소리의 연설이 들려왔다. 광복회의 김형갑 씨였다. 이마에 태극기가 새겨진 머리띠를 묶고, 광복회라고 적힌 어깨띠를 둘렀다. 그 뒤로는 광복회로 짐작되는 70대 전후의 분들이 역시 태극기 머리띠를 하고, 조그만 태극기 깃발을 손에 들고 있었다.

연설이 일단락되자 김형갑 씨가 "즉각 돌아가라!"고 고함을 질렀다. 그러자 거기에 맞춰 광복회 회원들이 깃발을 흔들면서 "돌아가라, 돌아가라!"고 목청을 돋우어 연호했다.

'가미카제 위령비 즉각 철거'라고 적힌 현수막을 내건 광복회 회원들과 귀향기원비 앞으로 가려는 우리를 막아선 한국 경찰

맨 앞줄에는 광복회가 진을 치고 있으었고, 뒤쪽에는 진보연대의 이 의원 모습도 보였다. 당원들인지 주변을 여러 사람들이 둘러싸고 있다. 나는 한동안 어안이 벙벙했다. 석비는 멀찌기 100미터나 떨어져 있었다.

경찰이 우리를 위해 길을 터주고 제막식을 할 수 있도록 해준다는 약속은 거짓이었던가? 삼엄하게 방패를 든 경찰 기동대는 광복회를 등 뒤로 하고, 석비 쪽으로 다가가려는 우리를 향해 일렬횡대로 길을 막고 있었다. 그러자 방송국 기자 출신의 미야지 마사미(宮地正美) 씨가 나에게 속삭였다.

"저기 경찰 기동대가 일렬로 서 있는 곳이 최전선입니다. 저기까지는 갈 수 있을 겁니다."

나는 내 뒤를 따라오는 방문단을 돌아보며 목소리를 높였다.

"경찰이 우리를 위해 길을 열어준다기에 여기까지 왔습니다만, 아무래도 그건 무리인 것 같아요. 우리는 갈 수 있는 곳까지 가서, 하다못해 멀리서나마 합장合掌하고 돌아가도록 해요."

다들 파랗게 질려 긴장된 표정으로 고개를 끄덕였다.

마음이 정해지자 함성에 질리지 않고 나는 저벅저벅 앞으로 걸어나갔다. 그러자 방패를 든 경찰 기동대보다 앞쪽에서 나를 제지하려는 듯이 네댓 명의 사복 남자들(귀에 무전기를 꽂고 있었으니까 사복 경찰?)이 몰려나와 팔을 활짝 펴고 일렬로 늘어섰다. '아무래도 여기까지인 모양이다'고 판단한 나는 다시 뒤를 돌아보며 일행을 향해 외쳤다.

"아무래도 여기까지가 한계인 듯해요. 저기 멀리 보이는 것이 석비예요. 가까이 가지 못하는 것은 유감이지만, 부디 여기서 합장을 해주세요."

소란과 함성에 기죽지 않고 다들 그 자리에서 진지하게 머리를 숙이고 양손을 모아 진심으로 명복을 빌었다. 그 진지한 표정들.

발걸음을 돌리자 순식간에 한국 측 매스컴이 나를 둘러싸더니 "지금의 심경은?" 등 이런저런 질문을 던졌다. 나로서는 "할 만큼 했으니까 후회는 없어요"라고 대답할 수밖에 없었다. "무엇을 빌었습니까?" 하는 질문에는 이렇게 대꾸했다.

"세계 각국에 흩어져 헤매는 한국인 병사들의 명복을 빌었지요."

또 "광복회를 어떻게 생각하느냐?"는 질문에는 "그들 나름대로의

한국 취재진에 둘러싸인 채 질문에 답하고 있는 저자. 왼쪽 끝에 신종미 씨가 심각한 표정으로 지켜보고 있다.

입장이 있음을 이해한다"고 대답했다. 또한 지란에서 온 시모이데 시장은 인터뷰에서 이렇게 말했다.

"우리는 지란에서 출격한 분들을 위령하는 기분으로 찾아왔습니다. 그렇지만 이쪽에서는 그렇게 받아들여 주시지 않으니까요. (조선인 특공병을) 매국노처럼 말씀하시니까. 그런 면을 서로 메워나가지 않으면 안 되리라고 생각합니다."

또한 '9조의 모임'에서 온 분의 대답은 이랬다.

"한국은 이 전쟁의 피해자이며, 그 상징적인 존재가 특공병이겠지요. '특공대원 위령비'라는 데 대해 엄청난 저항감을 느끼는 모양이라는 사실을 와서 보고 알았습니다."

뉴스 영상을 보니 시모이데 시장이 "자, 돌아갑시다" 하고 나에게 말을 걸어주셨다. 나 역시 정신이 번쩍 들어 일행을 향해 다시 재촉했다.

"자, 돌아가요!"

혼란 속에서 나도 있는 힘을 다했다. 주위 여러분들의 도움으로 그 자리를 무난히 헤쳐 나올 수 있었다고 믿는다.

우리만의 제막식

우리는 점심식사를 위해 미리 예약해둔 식당으로 사람들을 안내했다. 흥미로운 것은 한국에서는 이 같은 행사를 예약할 때에는 '1인당 얼마'라는 식의 교섭이 아니라, 가령 "전부 6, 70명쯤 될 테니까 이 정도 가격으로 해 달라"며 주먹구구식 가격 교섭을 식당 주인과 맺는 것이 예사로운 모양이었다. 그런 것은 모두 H선생이 교섭해 주셨다.

교대로 들어오고 나가는 사람들에게 비빔밥과 같은 간단한 식사와 술을 제공했다. 서울에서 오신 오키나와 유족회 여러분, 우리들 일본에서 온 방문단으로 식당은 시끌벅적했다. 그 긴박했던 장면에서 벗어나 우리끼리의 식탁에서 안정을 찾았다. 얼마 전까지의 소동을 화제로 저마다 대화를 나누면서 모두들 얼굴에 혈색이 돌아왔다.

'대관절 어째서 그런 일이…' 라는 생각이 들었다. "우리를 위해 길을 열어주고, 제막식을 예정대로 거행할 수 있게 되었다"던 것은 이 과장의 터무니없는 새빨간 거짓말이지 않았나! 이제 와서 돌이키니 '말려들었다'는 기분이 들기도 한다. 일본에서 온 방문단과 광복회가 대립하는 장면을 보란 듯이 드러내어, 매스컴이 떠들썩하게 다루도록 바란 세력이 있었을지 모른다.

나는 아침의 설명회 시점에서는 여러분을 현장으로 데려갈 마음이 추호도 없었다. 이 과장이 "경찰이 선도할 테니까 예정대로 제막식을 거행할 수 있게 되었다"고 밝히지 않았더라면, 나는 혼란과 위험이 예상되는 현장으로 사람들을 인솔하지 않았을 것이다.

사실 바로 이 관광과장이 '반反 시장 파벌 세력이다!'는 이야기를 예전부터 H선생에게 전해 들었다. 우리로서는 알 수 없는 사천시 내부의 세력 다툼, 거기에 동반되는 작당 모의 같은 게 있었을 수 있다.

먼저 식사를 마치고 위령 등산을 나섰던 다치기 일행으로부터 연락이 왔다. 우리가 식사를 하고 있던 단 한 시간여 사이에, 그토록 요란하던 광복회 사람들이나 보도진들이 현장에서 완전히 자취를 감췄다는 것이었다. '설마?' 하고 은근히 믿기 어려운 기분이었다.

"연락에 의하면 현장에는 이제 아무도 없대요. 지금부터 석비가 있는 공원으로 한 번 가볼까요?"

내가 이렇게 말을 꺼내자 방문단 여러분이 기다렸다는 듯이 자리에서 일어났다. 버스가 현장으로 다가갔다. 불과 얼마 전까지 승용차와 버스가 늘어서고 수많은 사람들로 떠들썩했던 곳이, 흡사 그게 다 거짓말이었다는 것처럼 깨끗하게 사라져 사람 그림자 하나 찾을 길 없었다.

석비가 세워진 공원은, 우리가 알고 있던 '아무도 없는 한산한 예전 그대로의 공원' 모습으로 되돌아가 있었다. 정말이지 한 시간여 전의 소동이 거짓말 같았다. 누군가 한 명쯤은 남아서 우리가 다시 찾아오는 걸 감시하고 있어야 하는 게 아닐까 싶을 만큼, 도리어 내가 어리둥절할 지경이었다.

석비의 존재를 진지하게 고민하는 게 아니라, 자신들의 주장을 매

투어에 참가한 남성들이 나서서 기원비를 덮고 있던 시트를 벗겨냈다. 그리고 우리들만의 제막식이 거행되었다.

스컴 앞에서 어떻게 어필할 것인가에만 심혈을 기울이고 있었던 것이리라. 그런 의미에서 그들은 '프로'였다.

　우리는 주위에 신경을 쓰면서 부지 내로 조심조심 발걸음을 옮겼다. 석비에서 만나기로 되어 있던 탁정애 씨를 비롯한 친족 분들과도, 마침내 얼굴을 마주할 수 있었다. 위령 등산 팀도 산에서 내려와 다들 합류했다.

　한 단 높게 만든 기단에, 파란 비닐 시트로 감싼 석비가 솟구쳐 있다.
　"우리끼리 제막식을 해요."
　내 말에 남성들이 씩씩하게 나와 시트를 묶은 끈을 풀기 시작했다.

'우리들의 제막식'이 끝나고, 저마다 숙연한 표정으로 귀향기원비를 바라보았다.

    시트를 펼쳐 한쪽부터 서서히 끌어당겼다. 털썩 하고 시트가 떨어져 내렸다. 그러자 꼭대기에 삼족오의 조상彫像을 얹은 멋진 석비가 홀연히 모습을 드러냈다. 사람들은 누구 할 것 없이 '와아!' 하고 환성을 터트리더니 박수를 쳤다.

    '우리의 제막식'이라고 누군가 말했다. 기뻤다. 파란 하늘을 배경으로, 번쩍번쩍 빛나는 석비는 정말 아름다웠다. 다들 저절로 석비를 향해 합장했다. 간절한 심정에 사진을 찍기도 했다.

    탁씨 집안에서도 20여 명의 친척이 오신 듯했다. 석비 앞에서 기념사진을 찍고 있는 그 모습을 보려니까, 마침내 유족과의 약속을 지키게 되었다는 안도의 기분이 솟구쳐 올랐다. 너무 오래 기다리게 했다는 미안한 마음도 들었다.

탁정애 씨가 "오빠도 기뻐하실 거예요"라면서 눈물을 훔쳤다. 또한 사촌형의 아내인 이순남 씨는 "나 혼자라면 펑펑 소리 내어 울고 싶은 심정이다. 이런 석비에 반대를 하다니…"라면서 탄식을 터트렸다.

어쨌거나 모두들 무사했다는 점, 그리고 이런 식으로나마 석비가 빛을 볼 수 있었던 것만으로도, 나는 나에게 주어진 역할을 해낸 것 같아 안도했다. 물론 이로써 모든 것을 끝낼 마음은 없었다. 내일부터 어떤 일들이 밀려들지, 거기에 대비하지 않을 수 없었다. 이제는 치밀하게 교섭하고, 해결해 나갈 수밖에 없다고 작정했다.

이처럼 예상하지 못한 사태에 직면했음에도 불구하고, 방문단으로부터는 이번 여행에 대한 불만의 목소리가 전혀 들려오지 않았다.

그 대신 "새삼 한일 간의 현재 상황을 이해했다", "역사의 한 장면을 피부로 실감했다"는 감상을 들려주셨다. 정말이지 나를 포함하여 '이해 당사자'가 되어 버린 것으로 인해, 저마다 무언가 '귀중한 체험을 했다'는 감개에 휩싸인 듯했다.

'반일'은 '비단 깃발'?

격동의 하루를 보내고, 방문단은 이튿날부터 사천의 명소를 둘러본 다음 귀국길에 오른다. 나도 손님과 함께 일본으로 돌아가게 되어 있었다.

제막식이 있었던 밤, 친한 기자 몇 사람과 술자리를 가졌다. 나 역시 '흥분이 가라앉지 않는' 기분이었는데, 기자들 또한 마찬가지였을지 모른다. '도대체 누가 가장 나빴나?' 하는 게 화제에 올랐다. 광복회인가, 진보연대인가, 개막식 직전에 와서 모든 것을 뒤엎은 시장인가?

들자하니 한나라당 소속인 시장의 반대 세력이었던 진보연대가, 시장 측에 타격을 가하려고 이 석비 문제를 '정쟁의 도구'로 썼다는 설이 있었다. 그걸 노려 일부러 직전에 와서 모든 약속을 뒤엎게 만들어 혼란을 더 키웠다는 것이다.

그러나 진보연대는 약소 세력이었으므로 광복회의 동참을 요청했다. 하지만 사천의 광복회는 숫자가 얼마 되지 않았던지라, 인근 도시인 창원시의 광복회로부터 강력한 세력을 동원했다는 것이다. 나로서는 이런 의문을 떨치지 못했다.

'그래도 그렇지, 극좌단체인 진보연대와 극우일 광복회가 어떻게 일치단결할 수 있단 말인가?'

한일 관계에서는 제1선의 프로나 다름없는 기자들이 이렇게 해설해 주었다.

"반일이라는 '비단 깃발' 아래에서는 우니, 좌니 아무 관계없이 한 덩어리가 되는 게 한국이다."

과연! 요즈음의 위안부 소녀상에 얽힌 한국의 반일 형태를 보면, 아주 딱 들어맞는다. 그렇지만 당시의 나로서는 제대로 이해가 가지 않았다.

기자들은 한결같이 아침의 설명회를 절찬해 주었다. 방문단 여러분의 억제된 태도, 그리고 높았던 질문의 레벨.

"나는 감동까지 받았다."

"예정대로 심포지엄을 하는 것보다 더 훌륭한 내용이었지 않아?"

거기에는 나 역시 전적으로 동감이었다.

방문단의 일정이 죄다 엉망진창이 된 것은 아니었다. 이튿날은 서원과 향교 등 조선 고래古來의 배움터를 견학하고, 항공우주박물관과 해변 어시장을 즐기도록 되어 있었다. 그들은 순조롭게 일정을 마치고, 이튿날 12일에 귀국길에 올랐다.

공항에서 헤어질 때, 가나가와(神奈川)에서 오신 도요타 지쓰로(豊田實郎) 씨가 나에게 하얀 봉투를 건네주면서 말했다.

"나중에 보세요."

이내 돈이라고 알아차렸다. 나는 고맙게 받았다. 많이 들어 있었다. 아마 이번 여행 경비로 가져와 쓰다 남은 걸 몽땅 나에게 맡겨주신 게 틀림없었다. 그 마음이 참으로 고마웠다. 나는 '귀향기념비 건립 실행위원회' 명의의 계좌에 기부 받은 돈을 전부 입금해 놓았다.

이처럼 마음이 담긴 돈은 단 한 푼이라도 허투루 쓸 수 없다. 순수하게 석비를 위해서만 써야 한다고 작정하고 있었다. 그러나 나중에 그것이 크게 도움이 될 날이 오게 될 줄이야….

설마 했던 철거

나는 귀국하자마자 즉시 주일 한국대사관에 전화를 걸어 석비가 철거되지 않도록 보호해 주도록 당부했다. 그러나 그때 석비가 벌써 사천시에 의해 철거되었다는 소리를 듣고 아연실색했다.

이 석비 건립의 경위는 내 개인의 분투에서 출발했지만, 차츰 한일 양국이 지켜보게 되었다. 나는 '한일축제'의 실행위원으로 한국대사관을 출입했던지라, 그럴 때마다 석비에 관해 대사와 공사 분들에게 경과를 설명했었다.

석비에 관해서는 바람직한 일이라고 하여 사람이 바뀌어도 정무공사 사이에서 인수인계되었고, 나 역시 수시로 진행 상황을 보고하고 있었다. 또한 한국에서는 주한 일본문화원 원장(공사급)이던 다카하시 다에꼬(高橋妙子) 씨가 관심을 보여 주셨다.

2008년 2월 이명박 대통령이 취임했다. 그는 임기 마지막에는 독도 상륙으로 반일의 자세를 드러냈다. 하지만 한류韓流로 화사하던 무렵에 취임할 당시에는 '미래지향적 한일 관계'라는 게 이명박 대통령의 슬로건이었을 만큼 대일 관계를 중시했다.

그런 분위기 속에서 한일 두 나라에서 이 석비가 우호의 심벌이 되리라는 기대감이 있었을지 모른다. 당시의 조세영趙世暎 정무공사가 석비 건립에 관해 꼭 대통령 앞으로 진정陳情하도록 권하기도 했다. 예상조차 하지 못한 일이었으므로 내가 놀라서 되물었다.

"대통령 앞으로라면…. 그러니까 비서관에게 편지를 보내라는 뜻이에요?"

"아뇨, 이명박 대통령 앞으로 보내는 겁니다. 비서관 앞으로 보내면 읽을 필요가 없다고 판단하지만, 대통령 앞으로 보내면 반드시 체크하기 때문입니다."

이와 같은 테크닉은 정말로 석비 건립에 공감하지 않았다면 하지 못할 어드바이스였지 않을까. 나는 즉시 석비의 취지를 정리한 서류와 팸플릿을 긁어모아, 서툰 한글로 간신히 적은 편지와 함께 항공편으로 부쳤다. 4월 30일에 보냈으니까 제막식 직전에는 도착했으리라.

또한 제막식 중지 소동이 있은 뒤, 일본문화원의 다카하시 씨로부터 이런 이야기를 들었다.

"사실은 시게이에 도시노리(重家俊範) 주한 대사님이 제막식에 꽃과 축사를 보낼 예정이어서 서기관들이 축사 준비도 하고 있었답니다. 대사님은 오랜만에 (한일 간에) 좋은 화제라고 말씀하셨지요."

이 석비에는 한일 우호의 상징으로 두 나라에서 기대를 걸고 있었는지 모른다. 대일 감정이 복잡한 지역인 사천시가 선뜻 석비를 받아들여, 당시의 희생자를 두 나라 사람들이 위령한다. 그런 행사가 해마다 이어진다면 한일 우호와 이해의 선구가 되었을지 알 수 없었음에도….

시민 부재不在의 '시민 감정'

귀국한 뒤로도 한동안 석비 철거에 관한 기사가 매스컴에 계속 오르내렸다. 건립을 추진할 때는 크게 다루어준 기사도 있었으나, 이렇게 철거되니 경위와 결과만 간단하게 실릴 뿐이었다.

그리고 이들 기사는 대체적으로 '한일 사이의 골은 깊다'고 하는, 오래 전부터 우려먹어 온 '판에 박은 문구'로 끝맺는다. '대관절 다른 문장은 떠오르지 않는가?' 하고 따지고 싶어지는 획일적인 여러 기사들.

인터넷에는 '결과가 어떻게 될지 알고 있었을 것이다. 바보 같은 사람이다!'며 나를 비판하는 글도 있었으나, 거기에는 신경도 쓰지 않았다. 그보다는 '오랜 세월 한국에 공헌해온 구로다에게 이렇게 대할 줄은…' 하고 칼끝을 한국으로 돌리는 일이 있어서는 낭패라고 생각했다.

실제로 여기까지 올 수 있었던 것은, 한국에서도 이 석비의 취지에 공감해 준 사람들이 있었기에 가능했다. H선생을 비롯하여 석비를 디자인해 주신 K교수, 사천 시장, 시장과 연결시켜 주신 분들. 그리고 당초에는 이 일을 바람직하다며 보도해 준 한국의 매스컴들. 사실 무언가의 기회에 이 이야기를 하면 대부분의 한국인은 감동의 빛마저 띠면서 이렇게 말하곤 했다.

"본래라면 우리가 해야 마땅한 일을 일본인인 당신이 해주시다니…. 한국인으로서 감사한다."

보통의 시민 감각으로는 그것이 솔직한 감상이었으리라.

사천시 측 설명으로는 "시민의 이해를 구하지 못했다"고 한다. 그토록 일반인들이 반대하고 있는 것처럼 들리지만, 실제로는 "시장이 시민의 대표기관인 의회를 통하지 않았다"는 뜻이다.

그 점을 들먹이면서 반反 시장 파벌인 진보연대가, 반일 단체인 광복회(그것도 현지 광복회가 아니다)와 협조하여 석비 반대 데모를 거듭 벌여 온 것이다. 시장도 "유지들한테는 사전에 이해를 구했다"고 밝혔었다. 그런 절차를 밟아두면 시장 독자적으로 결정해도 상관없는 '작은 일'로 여겼으리라. 선의에서 건립되는 전쟁 희생자를 추모하기 위한 석비가, 설마 자신의 목을 위협하는 '정쟁의 도구'가 되리라고는 상상조차 하지 않았을 것임에 분명했다.

H선생과 함께 석비가 들어설 현지 주민의 의견을 들어본 적이 한 번 있었다. 그런데 대부분의 사람들이 석비가 건립된다는 사실을 몰랐다. 개중에는 "훌륭한 것이 생겨서 멋지지 않을까?" 하는 의견마저 들려주었다.

요즈음 화제에 오르는 위안부 소녀상도 그렇지만, 이런 문제는 대개 일반시민들은 관심이나 관련이 적었다. 그것을 정치적으로 이용하는 사람들만이 묘하게 흥분하여 들고일어나는 게 실정實情이었다.

사천시내의 절에 드러누운 석비

당초 사천시 측은 석비를 '공원 그 자리에 묻어 버리라'고 앞서 나왔던 업자인 이재완 씨에게 지시했다고 한다. 그 사람으로서도 그렇게 하기에는 선뜻 내키지 않았던 모양으로, 평소 알고 지내던 사천시내 용화사龍華寺에 부탁하여 절 경내 한 모퉁이에 보관해 주도록 했다는 것이다.

제막식으로부터 한 달쯤 지나서 나는 용화사로 향했다. 솔직히 더 이상 사천에 발을 들이는 것도 싫은 기분이 들었지만, 석비를 보관해 주고 있는 사찰에 인사도 드리고 싶었다.

후일담을 취재한다고 해서 어느 방송국 팀이 동행하게 되었다. 스태프로부터 이 건에 관해 논평해 줄 지식인을 추천해 주었으면 좋겠다는 의뢰가 있었다. 그래서 몇 사람 부탁해 보았으나, 누구 하나 응하는 사람 없이 다들 보기 좋게 거절했다. 유일하게 지일파로 알려진 지명관池明觀 선생만이 응해 주셔서 자택에서 인터뷰를 할 수 있었다.

"다들 자신의 처지가 위태로우리라는 짐작에서 이런 일은 논평하고 싶지 않겠지요. 나는 이미 현역이 아니니까요."

지명관 선생은 부드럽게 미소를 지으면서 말씀하셨다. 선생의 견해도 '필경 사천시 의회 내에서의 권력 다툼 속에서 정쟁의 도구가 되지 않았을까?' 하는 결론이었다. 역시 사천 시장 주변의 보혁保革 권력 투쟁에 휘말려든 것인지 모른다.

용화사는 아담한 사찰로, 젊은 주지 스님이 지키는 절이었다. 석비는 천(布)에 싸여 경내 일각에 반쯤 땅에 묻힌 상태로 눕혀져 있었다. 삼족오 조상도 기단 석재와 더불어 방치되어 있어, 보기에도 무참한 잔해殘骸의 신세가 되고만 상태였다.

우리는 함께 대웅전에서 불경을 외운 뒤, 주지 스님에게 진심으로 감사를 드렸다. 앞으로 언제 재건할 수 있을지 짐작조차 할 수 없었지만, 언젠가 맞으러 올 때까지 맡아주시는 것이 정말이지 고마웠다. 한때는 혼령이 깃들었던 석비인지라 이렇게 사찰 일각에 보관되는 것만으로도 감사할 일이었다.

우리가 찾아온다는 사실을 어디서 들었는지 한국 측 보도 카메라 팀도 2개 사社 정도가 기다리고 있다가, 우리의 모습을 영상에 담고 있었다. 대략 촬영이 끝났다고 여긴 그들이 자동차에 올라 떠나려고 하는 바로 그 순간, 주지 스님이 차창으로 다가가 외쳤다.

"당신들은 일이 이렇게 된 전말을 왜 제대로 보도하지 않는가! 이런 사실을 전해주는 것이 당신들의 역할 아닌가!"

기뻤다. 이 석비에 참된 의미에서 기대를 걸고, 무념무상을 함께 해주는 분을 처음으로 만난 것 같았다.

확실히 이 사건은 일본 매스컴이 다룬 것에 견주어, 한국의 중앙 일간지가 취급한 적은 없었다. 지방신문과 로컬 뉴스 등에서 약간 보도되었다고 들었다. 그럼에도 오마이뉴스 등 좌파 계열 인터넷 미디어에서는 귀향기념비를 군국주의 찬미의 상징으로 비방하는 기사가 더러 눈에 띄었다.

아무리 봐도 이것은 사천시가 불러일으킨 불상사이리라. 한국으로서도 이 사건은 '묵살해 버릴 사건'이었음에 틀림없다.

김수영 시장은 사천시장으로서의 임기를 마친 다음, 차기에는 국회의원 선거에 나설 예정이라고 H선생이 말했다. 그런데 그 후 선거에 출마하지도 않고 사라져 버렸다. 필경 이 사건이 영향을 미친 것이리라.

'반일'이라는 울타리 안의 슬픔을 보다

그로부터 얼마 지난 뒤 아사히신문으로부터 〈시점視點〉이라는 칼럼에 '석비 건립의 지난 일을 회고하는 글'을 써달라는 요청이 왔다. 지면으로서는 상당한 스페이스였다. 하지만 이 일을 전혀 모르는 사람들도 알 수 있도록 자초지종을 설명하고, 게다가 그 결과를 고찰考察하는 글로 쓰기는 쉽지 않았다.

원고를 집필하면서 어쩐지 묘한 느낌이 들었다. 어떤 의미에서는 내가 가장 고통을 맛본 피해자라고 할 수 있으리라. 막대한 시간과 돈, 노력을 들여서 '반일'이라는 벽에 부딪쳐 마음이 산산조각 났으니까.

그럼에도 내가 써나가는 내용은 '한국을 감싸는' 것이었다. 나는 알아차리고 있었다. 겉으로는 내색을 하지 않았지만, 누구나가 마음 속으로는 흔들리고 있었다는 사실을.

그들의 부모나 조부모 세대, 나라를 잃고 일본에 합병된 시대에 누구 할 것 없이 '일본 이름'을 쓰면서 '일본인'으로 살아야 했다. 그게 죄라고 한다면, 현재의 한국인들은 모두 '죄인의 자손'이라는 뜻인가? '그 시절에는 그런 식으로 살 수밖에 없었다'는 체념 아래 자신들의 부모나 조부모가 살아왔다는 사실을, 실제로는 누구나가 마음 한 구석에서 강하게 느끼고 있었으리라.

그렇게 살 수밖에 없었던 부모들을 위로하고 싶은 마음을 누구나 갖고 있는 것이다. 인간으로서의 따뜻한 배려의 마음이 있다면, 그런 조상을 욕하거나 타기唾棄할 수는 없는 노릇이다. 그랬기에 공감하는 많은 한국인들이 있었고, 그런 사람들의 지원으로 석비는 실현되기 일보 직전까지 갈 수 있었던 것이다.

돌이켜보면 '일본인으로 살아갈 수밖에 없었다'는 경험을 가진 사람들 쪽이 이 석비 건립을 강렬하게 응원해 주었다. 퇴역 군인이 그랬고, 학도병이었던 노인이 그랬다. 그것은 그런 식으로 살지 않을 수 없었던 사람들이, 반일을 표방하는 한국 사회에서 처음으로 위안을 받는 기분을 느낀 일이었기 때문이 아니었을까?

시장이 마지막으로 말했다. "나는 아직도 이 비문의 어디가 잘못되었는지 모르겠다"고. 어느 날 시장의 부모 역시 일본으로 건너가 일했다는 이야기를 들려준 적이 있었다. 그런 부모의 삶을 알고 있었기에, 그 시절을 살아간 사람들을 위로하는 것에 공감할 수 있었으리라. 나는 이번 일을 통하여 그 같은 한국인의 '뒤틀린 감정'을 절절히 느꼈다.

그러나 한국은 국시國是로 '반일'을 표방하는 국가(헌법 전문 기준 – 편집자 주)이다. 그런지라 광복회처럼 항일운동으로 목숨을 바친 사람들의 후예를 지금도 후하게 대하는 나라인 것이다. 그렇지만 독립운동에 실제로 몸 바친 이는 국민의 1퍼센트가 되지 않는 극히 특수한 사람들이다. 오히려 대다수의 사람들은 나라의 운명에 의해 일본인으로서 살아간 '서민'들이었다.

한국인들은 반일이라는 울타리에 둘러싸인 양떼와 같다는 인상이 든다. 좋건 싫건 상관없이 자동적으로 그 울타리 안에서 살고 있다. 이번의 석비와 같은 것에 심적으로는 전적으로 공감한다. 자신의 부모들이 살아온 삶을 위무하는 것이었기 때문이다.

하지만 광복회처럼 실제로 항일운동에 몸을 던진 적극적인 전사戰士의 후예가 '친일은 괘씸하다'고 목청을 돋우면, '반일 분자로서 죽지도 않고, 일본식으로 개명하여, 시대의 흐름 속에 목숨을 부지해 온 서민의 후예'는 그저 쪼그라들 수밖에 없는 것이다.

광복회에 이견을 말하거나 충고라도 한다면, 즉시 '친일파'라는 레테르가 붙여져 울타리 바깥으로 쫓겨나 사회적으로 말살된다. 그러니 누구나 몸을 웅크린 채 입을 다물고 엎드릴 수밖에 없다.

물론 적극적인 반일파도 그들 가운데에는 있으리라. 목청을 높여 '반일'을 외침으로써 울타리 안에서는 안전하고 유리하게 살아갈 수 있으니까. 울타리 안에는 그와 같은 반일파와, 부모들 세대를 이해하면서도 일단은 울타리 내의 법인 반일에 따르는 서민의 후예들이 있다.

이번에 광복회가 개입하고 나선 시점에서 이제까지 협력적이었던 사람들이 일제히 돌변하여 순식간에 입을 다물었던 것은, 그와 같은 저간의 사정이 있었기 때문이다. 한국 사회가 친일적으로 여겨지는 언론을 봉살封殺하여 지위를 빼앗거나, 사람들을 사회적으로 말살하는 방식을 그치지 않는 한 한국의 언론이나 한국 사회는 성숙하지 못하리라.

이것은 한국인 스스로가 깨닫고 고치지 않는 한 실현되지 않는다. 이것이 한국이라는 국가가 지닌 병소病巢라고 본다.

유교 국가라면 더욱 더, 부모나 조부모 세대가 안고 있는 '마음의 상처와 슬픔'을 포용하고 공감해 나가는 다음 세대를 키워야 하지 않을까? 그러나 그것은 친일파 탄압이라는 벽에 가로막혀 있다.

석비는 철거되었다. 하지만 나는 '오히려 한국에서 많은 이해를 해주었기에 제막식 일보 직전까지 갈 수 있었다'고 아사히신문의 원고를 끝맺었다. '훌륭한' 항일 전사의 후예(광복회)와, 반일을 표방하는 '올바른' 사람들(좌파 진보연대)의 의도대로 석비는 철거되었다. 그렇지만 '부모들의 마음의 상처와 슬픔'에 공감하는 많은 사람들에 의해 석비 건립이 추진되어 온 것 또한 사실이며, 결코 가볍게 볼 일이 아니리라.

9

철거된 석비를 재건할
땅을 찾아서

10엔짜리 동전 크기의 탈모를 발견? /

불구덩이 속의 밤을 주워준 법륜사法輪寺의 자애 /

사천시에 대한 마지막 주장 /

진심을 담아 새로운 비문을 썼다 /

엄숙하게 거행된 의식과 함께 재건이 이뤄지다 /

H선생에 대한 불신이 높아지다 / 뜻밖의 선물

10엔짜리 동전 크기의 탈모를 발견?

　심혈을 기울여 온 귀향기념비가 철거된 것은 충격이었다. 하지만 언제까지 넋을 놓고 있을 수만은 없었다. 솔직히 사천시와 본격적인 협의에 들어간 뒤로부터 석비 건립까지의 약 1년 동안, 나는 본업인 배우 일에는 마음이 들떠 신경을 쓰지 못했다.

　철거된 지 얼마 지나지 않아 나는 낮 시간의 소위 '오비(帶) 드라마' 촬영에 들어갔다. 그렇지 않아도 이런 류類의 드라마는 무척 힘든 작업으로 업계에 잘 알려져 있다. 대사臺詞가 많고 오랜 시간의 촬영이 4, 5개월 이어졌다.

　이 때의 촬영에서는 이제까지와 달리 대사를 외우는 데 애를 먹었다. 단어가 제각각 따로 놀았고, 문맥이 도통 머리에 들어오지 않았다. 필경 다소 마음이 망가져 있었던 탓이리라. 간신히 촬영은 끝낼 수 있었다.

어느 날 정신을 차리고 보니 10엔짜리 동전 크기의 탈모가 생겼다는 사실을 깨달았다. 그것이 여기저기 위치를 바꿔가며 1년가량 지속되었다. 쇳덩어리 같은 강인한 마음을 지니고 있다고 자신했던지라 '아니 내가?' 하며 스스로 깜짝 놀랄 일이었다.

석비가 철거된 뒤 H선생으로부터 "사유재산을 훼손한 것이니까 소송을 하자"든가, "경찰에 고발하자"는 의견도 있었다. 하지만 나로서는 도저히 그런 헛된 싸움을 벌일 기력도 체력도 남아 있지 않았다.

그러나 석비를 언제까지나 용화사 경내에 처참한 모습으로 방치해 둘 수도 없는 노릇이었다. 나는 H선생과 함께 '재건'의 길을 찾고 있었다.

그런 어느 날, H선생으로부터 반가운 연락이 왔다. H선생은 자신의 부모를 모신 원효사元曉寺 주지 스님과 이 문제를 의논했다고 한다. 험한 산꼭대기에 자리한 그 절에는 도저히 석비를 건립할 수 없으나, 다른 어느 절에서 받아들여 줄 것 같다는 이야기였다.

불구덩이 속의 밤을 주워준 법륜사法輪寺의 자애

달력으로는 봄이라고 하지만 아직 추위가 남아 있던 2009년 3월 4일, 나는 H선생과 경기도 용인시에 있는 법륜사를 방문했다. 도착해 보니 법륜사는 경내가 아주 넓고, 아름다운 가람伽藍이 여럿 세워진 훌륭한 절이었다. 우리는 사찰답게 청결하고 너른 응접실로 안내되었다.

법륜사는 비구니 사찰이었다. 주지인 현암鉉庵 스님은 나보다 훨씬 젊게 보였다. 선대 주지 스님이 입적入寂하시고 그 뒤를 맡은 지 얼마 되지 않았다고 했다. 현암 스님이 손수 친절하게 차를 대접해 주었다. 키가 크고, 딱딱한 면모가 없는 차밍한 분이었다.

나는 차분하게 지금까지의 경위를 설명했다. 조용히 내 이야기를 듣더니 천천히 종이 한 장을 꺼내 거기에 무언가를 쓱쓱 적었다. 그리고는 내 눈을 쳐다보면서 그 종이를 내밀었다. 거기에는 이렇게 적혀 있었다.

구로다 후쿠미 보살이
한국에 세우기를 염원하는
귀향기원기념비를
본 법륜사에 세워드릴 것을 약속합니다.
2009년 3월4일
법륜사 주지 현암 합장

갑작스러운 일에 나는 눈물이 나올 만큼 기쁘고 고마웠다. 스님이 말씀하셨다.

"사천에서 무슨 일이 일어났는지 인터넷으로 자세히 찾아보았어요. 엄청난 일을 겪으셨더군요. 솔직히 나 역시 이 석비를 받아들여야 할지 어떨지 망설였어요.

그런데 H선생님으로부터 처음 연락을 받은 날 밤에 이상한 꿈을 꾸었습니다. 까치 한 마리가 날아와 전깃줄에 앉더군요. 그러자 어디선지 여러 마리의 까마귀가 나타나 그 전깃줄에 줄지어 앉는 겁니다. 나는 이 까치가 당신의 꿈에 나타난 병사이고, 잇달아 나타난 까마귀는 더불어 극락왕생하기를 바라는 영혼들이 아닐까 싶었어요.

너무 신기하여 이 석비 문제로 중개하느라 애쓰신 원효사 노스님에게 전화를 걸어 꿈 이야기를 들려드리니까 '임자도 그래? 나도 이상한 꿈을 꾸었어. 들판에 불쑥 한 송이 하얀 국화가 꽃을 피웠어. 그걸 바라보는 사이에 수많은 하얀 국화가 피어나 들판을 가득 메우는 거야'라고 하시는 겁니다. 나는 그 말씀을 듣고 이 석비를 받아들이지 않으면 안 되겠다고 결심했지요."

내 찻잔에 가만히 차를 따르면서 들려준 그 이야기는 정말이지 불가사의했다. 복잡하게 얽힌 석비를 받아들이는 것은 법륜사로서도 흡사 불 속의 밤을 줍는 것이나 다름없었다. 이 석비로 인해 또 무언가 문제가 생겨 절이 낭패를 볼지도 몰랐다.

하지만 현암 스님의 얼굴에는 이미 망설임의 흔적조차 찾을 수 없었다. 자애에 넘치는 눈으로 나를 어루만지듯 지켜보았다. 나는 안심했다. 마음에 응어리져 있던 것이 풀려나가는 기분이 들었다.

마침내 석비는 이 훌륭한 절 경내에서, 이 자비로운 스님의 보호를 받게 된다. 헤매던 혼령들은 간신히 안주의 땅을 얻어 마음 편히 고국으로 귀향할 수 있는 것이다.

"본래의 인연이 사천시가 아니라 우리 절에 있었던 겁니다. 멀리 돌아서 이제야 여기로 오셨군요."

이 멋진 사찰과 인연을 맺도록 해준 것은 누구보다 H선생 덕분이다. 나는 진심으로 감사를 드렸다. "야아, 참 잘 됐습니다"면서 H선생도 안도한 듯 미소를 지어보였다.

이렇게 되었으니 우선 석비를 사천의 절에서 용인까지 옮겨와야 했다. 재건 날짜를 언제로 잡을까 하는 점에 관해 현암 스님은 이렇게 말씀하셨다.

"그건 구구절이 가장 나을 거예요."

구구절은 음력 9월 9일, 중양절重陽節이라고도 한다. 한국에서는 특히 비명횡사한 이를 모시는 의미가 있어 이국땅에서 전쟁 중에 돌아간 분들을 위하기에 걸맞은 날로 여겨졌다.[한국 사찰에서는 무주 고혼제사無主孤魂祭祀라고도 부른다 - 옮긴이]

그해 구구절은 양력 10월 26일이었다. 재건을 위해 다시 한 번 힘을 내는 것이다. 법륜사에 건립하면 이제 더 이상 걱정이 없다. 나는 홀가분한 기분이었다.

사천시에 대한 마지막 주장

석비 운반에 얼마나 돈이 들지 몰랐다. 하지만 마지막 땅으로 옮기기 위해서라면 돈이 얼마가 들던 망설이지 않을 각오를 했다. 그러나 사천시에 대해서는 '인간으로서' 그냥 이대로 용서할 수 없는 일이라고 생각해 왔다. 마지막으로 주장해야 할 것, 말해 두어야 할 것을 분명히 해놓은 다음 끝을 내야 한다는 일념으로 사천시청을 찾아갔다.

솔직히 이제 '사천'이라는 말을 듣기도 싫었다. 하물며 시장의 얼굴을 대하는 것도 괴로웠다. 하지만 석비 이송을 하면서 한 마디 해두어야 할 게 있었다. 오랜만에 시장실에서 시장, 관광과장과 대면했다.

"여태까지 석비는 용화사에 숨겨져 있었으나 이번에 어디로 옮기려 해요. 본래 석비는 제 사비로 제작한 개인의 재산입니다. 그걸 시가 마음대로 철거했고, 그 때 기단의 석재가 일부 파손되었어요. 그부분은 그에 상당하는 돈이나 현물로 변상해 주시기 바라요. 또한 본래 사천시가 이 석비 건립에 협력하겠다고 하지 않았더라면 사천에 다 저런 석비를 건립하지도 않았을 거예요. 그러니까 이 석비 파손 부분의 회복, 그리고 이송에는 사천시에도 책임이 있다고 봐요."

당연한 주장이라고 여겼지만, 지금까지 매번 무책임한 대응만 해 온 사천시가 이런 요구를 들어주리라고는 전혀 기대하지도 않았다. 단지 '매듭'을 짓기 위해 할 말은 하고 끝내자는 기분뿐이었다.

시장과 과장은 무언가 서로 의논을 하더니 잠시 후 나의 제안을 받아들이겠다고 약속했다. 의외였다. 이렇게 해서 석비는 훗날 사천 시가 책임을 지고 법륜사 근처의 석재상으로 옮기게 된다.

진심을 담아 새로운 비문을 썼다

초여름의 더위를 연상시키는 5월 초순, 법륜사를 방문했다. 석비 는 인근 석재상에 도착했다. 법륜사 극락전으로 안내를 받았다. 제 단에는 유골 대신으로 삼은 산호가 든 캡슐이 모셔져 있다. 광택이 나는 검은 돌에 새겨진 금색 삼족오 문양이 몹시 아름다웠다. 철거된 덕분에 이렇게 다시 볼 수 있게 되었다.

주지 스님이 "가장 소중한 것이니까…"라는 말과 함께 합장했다.

나는 비문 변경을 주지 스님과 상의하고 싶었다. 비문 가운데 탁 경현의 명복을 비는 의미에서 들어간 '개인 이름'으로 인해 사천에서 집중포화를 맞았다. 이 석비가 '한국인 태평양전쟁 희생자 모두의 명 복을 비는 것'이며, 어느 한 개인을 모신 것이 아니라는 사실을 확실 히 하기 위해, 그리고 무엇보다 더 이상 법륜사가 이 석비 때문에 비 난을 받지 않도록 하기 위해서도 비문에서 탁경현의 이름을 빼는 게

낮지 않을까 하고 생각해 왔다.

　표면에는 '귀향기원비'라고 비명碑銘만 적고, 뒷면 비문은 아래와 같이 바꾸자고 제안했다.

　　태평양전쟁 때
　　한국의 많은 분들이
　　만리타국에서 억울한 죽음을 당했습니다
　　그분들의 영혼이나마
　　그리워하던 고향 산하로 돌아와
　　편안하게 잠드시기를
　　충심으로 기원합니다

　　2009년 10월 26일
　　구로다 후쿠미

**산호조각과 조개껍질을
특공대원들의 유골이라
여기며 담은 캡슐 항아리**

나는 광복회와 같은 단체가 다시 또 이 절로 몰려와 석비 철거를 요구하지 않을까 걱정이 되었다. 그러자 현암 스님이 달래듯이 말씀하셨다.

　"절 경내에는 그런 데모대가 침입하는 게 용납되지 않아요. 그러니 너무 염려할 필요는 없을 거예요. 이것은 개인이 건립하는 석비이고, 그걸 절에서 받아들여 세우는 것입니다. 거기에 대해 이러쿵저러쿵 참견할 권리는 없으니까요."

　이날 용인에 거주하는 오랜 친구로, 내가 언니로 따르는 김수인金秀仁 씨가 나와 동행하고 있었다. 언니는 내 초안을 보고 "이름 앞에 법명을 넣으면 어떨까? 그렇게 하면 이 비가 개인의 기증寄贈에 의한 것이라는 사실을 좀 더 확실히 해주지 싶은데…" 하고 제안했다.

　주지 스님도 좋은 생각이라면서 찬성해 주셨다. 뒷날 주지 스님이 나에게 '향심香心'이라는 법명을 지어주었다.

　"향기는 제아무리 조그만 틈바구니로라도 스며들어 향기로운 냄새를 피웁니다. 후쿠미 씨도 일본과 한국 사이에서 향기로운 좋은 일을 많이 하도록, 그런 뜻으로 '향심'이라고 붙여 봤어요."

　향심이라는 소리만 들어도 부드러운, 내 마음에 쏙 드는 법명이었다. 한국어 번역은 내가 '오사카의 어머니'라고 부르며 경애하는 유정호柳貞浩 씨가 감수해 주셨다.

　"절이 비구니 사찰이고, 후쿠미 씨도 여성이니까 부드러운 느낌의 문장이 낫지 싶더군."

　항상 진심으로 나를 대해주는 그녀다운 마음 씀씀이였다. 비문에 내가 '이향異鄕'이라고 쓴 것을 먼저의 석비에서는 '낯선 땅'으로 번역했는데, 그녀는 '만리타국'이라는 단어를 골라주셨다. '멀리 떨어진 여러 나라들'이라는 느낌이 들어, 전쟁터가 된 이국의 산과 바다가 눈에 선한 기분이었다.

여러 분들의 배려와 세심한 주의 속에서 새로운 비문은 완성되었다. 마지막으로 나는 주지 스님에게 이렇게 제안했다.

"저 석비에는 측면에 탁경현 이력이 새겨져 있어요. 그것도 삭제하는 편이 낫지 않을까요?"

주지 스님이 의연하게 대답했다.

"아니요, 그건 남겨두어요. 삭제하면 오랜 세월이 흐른 뒤 이 석비의 유래를 아무도 모르게 되고 말아요. 언젠가 반드시 이 석비의 의미를 되살릴 날이 옵니다. 그날을 위해 탁경현 이력은 남겨두기로 해요."

내가 먼저 삭제 이야기를 꺼내긴 했으나, 스님의 말씀에 가슴이 뜨거워졌다. '조선 이름으로 죽지 않았던 것이 아쉽다'는 말을 남긴 탁경현의 본명을, 고향 어딘가에 새겨주고 싶다. 그것이 내 염원이었고, 모든 일이 거기서 비롯되었으니까.

집으로 돌아와 나는 익숙하지 않은 붓을 들었다. 원래라면 훌륭한 서예가 선생에게라도 부탁드리고 싶었다. 그렇지만 일련의 소동을 지켜본 어머니가 이렇게 당부했다.

"더 이상 남에게 폐를 끼쳐서는 안 돼. 서툴더라도 진심이 담겨 있으면 그걸로 좋잖아?"

그건 분명 그렇다는 기분이 들었다. 나는 날마다 한지 위에 먹으로 '귀향기원비'라고 썼다. 원래는 기원비가 아니라 기념비祈念碑로 하고 싶었다. '기념'은 '세계평화' 등 고매한 사상을 마음속에 품거나, 신불神佛에 비는 경우에 사용한다. 구체적인 일의 성취(합격이나 출산 등)를 바랄 때가 '기원'인 모양이었다.

그러나 한국에서는 '기념'이라는 단어는 거의 쓰지 않고, 한글로 기념이라고 하면 한자로는 '記念'으로 받아들인다고 했다. 그래서 한국 정서에 맞춰 이번에 '기원'을 채택하기로 했다.

좀체 내가 마음먹은 대로 글씨가 써지지 않았다. 붓을 바꿔보기도 하고, 일부러 호방한 느낌이 나도록 써보았지만 어쩐지 다 가식假飾으로 여겨졌다. 어머니가 참견한 것처럼 '서툴더라도 진심이 담긴 글씨'라면 그걸로 만족하자고 마음을 다잡았다.

엄숙하게 거행된 의식과 함께 재건이 이뤄지다

10월 26일, 구구절 당일. 택시가 법륜사 경내로 들어갔다. 나는 차창에 달라붙듯이 귀향기원비의 모습을 찾아보았다. 비는 경내에 있는 연지蓮池 부근, 소나무에 안기듯 조용히 서 있었다. 저 사천의 살벌했던 공원보다 훨씬 행복해 보였다.

내가 쓴 글씨의 필적筆跡, 그게 그대로 돌에 투영되어 있는 것이 어딘가 기이한 기분을 자아냈다. 내 서체는 역시 어설퍼 보였다. 하지만 정성을 다해 쓴 것이라며 스스로를 달랬다.

비문을 새롭게 쓰는 것과 석비 설치에 거의 500만 원이 들었다. 하지만 지난해 사천에서 헤어질 때 도요타 지쓰로 씨가 주신 기부금이 아주 큰 도움이 되었다. 너무나 감사했다.

오전 중에는 신도들이 합동으로 불공을 드렸고, 그 후 오후로부터 우리들만의 법요가 시작되었다. 극락전 제단에는 혼령의 상징인지 종이로 만든 인형이 모셔져 있었다. 그리고 떡과 과일, 나물, 잿밥 등 여러 제수祭需가 차려졌다.

마침내 귀향기원비와 삼족오 상이 서울 근교 용인 법륜사 경내에 재건되었다. 천도제를 마치고 현암 스님과 기념 촬영도 했다. 맑고 아늑한 기운이 충만해졌다.

그러자 주지 스님이 독경 도중에 시중드는 분에게 "음식을 좀 더 많이 주발에 담도록…" 지시했다. 나는 여태까지 구구절 법요를 계속 해왔지만, 이런 광경을 본 것은 이때 단 한 번이었다. 아마도 주지 스님은 지금까지 누구도 제를 올리지 않아 방치되어 있던 혼령이 얼마나 배가 고팠을까, 또 오랜만에 차려진 고국의 식사가 얼마나 그리웠을까 하는 걸 배려하여 그 같은 지시를 내렸을 것으로 여겨졌다.

참석한 사람은 나 이외에는 H선생과 친구인 김수인 부부, 그리고 산신트래블 다치키 사장도 일부러 달려와 주셨다.

독경이 이어지는 동안 한 사람씩 앞으로 나아가, 시중드는 분으로부터 공손하게 받침대 위에 놓인 잔을 받았다. 그리고 물을 따른 뒤 피어오르는 향 위에 살짝 멈췄다가 올렸다. 그런 다음 제단을 향해 큰절을 세 번 하고, 스님에게 한 번 절을 한 뒤 자리로 돌아왔다. 자연스레 다들 경건한 마음이 되었다.

다음으로 귀향기원비 앞으로 자리를 옮겼다. 거기에도 이미 촛불과 향이 켜져 있었다. 마찬가지로 스님들이 독경하는 가운데 차례대로 의식이 거행되었다. 그리고 마지막으로 제단에서 석비 앞으로 옮겨 모셨던 '종이 인형'에 불을 붙였다. 그것은 순식간에 훨훨 타올라 재가 되어 허공으로 날아갔다. 혼이 하늘로 올라가는 것처럼….

마침내 일련의 의식은 막을 내렸다.

지금 돌이켜봐도 참 멋진 의식이었다. 법륜사에서의 첫 구구절은 단 다섯 명 만이 참석하여 조촐하게 치러졌다. 그러나 까다로운 격식에 따라 엄격하게 거행한 의식이었다고 생각한다.

이렇게 무사히 귀향기원비가 법륜사에 받아들여진 것만으로도 나는 기뻤다. 앞으로 여기서 미래영겁, 편안하게 있을 수 있기를 나는 바라마지 않았다.

H선생에 대한 불신이 높아지다

비가 내리면 집 창문에서 빗줄기를 바라보며 '이 비를 석비도 맞고 있을까?' 하는 상상을 한다. 가능한 일이라면 나도 비구니가 되어 석비를 지키면서 법륜사에서 살고 싶은 심경이었다.

서울에 갈 때마다 법륜사로 발걸음을 옮겨 석비가 무사한지를 확인하지 않고는 배겨낼 수 없었다. 서울에서는 H선생과도 종종 만났다. 그런데 요즘음 들어 나는 H선생의 이야기에서 귀향기원비를 에워싸고, 법륜사가 있는 용인시에 H선생이 무언가를 획책하고 있는 듯한 낌새를 챘다.

어쩐지 H선생이 용인시에다 한국판 '평화의 초석' 건설을 제안하고 있는 것 같은 느낌이 들었던 것이다. 그걸 위해 현암 스님에게까지 무언가를 설득하는 눈치였다. 게다가 법륜사의 재정 문제에 개입하여 듣기 거북한 이런저런 이야기를 늘어놓는 바람에 여간 낭패가 아니었다. 언젠가 H선생이 나에게 이렇게 말씀하셨다.

"지금은 귀향기원비가 법륜사에 세워져 있지만, 어차피 용인에 평화의 초석을 조성하자고 제안해 두었어요. 그래서 이걸 재단으로 만들어 후쿠미 씨가 이사장을 맡으면 좋으리라고 생각합니다. 그렇게 되면 나라에서 돈이 나오니까 후쿠미 씨에게 매달 50만 엔쯤 들어올 겁니다. 그렇게 되면 얼마나 좋습니까? 석비도 '평화의 초석 공원'으로 옮기면 훨씬 의미가 있게 되겠지요."

무슨 엉뚱한 소린가 싶었다. 석비 건립조차 이해를 구하느라 별별 어려움을 다 겪었다. 그런데 평화의 초석이니, 재단이니, 더구나 나라의 돈까지 끌어온다니 너무 터무니없는 이야기였다.

법륜사의 후의厚意로 어렵사리 안주의 땅을 얻은 귀향기원비. 이렇게 법륜사와 인연이 맺어진 것이 그저 고마울 따름인 나로서는, 다시 어디로 옮긴다는 따위의 생각은 추호도 없었다.

지금까지 법륜사를 찾아갈 때에는 대개 H선생과 함께 갔다. 주지 스님이 볼 때는 나와 H선생이 일심동체, 똑같은 생각을 갖고 있는 것처럼 여길지 모른다. 그러니 나로서는 석비를 옮길 마음이 결코 없다는 사실을 분명히 주지 스님에게 전해두지 않으면 안 되겠다고 작정했다.

어느 날 나 혼자서 법륜사로 갔다. 주지 스님이 늘 그랬던 것처럼 차를 권해 주셨다. 나는 작심하고 말을 꺼냈다.

"스님, 오늘은 꼭 말씀드리고 싶은 것이 있어서 이렇게 혼자 들렀어요. H선생님이 계시면 이야기를 꺼내기 거북하니까요. 귀향기원비를 이곳에 재건할 수 있어서 저는 정말로 행복하다고 늘 감사하고 있어요. 혼령들 역시 안주의 땅을 얻게 되어 틀림없이 기뻐하고 있으리라 믿어요.

그런데 H선생님은 석비를 앞으로 어딘가로 옮길 생각을 갖고 계신 모양이에요. 저는 어렵사리 이곳에 세우도록 해주신 석비를 이제 어디로든 옮길 마음이 전혀 없어요. 앞으로도 계속 여기에 있기를 진심으로 바라고 있답니다.

H선생님이 스님께 무슨 이야기를 하고 계신지 모르겠습니다만, 저로서는 도저히 받아들일 수 없군요. 정말이지 이건 제 진심이에요."

스님은 H선생이 무슨 궁리를 하는지 전부 꿰뚫고 계신 것처럼 미소를 지으며 이렇게 말씀하셨다.

"후쿠미 씨의 기분은 내가 잘 알고 있으니까 괜찮아요. 염려할 필요가 없어요."

스님은 이제부터 '1000일 기도'라고 하여 3년 동안 절 경내에서 한 걸음도 나가지 않고 매일 기도하는 수행에 들어간다. 수행에 들어가면 설령 병에 걸리더라도 절 바깥으로 나가지 못하는 엄격한 수행이다.

그걸 위해 사전에 서울의 대학병원에 입원하여 건강검진을 받을 때, H선생이 병원까지 스님을 찾아가 무언가 제안을 한 모양이었다. 자세한 이야기는 하지 않으셨으나, 스님은 H선생의 의도를 다 파악하고 계신 듯했다.

오키나와에 있는 〈평화의 초석〉에 관여한 H선생의 나이도 이제 칠순을 넘겼다. 그러니 이번에는 한국에 자신의 손으로 한국판 〈평화의 초석〉을 완성하여 이름을 남기고 싶은지 모른다. 여태까지 나는 여러 가지로 H선생의 도움을 받을 수 있어서 감사할 따름이다. 하지만 귀향기원비 건립을 위해 경황이 없는 나의 계획에 얹혀, 나를 앞세워 자신의 꿈을 이루고자 하는 것이라면 불쾌하지 않을 수 없다.

"이렇게 법륜사와 인연을 맺게 해주신 것에는 감사를 드려야지요. 나머지는 H선생님의 생각이시니까."

나도 이런 스님의 생각과 같았다. 앞으로 어떻게 하실지는 H선생 개인의 문제인 것이다.

실제로 구체적인 움직임을 있을 때, 조용히 내 의사를 전하기만 하면 그뿐인 이야기라고 다짐했다. 그렇지만 그 이후 H선생이 내심 꾀하고 있는 일이 들여다보이는 것 같아, 나는 H선생에게 예전처럼 신뢰감을 가질 수 없게 되었다.

석비 재건 이듬해인 2010년은 한일합병(1910년)으로부터 꼭 100년째에 해당한다. 이렇게 석비 재건이 밝혀진다면 또 다시 반일의 표적이 되지나 않을까 내심 전전긍긍하고 있었다.

일본 신문들은 각자 「한일합병 100년」이라는 특집을 꾸미고 있었다. 한국에서는 반일의 열기가 새삼 높아져 그 화살이 모처럼 재건이 이뤄진 귀향기원비를 겨냥하지 않을까 싶어 두려웠다.

그래서 이 해만큼은 구구절 법요를 자제하고, 자세를 낮추어 지내기로 했다. 그 후로도 H선생에게는 틈틈이 연락을 드리고 있었다. "용인시와는 이야기가 잘 풀려나가고 있나요?" 하고 슬쩍 추이를 떠보았다. H선생은 "예, 잘 되고 있습니다"며 짤막하게 대답하는 것 외에 구체적인 이야기는 없었다. 그런 모습에서는 아무 진전이 없다는 사실이 은연중에 전해져 왔다.

사천시의 협력을 얻어 한때는 건립 직전에까지 이르렀으나, 한일 간에 대소동을 불러일으켰던 귀향기원비. 그것을 더욱 대규모로 만들려는 한국판 〈평화의 초석〉 건설 계획에 용인시가 선뜻 나서리라고는 예상하기 어려웠다. '내가 염려할 필요는 없겠다'는 기분이 들었다.

뜻밖의 선물

한일합병으로부터 100년이 되는 해는 무사히 넘겼다. 그리고 이듬해인 2011년 5월, 나는 한국 정부로부터 훈장을 수여받았다. 그 전해 연말 무렵, 한국문화원장 강기홍姜基洪 씨로부터 이런 연락이 있었다.

"한국 정부가 후쿠미 씨에게 훈장을 수여할 모양이니까 지금까지 한국과 일본에서의 실적을 문서로 작성하여 제출해 주기 바랍니다."

"예? 여하튼 30년이나 해왔으니까 한 마디로 실적이라지만 막대한 양이에요. 어느 정도 자세하게 써야 되지요? 1980년대로부터는 텔레비전 보도도 해왔는데, 프로그램 명칭도 필요한가요?"

방송 프로그램이나 저술, 강연 등 그 양이 너무 많았던지라 어디서부터 어디까지 보고서에 담아야 할지 다소 막막했다. 기쁘다기보다 곤혹스러움이 앞섰다. 형식은 아무래도 상관없다고 했던지라 매니저와 기억을 더듬어가면서 연표年表 비슷한 것을 만들어 간신히 제출했다.

훈장 수여식은 도쿄 한국대사관에서 거행되었다. 매스컴도 와 있었으나 극히 간소하게 행해졌다. 당일 서훈자는 나와 일한경제협회

회장인 이지마 히데타네(飯島秀胤) 씨 단 두 명. 권철현權哲賢 대사로부터 먼저 '훈장증勳章證'이라는 상장 같은 것을 받았고, 이어서 격식 있는 상자에 든 훈장을 수여받았다.

훈장은 세트로 이뤄져 있었다. 정正·부副 훈장, 군인이 제복 가슴에 다는 명찰 모양의 '약칭略稱', 모표처럼 깃에 붙이는 '금장襟章' 등이었다. 게다가 훈장을 다는 방법과 훈장의 종류 등을 해설한 책자도 받았다. 어깨에서 허리로 비스듬히 매는 어깨띠도 들어 있었다. 그 띠에 매달아 허리 근처로 늘어뜨리는 약간 작은 것이 정장이고, 가슴에 다는 좀 큰 것이 부장이라는 사실도 처음으로 알았다.

은제銀製에 칠보七寶를 장식하여 중량감이 있었다. 여성의 얇은 옷에는 달기 어려워 역시 훈장은 본래 남성의 것이라는 점을 실감했다. 내가 받은 것은 '수교장修交章 흥인장興仁章'이라는 것으로, 일본식으로 치자면 훈2등勳二等에 해당한다.

훈장을 수여한 뒤 대사로부터 축사가 있었고, 우리도 각자 인사말을 하고 식이 끝났다. 대사관 분들도 지켜보고 있었다. 헤어질 때 조세영 정무공사가 나에게 다가와 말했다.

"저는 여러 번 서훈 장면을 봐왔습니다만, 이번만큼 기쁘게 생각한 적이 없습니다. 이런 케이스는 처음 봤습니다. 대개는 대통령 감사장을 세 번쯤 받은 다음 훈장을 내리는 게 보통입니다. 구로다 씨처럼 곧장 훈장을 받는 케이스는 아주 드뭅니다."

훈장을 받은 것은 물론 기쁘다. 그렇지만 어딘가 '걸맞지 않다'는 기분도 들었다. 왜냐하면 사천의 석비 건립과 얽힌 일에서는 나 자신도 상처를 입었지만, 결과적으로는 한국의 이미지를 내가 상처 내는 결과가 되었다고 여기기 때문이다. 그 장본인인 나에게 훈장을 수여

한다니 대관절 어떻게 돌아가는지 어리둥절했던 것이다.

한국 정부는 한일 사이의 상극相剋을 도려내는 것 같은 소동을 일으킨 것에 대해서는 눈을 감고, 오히려 '일제시대의 희생자를 애도하는 내 의도를 높이 샀다'는 뜻이었을까?

훈장은 이명박 대통령의 이름으로 발행되었다. 그리고 경건한 기독교 신자이기도 한 권철현 대사는 "내가 당신에게 직접 훈장을 수여할 수 있게 된 것을 하나님께 감사한다"고 말해 주셨다. 그 말이 너무 고마워 지금도 내 가슴에 남아 있다.

"석비 건립에 대해 한국 정부로서도 용인했으니까 훈장을 수여했다"고 말씀하는 분도 계셨다. 과연 그 진의는 어디에 있었을까, 어떻게 해석해야 옳을까 지금도 풀리지 않는 수수께끼다.

6월, 나는 훈장 케이스를 들고 법륜사를 찾아갔다. 현암 스님에게는 꼭 보여 드리고 싶었다. 사천에서 그토록 큰 소동이 벌어진 다음, 한국 정부로부터 훈장을 받는다는 것은 어느 의미에서는 국가의 의사가 표시된 것으로 여길 수 있다. 그렇다면 그것은 이제 나 혼자서 받는 게 아니라는 생각이 들었다.

훈장을 보고 현암 스님도 기뻐해 주셨다. 나로서는 다음과 같은 스님의 말씀이 마음 깊이 남았다.

"전쟁 희생자의 혼령을 성불시키는 것은 아주 중요한 일이지요. 하지만 나는 우선 눈앞에 있는 일본 여성의 마음을 구해 드리고자 생각한 것입니다."

그 말씀은 훈장과는 비교할 수조차 없는 고마움으로 내 가슴에 새겨졌다.

비가 내리고 있었다. 우산을 들고 석비를 보러 갔다. 비를 맞으면서도 석비는 늠름하게 서 있었다. "확실히 무사하군!", 그렇게 확인하지 않고는 안절부절 못 하는 내 모습을 스님이 빙그레 웃으며 쳐다보았다.

"그렇게 자꾸 걱정하면 당장 석비에 발이 생겨 달아나 버릴지 몰라요!"

스님이 일부러 나를 놀렸다.

합병 100년을 맞던 해에는 세상의 동정에 배려하여 숨을 죽인 채 법요도 올리지 않았다. 그러나 법륜사에 재건한 지 3년째에는 구구절 법요를 무사히 진행할 수 있었다. 이때 웬일인지 용인시 시장이 법요 직전에 찾아와 석비를 보고 돌아갔다.

스님 이야기로는 시장도 신심이 깊은 불교 신도라고 했다. 그건 그렇더라도 이 느닷없는 방문이 혹시 H선생의 영향에 의한 것이었을까? 그러나 그 후 오늘까지 용인시에 〈평화의 초석〉을 만든다는 이야기는 도통 들려오지 않는다. 그리고 H선생도 그 해로부터 법요에 참석하지 않으며, 자연히 나와도 소원해져 갔다.

10

광복회 관계자를 상대로 흘린
뜨거운 눈물

역사 스페셜 〈탁경현의 아리랑〉 /

씨알도 먹혀들지 않는 광복회 간부 /

빈손으로 발걸음 돌린 광복회 본부 방문 /

한층 두드러지지 않는 곳으로 /

또 다시 넘어진 석비 / 사욕私慾을 넘어서 /

번져가는 공감의 테두리 / 언젠가 석비가 세워질 그날까지

역사 스페셜 〈탁경현의 아리랑〉

그로부터 한참 지나 KBS 프로듀서로부터 자택으로 전화가 걸려왔다. "특공병 탁경현 씨에 관한 프로그램을 제작한다. 도쿄로도 취재하러 갈 테니까 그때 인터뷰를 하고 싶다"고 했다.

물론 하고 싶은 이야기는 산더미처럼 있다. 그렇지만 현재의 한국 정세로는 이해를 구할 수 있으리란 기대를 할 수 없다. 게다가 이걸 계기로 하여 다시 논쟁이 벌어지면 광복회 등을 자극하게 될지도 모를 일이다.

나는 여태까지 귀향기원비를 재건했다는 사실을 공표하지 않았다. 석비가 앞으로도 무사히 있기 위해서는 가능한 한 조용히 지내고 싶었다. 나는 정중하게 인터뷰를 사양했다.

2012년 3월 15일, 〈조선인 가미카제 탁경현의 아리랑〉이 방영되었다. '조선인 특공병'을 다시금 검증하자는 그 프로그램은, 우리가 불러일으킨 귀향기원비에 얽힌 소동에서 힌트를 얻었음이 내용으로 볼 때 분명했다.

'조선인이면서 일본에 기여한 타기해야 마땅할 친일파'라는 식의 내용을 상상했던 나는, 그 프로그램 DVD를 구해서 본 뒤 의외의 인상을 받았다. 프로그램은 당시 일본이 행한 '특공 작전'이 어떤 것이었는지를, 그 시절 뉴스 영상을 섞어가면서 차분하게 해설하는 것에서 시작했다.

그리고 출격 날짜가 다가오는 가운데 고독한 조선인 특공병 탁경현, 일본 이름 미쓰야마 후미히로와 '특공의 어머니'로 불린 도미야 여관의 여주인 도리하마 도메 씨와의 교류를 그려 나갔다. 그 외에도 몇 명인가의 조선인 특공병이 언급되면서 저마다의 배경을 소개했다. 그 중에서도 파일럿을 지망하는 것에 관해서는, '영웅적인 존재'로서 청년들이 전투기 조종사를 동경했던 과정까지 해설하고 있었다.

또한 전황이 심각해져 나라 전체가 국방에 목숨을 바치는 분위기 아래, 군인이라면 "특공을 지원하겠는가?"라는 상관의 의사 타진에 누구나 지원한다고 대답하지 않을 도리가 없었던 군대의 살벌한 상황이 그려졌다.

한일 양국에서 살아남은 특공병 출신들의 증언. 여러 대학교수와 연구자들의 의견. 유족이나 관계자들의 증언…. 이를 통해 탁경현처럼 지원하여 파일럿이 되고, 더구나 특공이라는 특별한 임무를 맡지 않을 수 없었던 조선인 병사의 고뇌와, 그 배경이 된 개개인의 사정 등이 차례대로 부각되어 나갔다.

프로그램의 종반, 아직 눈이 남아 있는 겨울의 법륜사로 귀향기원비를 찾아가는 탁경현의 사촌누이 탁정애 씨의 모습이 비쳐졌다. 그녀는 석비에 이마를 대고 울면서 "여기는 한국이에요. 오빠는 이제 고향으로 돌아왔어요"라고 말했다.

노무현 대통령 시절, 한일합병 당시 일본에 협력한 인물을 조사하여 편찬한 『친일인명사전』이 제작되었다. 그들의 책임을 끝까지 묻기 위해서였다. 이 사전을 제작한 모체가 된 '민족문제연구소' 박한용 연구실장이 프로그램을 매듭지으면서 이렇게 말했다.

"탁경현 씨의 경우 연합군에 대한 가해자인 반면, 일제 식민지 구조 속에서의 피해자적인 측면도 있다. 개인적인 배경도 고려하지 않으면 안 된다."

실제로 조선인 특공병에 대해서는 현재 피해자라는 판단 아래 명예회복이 이뤄지고 있다고 했다. 그리고 일본 측 대표로 가나가와(神奈川)대학 즈시 미노루(辻子実) 씨는 이렇게 정리했다.

"그(탁경현)가 친일파냐고 묻는다면 예스라고도 노라고도 말할 수 없다. 그는 친일파였을지도 모르지만, 그렇게 만든 일본의 식민지 지배 역사가 있었으므로 나는 일본인으로서 딱지를 붙일 수 없다."

그 다음, 홍성담이라는 작가가 만든 〈아리랑을 부르는 탁경현〉이라는 타이틀의 조상彫像이 어둠 속에 떠오른다. 고글이 달린 전투모 아래 형해화한 그의 모습이 있다. 군복을 입은 해골은 의자에 앉은 듯한 자세지만, 그 주위를 몇 겹의 줄로 칭칭 얽어매어 놓았다. 아리랑의 피아노 연주와 함께 내레이션이 겹쳐지면서 아나운서의 마지막 코멘트가 이어진다.

"…탁경현의 위령비에 얽힌 갈등은 우리가 (역사의) 문제를 풀지 못했던 탓으로, 보다 크게 부풀려지고 말았습니다. 가미카제 특공대원 탁경현. 과연 그는 역사의 가해자였던가, 그렇지 않으면 시대의 피해자였던 걸까요? 그 회답回答을 구하는 노력이야말로 여전히 남은 친일의 그림자를 떨치는 길일지 모릅니다."

프로그램은 한일 두 나라의 여러 지방을 찾아가 치밀하게 인터뷰를 하여 꼼꼼하게 만들어졌다. 이 프로그램이 빚어낸 조선인 특공병들의 모습은, 광복회나 반일 단체가 판에 박은 듯이 입에 올리는 '일본의 앞잡이' '천황 만세를 외치고 죽은 황국 신민'과는 동떨어진 이미지였다.

어떤 사람은 가족의 장래를 염려하여, 또 어떤 사람은 시대의 흐름 속에서 "죽고 싶지 않다" "가고 싶지 않다"고 눈물을 흘리고 고뇌하면서 출격하지 않을 수 없었던 정황이 그려진다.

프로그램에 대한 '해석'으로는 '일본에 합병된 조선에서 군국 일본 병사의 길을 걷지 않을 도리가 없었던 시대의 희생자로서, 애처로운 기분으로 특공병을 다루었다'는 느낌이 잘 전해져 왔다. 프로그램에서 코멘트를 한 사람들도 처지야 서로 달랐으나, 저마다 냉정하게 당시를 회상하고 또한 분석하는 점이 좋았다. 연출이 아니라 사실을 말함으로써 저절로 드러나는 것이 있었다.

씨알도 먹혀들지 않는 광복회 간부

그러나 이 프로그램을 광복회는 놓치지 않았다. 방송한 지 20일가량 지난 4월 5일자로, 광복회 회장 명의의 이 프로그램에 대한 항의문이 '공문서'로 각지에 보내졌다. 그 공문서 내용에는 광복회의 자세가 여실히 드러나 있다. 장문이지만 전문全文을 소개하여 독자들의 일독을 권한다.

광복회

〈제목〉 친일 반민족행위자 '탁경현' 관련, 방송 유감 및 위령비 철거 촉구

1, 본회는 지난 3월 15일 방송된 KBS 역사 스페셜 〈조선인 가미카제 탁경현의 아리랑〉에 대해 유감을 표명함과 동시에, 탁경현 위령비(이하 위령비)가 안치되어 있는 법륜사로부터 동 위령비 철거를 강력히 촉구하는 바입니다.

2, 위령비와 관련한 광복회의 입장은 아래와 같습니다.
가, 대일 항쟁기 군국주의, 침략주의의 원흉인 일본 왕을 위해 가미카제 특공대원으로 활동하다가 죽음으로써 야스쿠니신사에 합사되어, 오늘날 일본의 '군신軍神'으로 추앙받는 있는 그를 일컬어 '친일파인가? 피해자인가?' 하는 이른바 양비양시론兩非兩是論의 나약한 문제해결 방법을 택한 KBS의 안일한 기획의도와 대본 집필자의 역사의식 부재를 비난하지 않을 수 없습니다.

나, KBS는 또한 그가 출격 전에 아리랑을 불렀다는 식당을 보여주었는데 과연 그것이 사실인지, 비록 사실이라 하더라도 그가 우리 민족의 애환이 서린 아리랑을 부를

자격이나 있는지 묻고 싶습니다. 또 그런 사실을 부각시켜 그가 저지른 민족사적 범죄의 무게를 덜어내고, 민족의 분노를 희석화하려는 방송의 기획의도를 도저히 용납할 수가 없습니다.

다, 본회(울산경남 연합지부)가 시민단체와 함께 사활을 걸고 위령비 건립을 반대했음에도 불구하고, 얼빠진 위령비 건립위(이하 건립위)가 동 위령비의 폐안은커녕 아무 연고가 없는 경기도 용인시에 소재하는 법륜사에 안치시켜 놓고, 사찰 측과 함께 제막식을 거행한다는 소식에 본회와 전 광복회원들은 경악을 금치 못하고 있습니다.

3, 이와 관련, 본회는 KBS가 공영방송의 본분을 망각하고 신중치 못한 처사로 방송을 송출한 것에 대하여 잘못된 처사임을 지적하는 한편, 납득할 만한 해명을 요구하는 바이며, 건립위와 법륜사 측은 동 위령비를 즉각 철거 폐기하여 주시기 바랍니다.

4, 만일 본회의 이와 같은 항의를 무시하고 동 건립위가 법륜사와 함께 동 위령비를 철거하지 않고 계속적으로 위령비 제막식 등 추도행사를 추진 및 방조한다면, 본회는 강력한 실력행사도 불사할 것임을 주지하시기 바랍니다.

이 공문은 KBS, 법륜사, 법륜사가 속한 조계종 총본산 조계사, H선생 등에게 보내졌다. 스님의 이야기로는 광복회가 또 다시 석비 철거를 요구하고 있고, 설득의 여지가 없다고 했다. 철거하지 않으면 법륜사와 용인시청 앞에서 데모를 벌이겠노라며 기세를 올린다는 것이었다.

"절 안으로는 데모대가 밀고 들어올 수 없어요. 한국에서는 사형 선고를 받은 대통령조차 절 안으로 들어가 버리면, 공권력이라도 힘으로 밀어붙일 수 없는 신성한 곳이에요. 하물며 개인이 공양을 위해 기증했고, 절 역시 그것을 받아들인 위령비예요. 그걸 철거하라고 요구한다, 더구나 실력 행사 등 폭거를 벌이겠다는 것은 용납할 수 없는 일이지요."

나는 어쨌든 광복회 여러분들과 무릎을 맞대고 대화를 나눠 보아야겠다고 작정했다.

경기도 근교 도시의 지부를 포함하여 3명의 간부가 법륜사에 모였다. 공안 경찰인 외사과에서도 한 명이 동석하여 잠자코 오가는 대화를 지켜보고 있었다.

지금까지도 광복회 분들에게 설명해 온 것을 거듭 이야기했으나, 그들은 전혀 귀담아 듣지 않았다. "어쩌면 여러분의 친척 중에도 일본 병사로 억울한 죽음을 당한 분이 있을지 모른다. 그런 분을 위령해 드리고 싶지 않나요?"라고 말해 보았지만, "아, 있겠지요. 그러나 그건 상관없습니다!"라며 고개를 저어 씨알도 먹혀들지 않았다.

간신히 재건이 이루어져 감추듯이 법요를 해왔음에도, 어째서 내 심정을 이해해 주지 않는가 하고 생각하니 분하여 뜨거운 눈물이 치밀어 올랐다. 결국 제아무리 온갖 설득을 펼쳐도 이해해 줄 상대가 아니었던 것이다.

빈손으로 발걸음 돌린 광복회 본부 방문

나는 마지막으로 광복회 본부를 방문해 보기로 결심했다. 광복회의 전화번호를 확인하여 담당자에게 사정을 이야기하고 만날 약속을 했다.

광복회 사무실은 국회의사당 앞의 빌딩 내에 있었다. 1층 입구에는 검문이 있어 경비가 삼엄했다. 엘리베이터를 타고 올라갔다. 노인들의 회의하는 목소리가 들렸다. "몇 십억은 들지"라는 말에 어쩐지 거금을 동원할 힘이 있는 곳이라는 인상을 받았다. 70대 노인들이 오갔다.

접수구에서 방문 이유를 전하자 회의실과 같은 방으로 안내해 주었다. 잠시 기다리자 멧돼지처럼 다부진 체구의 50대 남성과, 안경을 낀 관리직 같은 분위기의 40대 남성 등 두 명이 나타났다. 나는 명함을 건네면서 부드럽게 인사를 했다. 두 사람은 이상하리만치 나에게 거리를 좁히면서 위압적으로 바짝 다가섰다. 게다가 팔짱을 낀 채 거절의 자세를 드러내었다.

적진敵陣에 오직 홀로 찾아온 외국인 여성을 상대로, 참 어른스럽지 못한 태도로 여겨졌다. 찾아간 손님인 터에 어쩔 도리 없이 내가 권했다.

"자, 앉으시죠. 앉아서 이야기를 나누기로 해요."

그렇게 말한 뒤 내 앞에 놓인 종이컵의 물을 단숨에 마셨다. 곧 회의가 있다고 하여 시간은 한 시간으로 한정되었다. 나는 가능한 한 부드럽게 사천에서의 제막식이 중지되고 석비가 철거되었다는 사실, 그리고 간신히 법륜사라는 장소를 구해 3년 동안 조용히 불공을 드려왔음을 전했다.

정치적인 의도는 전혀 없으며, 일본인으로서 한국 병사를 위령하고 싶다는 20년의 바람이 겨우 이루어졌다고 설명했다. 그리고 앞으로도 조용히 위령을 할 수 있도록 해달라고 부탁했다. 그러나 멧돼지 선생은 몸을 비스듬히 기울인 채 들은 척도 하지 않는 태도를 취했다.

"자, 이제 시간이 되었으니까 돌아가세요."

내뱉듯이 이렇게 말한 뒤 그대로 벌떡 일어나 방을 나갔다. 도리 없이 나도 일어섰다. 그러자 40대 남성이 말했다.

"선생님, 제가 배웅하겠습니다."

나는 내 귀를 의심했다. 그는 엘리베이터 앞에까지 나와 함께 가서, 도어가 닫힐 때까지 서서 배웅해 주었다.

'선생님.'

이 말이 너무나 뜻밖이어서 내 마음속에서 몇 번이고 울려 퍼졌다. 결국 아무 소득 없이 빈손으로 물러나게 되었으나, '저 사람 마음에는 내 바람이 가 닿았을지 모르겠다'고 여기니 그나마 위로를 받았다는 기분이 들었다.

한층 두드러지지 않는 곳으로

2012년 늦여름, 다시금 법륜사로 발걸음을 옮겼다. 스님이 밀짚모자를 쓰더니 물병에 차를 담아 나를 뒷산으로 이끌었다. 벤치에 걸터앉아 상쾌한 바람을 맞으며 말씀하셨다.

"일이 이리 되었으니 일단 광복회가 하자는 대로 하고 한 걸음 물러나기로 해요. 태풍으로 폭풍이 몰아치고 있을 때 그걸 그냥 맞받았다가는 다치고 말아요. 물러났다가 때가 오기를 기다리기로 합시다."

나도 어쩔 도리가 없다고 체념하고 있었다. 더 이상 절 앞으로 데모대가 몰리고, 아무 상관도 없는 용인시에까지 찾아가 데모를 하도록 해서는 죄송하기 짝이 없다. 내가 원흉이 되어 폐를 끼쳐서는 안 된다고 마음먹었다.

"제 생각도 마찬가지예요. 안타깝지만 석비는 이 절 경내 어딘가 눈에 띄지 않는 곳에 묻어도 상관없어요. 어설프게 해서 석비 모습이 보이면 신도들도 어찌 된 것인지 이상하게 여길지 모르지요. 아예 완전히 보이지 않도록 하는 편이 낫지 싶어요."

스님이 나를 절 지하실로 데리고 갔다. 나는 그 때 이 절에 이리 너른 공간이 있다는 사실을 처음으로 알았다.

"석비를 여기에 그대로 옮겨둘 수 있으리라 생각해요."

확실히 천정이 높아 여기라면 석비를 그냥 그대로 옮겨올 수 있을 것 같았다. 내 마음이 흔들렸지만, 이렇게 말씀 드렸다.

"사람의 입에 문을 달 수는 없지요. 여기에 그냥 그대로 옮겨두면 어차피 누군가의 입을 통해 새어나가지 않으리란 보장이 없지 않겠어요? 그렇게 되면 또 소동이 벌어져 법륜사가 광복회의 공격을 받을지 몰라요. 그로 인해 광복회의 기분이 뒤틀려 재건을 저지당할 수도 있겠지요. 스님의 배려는 정말 고마우나 어쩔 도리가 없는 것 같아요."

그해 구구절은 도쿄로부터도 내 친구와 선배들이 많이 법요에 참석해 주었다. 스님이 석비 앞에서 이들에게 이런 인사를 하셨다.

"어쩌면 내년에는 이 석비가 약간 다른 모습이 되어 있을지 알 수 없습니다. 그렇지만 위령하는 마음은 조금도 달라지지 않을 거예요."

참석자들은 예사롭지 않은 기색을 느꼈는지 파도가 일어나듯 공기가 바뀌었다. 나는 여태까지 광복회와의 사이에서 벌어진 일을 새삼 설명했다. 이렇게 해서 멋지게 세워진 석비의 모습을 보는 것은 이때가 마지막이 되었다.

또 다시 넘어진 석비

그해 겨울, 석비는 철거 해체되었다. 소식을 듣고 법륜사를 찾아 갔다. 석비가 설치되어 있던 기단 위에는 삼족오 조각만이 놓여 있었다. 비문을 새긴 본체는 비명을 위로 한 형태로 기단에서 4, 5미터 떨어진 곳에 눕혀져, 몸체의 절반이 땅 속에 묻혀 있었다. 그 위에 뚜껑을 하듯이 삼나무로 만든 덮개 같은 것으로 덮어놓았다. 작업은 현지 광복회 사람들이 지켜보는 가운데 진행된 모양이었다.

"비명이 보여서도 안 된다. 완전히 땅속에 파묻어 버려!"

그들이 이렇게 지시했다고 한다.

"비명이 보여서는 안 된다면 커버를 씌워 둘 테니까 그럼 괜찮지 않나?"

스님도 더 물러서지 않았던 모양이다. 덕분에 덮개를 벗기면 본체의 모습을 볼 수 있도록 되어 있었다.

'가엽게도….'

가슴속에서 서러움이 치밀었다. 그러나 형체조차 없이 파묻어 버리지 않고, 이렇게 조금이나마 그 모습을 볼 수 있도록 해주신 점, 그리고 어찌 되었건 원래 있던 자리 근처에 놓아 주신 점에 감사드릴 수밖에 없었다.

다행히 신도들도 이상하게 여기지 않는 것 같아 안심이 되었다.

유골로 간주한 산호가 든 케이스는 기단 아래에다 안치했다고 한다.

"이제 더 이상 훼손될 리는 없다, 그리 생각하면 어쩐지 이로써 마음이 놓이네요. 석비가 넘어져 있는 것은 유감이지만, 저는 있는 힘을 다했어요. 석비를 두 번씩이나 세웠지요. 이 석비를 넘어진 채 그대로 둘지 어떨지, 그래도 태연할지 어떨지, 그건 앞으로 한국인들이 생각할 문제라고 봐요.

다음에 이 석비가 세워진다면, 그것은 동포의 손에 의해 어루만져지고 위로받으면서 세워지길 바라요. 제가 살아 있는 동안에 세워지지 않을지도 모르겠지요. 살아생전 그 모습을 못 본다고 해도 상관없어요. 일본인인 제가 할 일은 이제 이것으로 끝이라고 여깁니다. 이로써 저는 만족해요. 고마웠습니다."

"언젠가 시절이 오기를 기다려요. 전몰자의 혼령은 이 법륜사가 영원히 지킬 거니까 부디 안심하시길. 순서를 따지자면 후쿠미 씨가 먼저 이 세상을 하직하게 되겠지만, 그때는 제가 대신 평생 지켜드리지요. 제가 죽은 다음에는 위패가 있으니까, 이 절이 영원히 모실 겁니다. 그러니 이제 아무 염려 마세요."

그렇게 말하면서 스님이 환하게 미소를 지었다.

예전에 H선생이 하던 이런 이야기가 떠올랐다.

"나는 온갖 석비를 다 봐 왔습니다. 개중에는 거꾸로 세워진 것이나 파손된 것도 있습니다. 석비가 어떤 식으로 서 있는가 하는 것에서도 그 시대 배경이 드러난답니다."

옆으로 넘어져 있다는 것은 석비로서야 본의本意가 아니리라. 하지만 옆으로 넘어짐으로 해서 멋지게 서 있을 때보다 도리어 강력하고 다양한 메시지를 던지기 시작한 것으로도 여겨진다. 이런 투로….

'한국 동포여, 우리는 민족의 장래와 번영을 꿈꾸었기에 희생되어 죽어갔다. 그런 우리의 목숨과 인생을 현대의 당신들은 어찌 생각하는가?'

사욕私慾을 넘어서

스님의 권유도 있고 해서 2013년의 법요부터는 지금까지 개별적으로 해온 것을 신도 여러분과 합동으로 하게 되었다. 그렇게 함으로써 신도들로부터도 더 많은 이해를 얻으리라는 바람에서였다.

이 해부터 후쿠오카로부터도 지인들이 법요에 참가하게 되었다. 후쿠오카에서 한일 교류에 관한 강연을 하면서, 끝으로 잠깐 석비 건립 이야기를 소개했었다. 그러자 폐막 후 한 남성이 나를 찾아와 몇 가지 질문을 던지더니 돌아갔다.

나중에 해마다 법요에 참가해 주시는 등산가 무라오카 유키오(村岡由貴夫) 씨다. 훗날 그가 이런 이야기를 했다.

"강연 마지막에 후쿠미 씨가 사욕이었다고 말하지 않았더라면, 그저 경박한 사고뭉치 여배우라고 여겼을 거요."

나는 사천에서의 석비 건립 사건이 생긴 언저리에서 불교에 관심을 갖기 시작하여, 나 나름대로 부처님의 가르침을 공부해 왔다. 그리고 난관에 직면하여 고뇌할 때, 그 답을 불교적인 철학에서 구하고자 했다.

그런 시점視點으로 돌아보자면, 석비 건립에 매진하는 가운데 '올바른 일을 하는 것이니까 당연히 남들도 이해해 주어야 한다'는 심정을 갖기에 이른 내 자신을 깨달았다. 물론 올바른 일을 한다고 믿으니까 에너지도 솟구쳐 오른다. 그런 무상無償의 행위를 이해해 주기 바라는 것이야 자연스러울지 모른다.

그러나 벽에 부딪친 나는 이해해 주기 바라는 데 집착하여, '어째서 이해하지 않는 거야?'라는 교만한 심정을 갖게 되지 않았을까 하며 반성도 했다. 이해해 주지 않더라도 묵묵히, 담담하게 나아갔어야 했다.

이해해 주길 바라는 것도 사욕이고, 그런 사욕이 있었기에 석비 건립과 얽힌 시련에 엄청 괴로워했던 것 같다. 여유가 없었던 것이다.

스님처럼 폭풍이 몰아칠 때는 물러서는 유연함이 없었다. 그런 생각이 입 밖으로 나왔던 것인지 알 수 없다.

번져가는 공감의 테두리

2013년 10월. 석비가 넘어진 뒤 처음 맞는 법요였다. 무라오카 씨와 그 친구들의 도움으로 공감의 테두리가 넓어져 후쿠오카로부터 많은 분들이 참가해 주셨다. 남성들이 여럿 함께 하여 마음 든든했다.

전날부터 템플스테이를 한 우리는 본당에서의 새벽 예불을 마치자, 일출을 기다렸다가 석비가 있는 연못 근처로 내려갔다. 남성들이 석비의 무거운 목제 커버를 벗기자 흙투성이가 된 석비가 모습을 드러냈다.

우선 석비를 깨끗하게 씻는 일부터 시작했다. 커버의 먼지도 씻어 햇볕이 잘 닿는 곳에 펼쳐 말렸다. 헤진 부분의 보수작업도 솜씨 좋게 해치운다. 합동 법요에서는 스님이 우리 일행이 전몰자 위령을 위해 일본에서 찾아왔다는 사실을 소개하여 환영의 박수가 쏟아졌다.

한국식 법요는 다들 눈치껏 따라했다. 절하는 방식이나 물을 올리는 예법이 일본과 달리 독특했다. 망설여지기도 했으나 신기하고 새로운 한국문화 체험이기도 했다.

이듬해 2014년 법요. 이 때에도 새벽 예불이 끝나자 우리는 당연하다는 듯이 저마다 물통과 걸레를 들고 석비가 있는 연못 쪽으로 내려갔다. 그런데 이게 어찌 된 일인가. 기단에서 떨어진 곳에 묻혀 목제 덮개가 씌워져 있어야 할 석비가, 말끔하게 단장되어 삼족오 조각상이 있는 기단 곁에 기대듯이 옆으로 놓여 있었던 것이다.

뉘여 있기는 했으나, 석비 본체 아래쪽에는 마치 초석礎石을 본뜬 듯한 석재까지 갖추어졌다. 또한 국화꽃 화병도 곁들여져 있었다. 그런 광경에 우리 일행은 모두 "와" 하고 탄성을 올렸다. 사천에서의 제막식 때부터 해마다 빠뜨리지 않고 히로시마에서 달려오는 호리치즈꼬 씨와 나는 너무 기쁜 나머지 부둥켜안고 펄쩍펄쩍 뛰었다.

옆에는 이 비석의 유래를 적은 입간판까지 있었다. 우리는 상상조차 못했던 스님의 계략(!)에 진심으로 감사했다. 그리고 환하게 웃으며 사진을 찍었다.

언젠가 석비가 세워질 그날까지

신도 여러분들과 함께 법요를 하기 시작한 뒤로 오늘까지, 일본에서 차와 과자를 가져와 법요가 끝난 다음 다들 둘러앉아 담소를 나누는 자리를 마련했다. 서울에서 사는 일본인 여성들도 달려와 내 오른

구구절을 맞아 법륜사 기원제에 함께 한 일본의 지인들. 조금 더 제공받은 기단 옆 부지에 기원비 본체가 누워 있다. 2018년 현재도 같은 모습으로 누워 있다.

팔이 되어 도와주었다.

해마다 조금씩 일본에서 찾아오는 분들이 늘어났다. 또한 이 석비에 관해 알게 된 생면부지의 분들이 다른 이를 통해 시주를 해오는 적도 있었다. 그런 돈은 그냥 일본 지폐 그대로 정재淨財로 내고 있다. 비록 법요에는 오지 못하더라도, 얼마나 많은 분들이 이 법륜사에 감사하고 조선인 전몰자에 대한 애도의 마음을 간직하고 있는가, 그 마음이 꼭 절에도 전해지리라 믿기 때문이다.

신도들 가운데에는 해마다 나를 붙들고 "올해도 오셨군요. 고마워요. 앞으로도 계속 와 주세요" 하면서 악수하는 분도 있다. 우리의 마음이 현암 스님의 가호 아래 조금씩 여러분들에게 전해져 가는 모양이었다.

언젠가 법륜사에서의 구구절이 일본에서 찾아온 우리 방문단과, 한국인 여러분의 '교류의 장'이 되었으면 좋겠다는 꿈을 꾼다. 서로 당시의 일이나 저마다의 생각을 이야기하면서, 이해를 깊이 할 수 있다면 그 얼마나 멋질 것인가. 그것은 사천에서부터 품어온 바람이기도 했다.

우여곡절이 있었으나 석비는 있어야 할 곳에 자리를 잡은 것으로 생각한다. 혼령들도 날마다 법륜사의 공양을 받으며 평안하시리라.

석비는 서 있는 편이 낫다. 그렇지만 서 있지 않더라도 그건 그대로 괜찮다고 본다. 나머지는 오직 법륜사의 발전을 기원할 따름이다. 언젠가 이 석비를 받아들인 현암 스님의 판단이 크게 평가받을 날이 반드시 오리라 믿는다.

'진실을 말해줄 사람'이
없어지기 전에

미래를 향한 생각① / 미래를 향한 생각② /

'진실을 이야기하는 사람이 없어진다!'는 안타까움의 수기 /

우 옹과 귀향기원비 /

어느 조선인 병사의 유족과 야스쿠니신사

미래를 향한 생각①

나는 1980년대로부터 30여 년, 한국을 주시해 왔다. 당시에도 한국이라고 하면 대명사처럼 '가깝고도 먼 나라'라고 했다. 그 무렵에도 한국은 반일 감정이 강하다고 하여, 처음 서울에 발을 딛었을 때에는 '일본인으로서 얼마나 비난을 받게 될까?' 하고 전전긍긍하기도 했다.

당시 일본에서는 한국에 관해 지금처럼 정보도 없었으며, 어둡고 위험한 이미지밖에 없었다. 오해를 무릅쓰고 말하자면, 마치 '북한에 간다'는 정도로 위험하다는 느낌을 보통의 일본인들은 품고 있었다. 실제로 내가 처음 방한을 결심했을 때, 주위에서는 놀라고 불안해했다. 여성 친구들은 내 손을 쥐고 "살아서 돌아와야 해!" 하고 걱정해

줄 지경이었다.

그러나 실제로 와보니 그런 염려는 기우에 지나지 않았다. 사람들은 내가 일본인이라는 사실을 알게 되면 노골적인 호기심으로 다가와, 여러 가지로 친절하게 대해 주어 도리어 내가 어안이 벙벙해지곤 했다. 참 다정한 사람들이라는 생각이 들었다.

뉴스를 통해 멀리서 상상해온 것과 너무나 달랐다. 한국인의 따뜻하고 인정미 넘치는 감촉, '아시아의 열기熱氣'와 개발도상에 있는 사람들이 방출하는 에너지, 그 느긋함에 일본인과는 어딘가 다른 매력이 느껴져 점점 매료되어 갔다.

언론 보도에서 언급되는 '반일 국가 한국'과, 그 한복판에 뛰어 들어가서 '피부로 느낀 한국' 사이에는 커다란 괴리가 있음을 실감했다. 그 괴리감이 크면 클수록 '올바른 한국의 감촉을 일본에 전하고 싶다'는 정열이 타올랐다.

'낮에는 반일, 밤이면 친일'이라고 예로부터 전해져 오듯, 한국인에게도 '혼네(=본심)와 다테마에(=명분)'가 있다는 것을 절실히 느꼈다. 낮, 즉 '정치적 국면'에서는 반일이 국시여서 일본을 드세게 몰아치지 않으면 안 된다. 그렇지만 그런 반면(밤)으로는 누구나 일본을 부러워한다는 인상을 던졌다.

일본 제품의 우수함은 다들 인정하는 바였고, 가전제품에서 화장품이나 약품에 이르기까지 '선물로는 일본의 ○○가 갖고 싶다'며 구체적인 브랜드를 들먹인다. 예를 들어 코끼리표 전기밥통, 소니의 워크맨, 아리나민, 구심, 에비오스, 캐베진, 시세이도 화장품, 분메이도 과자 등등.

게다가 일제시대에 청춘을 보낸 노인들이 반색을 한 것은 미소라

(美空) 히바리로 대표되는 대중가요 엔카(演歌)의 카세트테이프였다. 싸구려 휴대용 전자계산기도 '일본 제품은 고장 나지 않는다'며 좋아했다.

그 같은 우수한 제품이 일본인의 근면함과, 꼼꼼하게 정확성을 추구하는 성질에서 탄생했음을 다들 잘 알고 있었다. 예나 지금이나 한국인의 일본인 평評은 '근면하고 상냥하다. 약속을 지킨다. 공중도덕과 규칙을 지킨다. 친절하고 청결하다'로 모아진다.

2002년 월드컵 축구 한일 공동 개최 때에는 '친절, 청결, 질서', 이 세 가지를 일본에서 배워야한다는 계몽 프로그램이 많이 만들어졌다. 이렇게 말하는 나 자신이 당시 서울에서 생활하면서, KBS의 일본 소개 프로그램 리포터를 맡기도 했으니까 틀림없는 이야기다.

나는 지난 10여 년, 산신트래블과 연이어 투어를 기획해 왔다. '지방의 매력을 탐방하는 한국 여행'이다. 작년에는 '한국 유교'를 테마로 하여 사흘 동안 안동에서 묵었다. 그 때 어느 명문 고택古宅에 부탁하여 '정통 제사를 견학한다'는 기획을 세웠다.

그 집의 장손은 아직 마흔 살 언저리로, 일본의 대학에 유학한 경험도 있었다. 그가 제사를 끝낸 다음 처음으로 꺼낸 말은 "일본인 여러분의 질서 있는 태도에는 정말로 감탄했다"는 한마디였다. 그의 이야기는 이렇게 이어졌다.

"한국인이라면 시끌벅적하고, 사진을 찍느라 마구 플래시를 터트렸을 겁니다. 그렇지만 여러분은 신성한 제사 의식이 진행되는 동안에는 떨어진 곳에서 조용히 지켜보다가, 제사가 끝나자 살그머니 다가와 살피면서 조심스럽게 사진을 찍더군요."

일본을 잘 아는 사람으로부터 이런 이야기를 들으리라고는 미처 예상하지 못했다. 하지만 곰곰 생각해 보니 오히려 어느 정도 아는 사람 쪽이 더 일본인과 한국인의 차이를 세세하게 느끼고, 알아차렸을지 모른다.

여담이지만 내가 '여행을 통한 한일 교류'에 오랜 세월 매달려온 이유가 여기에 있다. 일본인(혹은 한국인)이 대관절 어떤 사람인가, 짧은 여행길이더라도 거기서 직접 겪어보는 것이 소중하다고 믿고 있기 때문이다.

이처럼 실제로는 한국인의 일본인에 대한 평가가 높다. 그리고 다양한 국면에서 '우리에게는 모자라는 것이 일본에는 있다'는 사실을 알며, 일본 문화나 일본인의 태도에서 그것을 찾아내려고 한다.

작금의 한일 관계에는 지금까지 체험한 적이 없는 격렬한 폭풍이 불어 닥치고 있다. 그러나 그런 가운데 한국인은 이렇게 거리낌 없이 말한다.

"우리는 일본 국민 자체에 대해서는 아무런 악감정도 품고 있지 않다. 단지 역사나 정치면에서는 용서할 수가 없다."

그렇다면 실제로 사람들이 얼마나 한일의 역사를 알고 있느냐고 하면, 고개를 갸우뚱거리지 않을 도리가 없다. 솔직하게 말하자면 일반적으로 한국인은 '정부가 홍보하는 역사관'을 그대로 받아들일 뿐, 개개인이 '사실'을 확인해 보려는 태도는 취하지 않는다. 한국에서는 툭하면 '역사 인식'이라는 말이 들려오는데, '인식'이나 '해석'은 그 나라의 입장에 따라 바뀌지 않을 수 없다.

중요한 것은 보편적인 '사실'을 아는 데 있으며, 그것을 확인하는 일이 아닐까? 예컨대 보통의 일본인들에게 "다케시마(竹島)는 어느 쪽 영토인가?" 하고 물어본다면, 대다수가 "모르겠다"고 대답하리

라. 왜냐하면 일본 측 주장과 한국 측 주장, 그 양쪽을 자기 나름대로 검증하고 어느 정도의 식견이 없으면 "가볍게 대답할 수 없다"고 주저하는 것이 일본인이기 때문이다.

일전에 시마네(島根) 현 마쓰에(松江) 시에 있는 '다케시마 자료실'을 방문했다. 일본은 '다케시마는 일본 영토'라고 자신 있게 주장하지만, 가장 인상에 남은 것은 자료실에서 되풀이하여 돌리고 있는 해설 VTR이었다. 거기에 등장하는 해설자는 그것이 일본 영토라는 근거를 설명하면서도, 마지막에 이렇게 말했다.

"이 문제의 해결은 복잡하고 대단히 어렵다. 우리가 한국 측 주장에도 귀를 기울이는 태도가 중요하다고 생각한다."

나는 그것을 보며 실로 일본인다운 마무리 '클로징 멘트'라고 여겼다.

한국인은 어린 시절부터 '독도는 우리 땅'이라며 슬로건처럼 교육을 받아왔다. '근거'를 검정하는 것 따위는 필요하지 않다. '우리 영토니까 우리 영토다!'는 태도이다. 하지만 일본인은 자신이 '안다고 생각하는 것'에도 과연 그것이 진실일까 하고 자문自問하는 자세를 가진다. 그래서 의견을 드러내는 것에도 신중하다.

그런데 한국인은 역사적인 근거를 대지 않고서도 '나라에서 그렇게 말하니까'에 기대어 당당하게 주장을 편다. 그것이 일본인의 눈으로 보자면 투박하고, 또 쉬 이해되지 않는 광경으로 비친다.

한국에 갈 때마다 나는 택시 운전기사나, 무언가의 계기로 만난 사람들에게 곧잘 역사관이나 정치적인 문제에 관한 질문을 던져 보곤 한다. 일반인들이 어느 정도의 식견을 갖고 있으며, 어떤 의식을 지니고 있는지 살펴보고 싶기 때문이다.

그러면 뜻밖에도 아주 온건한 이야기가 흘러나온다. 역사관은 접어두고, 우선 "일본과 적대敵對하여 좋을 게 없다"는 의견과, "당시 한국 측에 아무 대책이 없었음을 반성하지 않으면 안 된다"는 자성自省의 목소리까지 들을 수 있다. "지배당한 것은 유감이나, 우리나라로서는 그렇게 겪은 것이 더 나은 시련이었을지 모른다"고 털어놓는 노인도 있었다.

상대에게 역사 오인이 있을 경우, 내가 잘 설명해 주면 순순히 귀기울이면서 놀란 표정으로 "처음 듣는 이야기다. 도대체 당신 직업이 뭔가?" 하고 새삼스레 내 얼굴을 뚫어져라 바라보는 이도 있다.

그럴 경우에는 결코 목소리가 거칠어져 자기주장을 굽히지 않으려는 것 같은 살벌한 분위기가 아니다. 일대일이 되면 다들 차분하게 의견을 주고받게 되는 것이다. 때로는 "일제가 무고한 민중들을 참살하고, 이런 악행을 저질렀다"면서 당시 일본의 만행을 모아둔 화면을 스마트폰으로 나에게 보여 주는 사람도 있었다.

일러스트가 들어간 제법 장문長文의 글이었다. 그런데 그 일러스트가 변발辮髮의 중국인이 폭이 넓고 휘어진 칼을 휘두르며 잔인한 행위를 하는 그림이었다. 내가 "여기 그려진 인물의 머리 모양을 보세요. 중국인이잖아요? 이걸 변발이라고 하지요" 하고 지적하면, 순순히 고개를 끄덕인다. 그리고는 무언가를 생각하듯 입을 다물어 버린다.

언젠가 한때 직업 군인이었다는 사람과 대화를 나눈 적이 있었다. 군에서는 첩보기관에서 근무한 모양이었다. 그의 이야기도 흥미진진했다.

"지금의 한국인은 대략 석 달에 한 번의 비율로 '이슈(쟁점)'가 주어지는 듯하다. 나라가 대중에게 항상 새로운 쟁점을 제공하면서, 국민의 눈을 돌리려 하는 것처럼 여겨진다."

자신들이 처한 상황을 상상 이상으로 냉정하게 받아들여 분석하는 사람도 적지 않다는 사실을 알게 되었다.

한국에서는 'OO회'라는 이름의 시민단체가 활발한 활동을 편다. 이렇게 집단으로 조직을 만들면 자기주장이 앞서는지, 상대의 이야기를 들으려는 자세가 갑자기 사라진다. 그것은 흡사 떼를 쓰는 아이가 귀를 막고 '몰라, 몰라!' 하고 고함을 지르면서 대화를 거부하는 것과 닮았다.

일대일이 되면 "한 번 이야기를 들어보자"고 나오는데, 자신의 행동을 지켜보는 제3자가 있거나, 집단이 되면 어찌 된 영문인지 태도가 굳어져 버리는 것이다. 하지만 우선은 서로 '사실'을 알아내는 일이 중요하고 필수적이지 않을까? 나는 예전에 한국대사관에서 강연 의뢰를 받았을 때, 대사도 참석한 자리에서 외람되지만 이런 이야기를 한 적이 있었다.

"먼저 한국과 일본의 역사와 관련된 조약문 등 서로 서명 날인하여 '부정할 여지가 없는 문서에 한해', 예컨대 '한일 공문서 도서관'이라는 식으로 명명한 인터넷상의 가공 서고書庫를 만들어 공개하면 어떨까요?"

'인식'이나 '해석'이 일절 개입되지 않은 '사실'만으로⋯. 서로가 교환한 문서니까 한국어와 일본어가 병기倂記되어 있다. 또한 경우에 따라서는 영문 표기도 덧붙여져 확인할 수 있으리라. 한국과 일본뿐만 아니라, 두 나라 역사에 연관된 그 외 국가와의 조약문(가령 「시모노세키(下關) 조약」)을 곁들여도 좋다.

누구도 부정할 여지가 없는 조약 문서만을 한자리에 모아 공개한다. 그러면 양쪽 다 딴소리 할 여지가 없어진다. 이처럼 문서를 검색하기 쉬운 형태로 공개해 두면, 서로 간에 역사적인 사실과 동떨어진 발언이 난무하는 것을 조금이나마 억제할 수 있지 않을까? 또한 사실 관계를 알고 싶어 하는 사람으로서는, 개인적으로 한국 외무부나 일본 외무성 사이트로 들어가 검색하거나 번역문을 찾을 수고를 덜 수 있다.

이것은 연구자들, 그리고 역사의 진실을 알고자 하는 사람들에게 큰 도움이 되기도 한다. 서로 적대하고 다른 주장을 펴느라 목청을 돋우기 전에 이처럼 가공 서고를 통해 공개하고, 누구나 언제라도 간단하게 접근할 수 있도록 인터넷 공간을 만들면 어떨까 하는 것이다.

상대가 하는 말을 근거 없이 '망언'이라는 한 마디로 잘라 버리는 것은 어른스럽지 못하다. 이런 사이트가 있는 것만으로도 논외의 주장을 하는 사람들에 대한 억지 효과도 있다. 그 하나만으로도 커다란 의미가 있으리라 믿는다.

미래를 향한 생각②

최근의 사건으로 대단히 중대하다고 생각한 것이 있다. 세종대학 일문학과 교수 박유하朴裕河 씨가 집필한 『제국의 위안부』라는 책이 위안부 여성을 모독했다고 하여 시민단체가 소송을 제기, 저자가 불구속 기소된 큰 사건이다.

박 교수는 이제까지도 『화해를 위하여』라는 책으로 한국과 일본에서 여하튼 터부시되는 '교과서, 위안부, 야스쿠니, 독도' 문제를 과감하게 다루어 왔다. 박 교수는 고교 졸업 후 게이오(慶應)대학에 진학했고, 와세다(早稻田)대학 대학원에서 박사학위를 취득했다.

그 후로도 연구원으로 한국과 일본을 오가며 연찬研鑽을 쌓은 분으로, 체구가 작고 섬세한 분위기의 여성이다. 그런 박 교수가 학자로서의 견지에서 취재하여 정리한 위안부의 실정實情이 '위안부의 명예를 훼손했다'고 시민단체에 의해 고발당한 것이다.

위안부 행위가 매춘이었다고 단정한 점, 또한 일본군과는 동지적인 의식이 있었다고 한 부분 등이 문제가 되었다. 저서는 법원에 발매금지 가처분 신청이 제기되고, 배상금 지불을 위해 박 교수의 급료가 차압되었다.

재판이 끝났을 때의 사진인지, 가녀린 체구의 박 교수가 보도진들 사이에 이리저리 떠밀리는 모습이 너무 가슴 아파 차마 바라보기 힘들었다. 재판은 아직 끝나지 않았다.

이런 사건은 이것 말고도 더러 있다. 학자가 자신의 학문으로 진지하게 연구하는 것이 이처럼 언로言路가 막히고 나아가 재판에까지 휘말린 대서야, 한국을 도저히 자유국가라고 말할 수 없다. '표현의 자유'는커녕 연구자가 '학문의 자유'를 빼앗긴다는 것은, 학자 한 사람의 인생을 망치는 것일 뿐만 아니라 국가의 명예와도 연관되지나 않을까.

이 사건이 생겨나자 일본에서는 외국인 지식인을 포함한 54명의 저널리스트와 학자들이 '언론에 대해서는 언론으로 대항해야 하며, 학문의 장에 공권력이 개입해서는 안 된다는 것은 근대 민주주의의 기본 원리다'고 하는 항의 성명을 발표했다.

마치 본보기로 삼기라도 하듯 사회적인 제재가 가해지는 것을 목격한다면, 사회는 위축될 수밖에 없다. 이런 비판도 한국에서는 커다란 쟁점이 되지 못한 모양이다. 그러나 그것은 밖으로 목소리를 내지 못하는 것뿐으로, 언로를 막는 행위에 대한 의문은 한국 사회 내에서도 서서히 퍼져나가고 있지 않을까?

그야 어쨌거나 한국의 시민단체는, 좌파든 우파든 몬스터와 비슷하다. 한국 정부는 그들의 존재를 적절하게 이용해 온 것으로도 비친다. 반일을 목청껏 외치면서 대사관 앞에서 일본 국기를 불태우거나 총리의 사진을 짓밟기도 한다. 최근에는 대사관과 영사관 앞에 조각상까지 설치해 놓았다.

그렇지만 한국 정부는 '시민단체가 하는 일에 정부가 개입할 수 없다'고 뒷짐 지고 있을 따름이다. 시민단체를 표방하기만 하면 무슨 일이든 마음대로 할 수 있다는 것인가? '한국에는 법이 없느냐?'고 따지고 싶어진다. 실제로 언젠가 어느 지역의 한국 영사관 부영사가 나에게 웃으며 이렇게 말했다.

"우리나라에는 '국민 정서법'이라는 것이 있으니까요."

물론 농담을 던진 것일지 모르지만, 그게 외교관이 할 말인가 하고 내심 깜짝 놀랐다.

그들 시민단체의 존재를 계란에 비유하자면, 마치 바깥쪽이 딱딱한 껍질처럼 여겨진다. 껍질은 계란의 일부에 지나지 않으나, 계란 전체의 이미지를 모방하고 있다. 계란의 알맹이라 할 한국의 일반 서민은 훨씬 유연하여, 일본 주장에도 귀를 기울이려는 움직임이 보인다. 그들은 정치적인 화제와는 거리를 두고 있는 대다수의 '보통 국민'이기도 하다.

그렇지만 뉴스를 통해 우리들 일본인의 눈에 비치는 것은, 딱딱한 껍질로 억척스럽게 밀어붙이는 '시민단체의 주장'뿐이다. 내포된, 어른스럽게 고개를 숙인 일반 시민의 모습은 껍질에 뒤덮여 좀체 드러나지 않는다.

일본인들은 시민단체의 주장이 한국의 국민 여론이라고 오해해서는 절대로 안 된다. 언론보도에서는 항상 그런 면이 빠져 버리고 만다. 그러나 시민단체는 한국의 일반 시민이 보더라도, 아주 특수한 일부 과격한 사람들이라는 사실을 꼭 명심해 두어야 한다.

그것은 우리 일본인이 가두街頭 선전차로 목청껏 자기주장을 펴거나[대형 일장기가 그려진 검정색 차량을 몰고 다니며 스피커로 요란한 구호와 군가를 트는 우익 행동대 - 옮긴이], 과격한 데모와 차별적인 발언을 마구 쏟아내는 사람들의 행동이, 일본 국민의 총의總意에 의한 것으로 여기지 않는 것과 마찬가지다.

나는 시민단체가 반일을 표방하는 것을 문제 삼는 게 아니다. 저마다 사상과 신조가 있는 건 좋다. 하지만 한국에서는 반일이라는 카드를 내건 단체가 전면에 나서면, 아무도 그들의 행동을 나무라거나 비판하지 못한다는 현실이 문제인 것이다. '반일의 깃발'은 흡사 전가傳家의 보도寶刀와 같은 힘을 지니고 있어서, 맞서려다가는 도리어 당하고 만다. 반일파에 이의를 제기하다가는 친일파의 혐의가 씌어져 사회적으로 말살되는, '섶을 지고 불로 뛰어드는' 꼴이 되기 때문이다.

그런지라 한국인들은 '현역' 시절에는 행여 친일파로 오해받지 않으려 행동에 잔뜩 신경을 쓴다. 내심 다른 생각이 들더라도, 반일 단체에 정면에서 이의를 제기하는 것은 신상에 위험이 따르므로 하지 못한다. 흡사 북에서 '수령님'에게 숙청당할까 두려워 충성심을 드러내는 인민들과 다를 바 없다고 생각한 적이 있다.

용기를 갖고 자신의 의견을 밝힐 수 있는 것은, 대개 현역에서 물러나 더 이상 잃을 염려가 없거나 여명餘命이 얼마 남지 않은 노인들이다. 또는 주의 깊게 '개인을 특정特定할 수 없는' 인터넷상에서 의견을 제시하는 사람들 정도이다.

그러나 한국에서 이렇게 '반일 일색'으로 언론이 기울어져 있어도 괜찮을까? 한일의 역사에 대한 다양한 의견과 학문적인 견해가 자유롭게 표출되는 것, 그래야 성숙한 사회로 나아갈 수 있지 않을까?

여기서 다시 내 귀향기원비 소동을 돌이켜본다.

한일합병 시절 한국에서 '일본군'이었다는 것은 현대 한국에서는 친일파로 간주된다. 특히 노무현 정권 시절에는 소위 '반일법'이 시행되고 『친일인명사전』이 만들어졌다. 당시 친일적인 행위를 한 자는 현재에는 '반민족행위자'가 되어 토지나 재산이 국가에 몰수된다. 문화예술인의 경우 작품 사용이나 전시가 금지되기도 한다.

이 법률로 인해 근·현대 한국의 초석을 놓은 사람들과 국민적인 문화인들까지가 '친일파'로 엮이어, 결국 이러지도 저러지도 못하는 자기모순에 빠졌다. 이 법률은 소급법, 사후법이라는 비난을 면치 못했다. 법률은 보통 '실행 당시 적법했던 행위에 관해서는 나중에 형사상 책임을 묻지 않는다'는 것이 일반적인데, 거기에 현저하게 반하기 때문이다.

한일합병 당시 한국은 나라를 잃고 엄연히 '일본국'이었다. 한국인도 '일본국민'으로서 일본의 법률에 따라 살았던 것이다. 그러한 시대 배경 속에서, 어째서 일본의 법을 따른 사람이 매국노라는 오명을 덮어쓰지 않으면 안 된다는 말인가. 일본의 법에 따라 군인·군속으로 지원한 사람은 친일적 죄인이고, 일본의 법령에 따라 징병이나 징용으로 소집된 사람은 '강제 연행자'로서 정상 참작이 되는가.

당시 한반도로부터 많은 사람들이 일자리를 찾아 일본으로 건너왔다. 그런 사람들은 어떻게 판단해야 옳은가. 일본 기업에서 일했으니까 죄인인가. 더 나아가 자발적으로 일본식 이름으로 개명한 사람은 어떻게 되는가?

나라가 일본에 넘어간 이상, 싫건 좋건 살아가기 위해 많은 사람들이 일본법에 따랐다. 결과적으로는 직·간접적으로 일본에 공헌한 것인지 모른다. 그 또한 죄가 되는가?

성서의 말씀에 '너희 중에 죄 없는 자가 먼저 돌로 치라'는 것이 있다. 간음의 죄를 범한 여성에게 돌로 치는 형을 내리려 군중들이 에워싼 가운데 예수가 이렇게 말하자, 그 자리에 있던 사람들이 물러갔다는 일화이다.

한일합병 아래 창씨개명이 시행된 1940년 2월부터 8월까지의 단반년 사이에, 조선에서는 약 80퍼센트의 사람들이 개명 신청을 했다. 노인들의 이야기를 들으니 '당시에는 나라가 없었다. 또한 언제 나라를 되찾을 수 있을지 상상조차 할 수 없었던 시대였다'고 한다.

일본의 정책에 따른 사람이 매국노라면, 방관하면서 개명 신청을 한 80퍼센트의 일반 서민도 매국노란 말인가. 그렇지 않으면 개명 정도로는 죄가 가볍고, 군인이 되면 죄가 무겁다는 뜻인가. 창씨개명은 그 후 기일이 지나도 받아들여졌다. 이 시대를 살아가는 사람들 대다수가 부모나 조부모 세대에 일본 이름을 갖고 있었다. 그것이 죄란 말인가? 그렇다면 한국인 대부분이 '죄인의 자녀'라는 말인가?

그렇지 않다. "그렇게 살아갈 수밖에 없었다", "그런 시대였다"고 하는 것이 정확하지 않을까?

'진실을 이야기하는 사람이 없어진다!'는 안타까움의 수기

사천에서의 석비 철거 소동으로부터 약 2년이 지난 2010년 1월 6일, 조선일보에 어떤 투고 기사가 게재되었다. 사천에서 그리 멀지 않은 진주에서 사는, 당시 86세인 우수룡禹守龍 옹의 수기였다.

우 옹은 만 한 살 먹던 해 부모와 함께 일본 와카야마(和歌山) 현으로 이주했다가, 21세 때 소집召集에 응하여 고향 진주로 돌아왔다. 본적지에서 출정出征하는 것이 규칙이었기 때문이다. 철이 든 이래 계속 일본에서 살아온 우 옹으로서는, 진주가 난생 처음 대하는 고향 조선의 풍경과 같았다.

진주의 초등학교 교정에 소집된 젊은이들이 모여 있었다. 수기에는 현지 주민들이 작은 깃발을 흔들며 출정할 청년들을 격려하고, 전송하는 모습이 그려졌다. 그리고 식민지에서의 조선인들의 의식意識 등에도 언급했다.

입대 후에는 일본 병사, 그것도 '인간 지뢰'의 특공병으로서 가혹한 훈련을 받았다. 우 옹은 일본의 패전으로 간신히 생환했다. 전쟁이 끝난 것을 계기로 조국으로 돌아갈 결심을 했다. 일본에서 자란 우 옹으로서는 모국어를 잘 몰라 필사적으로 공부에 매달렸고, 고생 끝에 경찰관이 되었다.

그 후 발발한 6·25전쟁에서는 경찰 전투요원으로 근무했고, 국가유공자가 되어 지금까지 연금을 받으며 부족함이 없는 생활을 하고 있다. 우 옹은 그런 자신의 경우와 탁경현의 생애를 비교했다. 그러면서 탁경현과 같이 죽어 버리면 매국노 취급이고, 살아남아 6·25전쟁에 참전한 자신과 같은 사람은 공로자가 되는 모순을 지적해 놓았다.

자신들 세대가 죽어 사라지면 '진실을 말해 줄 사람이 없어진다'
는 절박한 심정으로, 누군가가 써서 남기지 않으면 안 된다며 투고하
기에 이르렀다고 했다. 나는 솔직히 이 글을 읽으면서 다소 놀랐다.
왜냐하면 국가를 대변하는 듯한 보수 계열 신문인 조선일보가, 이런
투고를 지면을 크게 할애하여 게재했기 때문이다. 어째서 우 옹의 수
기가 실렸을까 궁금했다.

우 옹의 원고에 묘사된 당시의 모습은, 내가 직접 만난 분들의 이
야기와 견주어 보더라도 한일 두 나라 사람들의 생활이나 심정이 있
는 그대로 반영되어 있는 것으로 여겨졌다. 대단히 귀중한 글인지라
이하 전문을 소개한다.

'나도 반민족행위자였다'

'우리 세대는 태어나면서부터 일본 국민이었다. 그것도 병역 의무
도 참정권도 없는 2등 국민이었다. 우리들이 전쟁터에 나가 죽는 대
가로 남은 동족들의 지위가 향상되리라 믿었다.'

저는 일정 때 조선인 징병 1기 해당자로 금년에 86세가
됩니다. 우리 세대의 해는 이미 저물었습니다. 살아 있는
사람은 그리 많지 않을 겁니다. 그나마 앞으로 얼마 안
있어 모두 사라질 겁니다. 그렇게 되면 우리들의 세대는
영원히 침묵하게 될 것입니다. 그래서 꼭 해두고 싶은 말
을 지금부터 하겠습니다.
일본 자살 특공대 가미카제(神風) 대원이었던 경남 사천

시 출신 탁경현 씨가 1945년 5월 11일 비행기를 몰고 오키나와 섬에 정박 중이던 미군 함대를 향해 돌진, 자폭하여 생을 마감했던 바로 그날, 저는 당시 대전에 있었던 일본군 제224부대 병영 안에서 징집된 육군 일등병으로 폭약 상자를 등에 메고 적군의 전차 밑으로 뛰어들어 자폭하는 훈련을 열심히 하고 있었습니다.

그때 만일 전쟁이 몇 달 만 더 끌었더라면, 저는 아마 어느 전선엔가 보내져서 훈련받은 그대로 인간 지뢰가 되어 적군의 전차 밑으로 뛰어들어 죽었을 것입니다. 그랬더라면 저와 탁경현 씨는 지금 똑같이 반민족행위자라는 말을 듣고 있었을 것입니다.

그런데 탁경현 씨가 죽은 후 석 달 만에 우리나라는 해방이 되었습니다. 그 해방은 우리가 싸워서 얻은 성과가 아니고, 누구도 예측하지 못한 상황의 돌변에 의하여 저절로 주어진 요행이었습니다.

어쨌든 그 해방 덕분으로 그 때까지 살아남았던 저는 해방된 조국으로 돌아와 6·25전쟁 때 경찰 전투요원으로 참전하였습니다. 지금은 국가유공자로 대우받으면서 안락하게 살고 있습니다. 반면 그때 죽었던 탁경현 씨는 일본을 위하여 목숨을 버린 반민족행위자라 하여, 외로운 넋이 되어 고향으로 돌아오는 것조차 같은 동족들에 의하여 거부당하고 있습니다. 이것은 너무나 불공평합니다. 살아서 국가유공자 행세를 하고 있는 제가 죄스럽고 부끄럽습니다.

탁경현 씨와 저는 나이도 그 당시 20대 전반으로 같은 세대였습니다. 저희들 세대는 태어나면서부터 일본 국민이었습니다. 그것도 무기력하게 나라를 잃은 선대들의 원죄를 물려받아 병역 의무가 없는 대신, 참정권이 없어 일본인들로부터 온갖 차별을 받는 열등한 2등 국민이었습니다. 그 서러움은 젖먹이 나이 때부터 일본에서 자라난 저에게는 더욱 직접적으로 피부에 와 닿았습니다.

같은 동족 어른들 사이에서 '조선 독립'이라는 속삭임이 간혹 어렴풋이 들리긴 했지만, 그것은 시궁창에서 살고 있는 소녀가 꿈속에서 신데렐라를 보는 것만큼이나 현실성이 없었습니다. 그러한 가운데 태평양전쟁이 시작되었고, 이어서 조선인에게도 병역 의무가 주어져 저 자신이 징집 1기에 해당되게 되었습니다. 사실이지 두려웠습니다. 죽는 게 무서웠습니다.

그런데 그 무렵부터 저희들을 대하는 일본인들의 태도에 변화가 보이기 시작했습니다. 전에는 바로 대놓고 '조센진(朝鮮人)' 하고 민족을 비하하여 부르던 그들이 그 말을 쓰는 것을 스스로 금기시하게 되고, 대신 지역을 말하는 '한토진(半島人)'이라고 부르기 시작했습니다. 저에게 "너희들에게도 곧 참정권이 주어져서 우리들과 같은 권리 행사를 하게 될 것"이라고 말하는 일본인 친구가 늘어났습니다.

저는 저희들에게 주어진 병역 의무를 긍정적으로 생각하게 되었습니다. 즉 우리들이 전쟁터에 나가서 죽는 대가로, 뒤에 남은 동족들의 지위가 크게 향상되리라는 것을 믿게 된 것입니다. 저에게는 징집영장이 바로 오지 않고,

본적지 면사무소에 와서 영장을 받아 입대하라는 면장으로부터의 전보가 전달되었습니다.

그래서 저는 난생 처음 보는 고향 면을 찾아가 하룻밤을 자고, 이튿날 국민학교 교정에서 열린 환송행사에 다른 입대 장정들과 함께 참석하였습니다. 많은 고향 어른들이 저희들의 장도를 격려해 주셨고, 고향 후배인 학생들이 손에 손에 깃발을 들고 흔들면서 환송을 해주었습니다.

저희들은 자랑스러운 마음으로 당당하게 입대하였습니다. 기왕에 죽을 바엔 일본인 병사들보다 더 용감하게 죽어서 조선 젊은이의 기개를 보여 주려고 하였습니다. 어리석었을지는 몰라도 사악하지는 않았습니다. 이상이 반민족행위자인 저의 변명의 전부입니다.

고향에서 제가 보았던 환송 행사가 사실은 일본의 강압에 의해 이루어진 거짓 행사였다는 말을 귀에 못이 박이도록 들었습니다. 그런데 그게 모두 내 탓은 아니고 남 탓이었을까요? 우리들 가운데 어느 한 사람도 나라 잃은 선대들의 원죄로부터 자유로울 수 없습니다. 그 사실을 겸허하게 받아들여서 이제는 구차스러운 변명은 하지 않았으면 합니다.

다만, 지금 반민족행위 시비에 휘말리고 있는 세대의 대부분이 어떻게 되어서든 간에 잃었던 나라를 되찾고, 6·25전쟁에서 나라를 지켜냈고, 오늘의 대한민국 위상을 이루는 데 기초를 닦은 세대이기도 하다는 것만은 기억해 주십시오.

이번에 만들어진 『친일인명사전』인가에는 일본군에 복무했던 사람들 가운데 일정 계급 이상의 장교는 넣고, 그 이하의 저와 같은 사병들은 개처럼 강제로 끌려갔던 보잘것없는 희생자라 해서 너그럽게 용서하여 이름을 뺐다더군요.

그렇다면 그 명부에 등재된 사람들은 자신의 행동에 대해 책임질 능력이 있는 완전한 인격을 갖추었고, 이름이 빠진 저희들은 자신의 행동에 대해 책임질 능력조차 없는 책임 무능력자란 말입니까? 이건 우리 세대 전체에 대한 모독입니다. 넣으려면 계급의 고하를 막론하고 다 넣어야 했습니다. 군인은 장교건 사병이건, 넓은 의미에서 모두가 병사입니다. 임무를 위해 내던지는 목숨의 무게는 모두 같으니까요.

계급 고하를 막론하고 당시의 일본군인이었던 자를 모두 반민족행위자 명부에 넣었더라면, 우리들의 마음은 차라리 편했을지도 모릅니다. 그런 면죄부 뒤에 숨고 싶지 않습니다.

마지막으로 한 가지 만 덧붙이겠습니다. 6·25전쟁 중에 다부동전투를 승리로 이끌어 나라를 백척간두에서 지켜낸 자랑스러운 국민적 영웅을 일본군 하급 장교였다는 이유로 반민족행위자로 규정지은 것은, 마치 그가 한때 로마의 관리였다는 전력을 들어 저 위대한 성자인 바울을 악마로 몰아세우는 것과 다른 것입니까?

지금에 와서 과거의 역사를 심판하여 단죄하려는 사람들은, 좀 더 폭넓고 열린 마음으로 사리를 판단하였으면 하는 마음입니다.

우 옹과 귀향기원비

조선일보에 실린 우 옹의 글을 읽고 그 석 달 뒤, 아사히신문의 하코다 데쓰야(箱田哲也) 서울지국장과 나는 우 옹을 만나러 진주로 갔다. 우 옹은 격전激戰을 헤쳐 나온 것으로는 여겨지지 않는 조용한 성품으로, 마주 앉으니 마치 일본인과 같은 다소곳한 정서를 느끼게 해주는 분이었다.

만나 뵙게 되어 참으로 기뻤다. 나는 나도 모르게 덥석 손을 잡고 싶은 기분이었는데, 조심스러운 우 옹의 분위기에 이끌려 그런 기분을 억제했다. 일본인의 습관이 어떤지, 그 감각을 잘 알고 계신다는 느낌이 바로 전해져 왔다. 이 때의 만남이 아사히신문 2010년 4월 28일자 「100년의 내일, 일본과 코리아」라는 기사가 되었다. 우 옹이 말씀하셨다.

"우리를 배려해 준 당신에게 진심으로 사죄하고 싶다."

전혀 그렇지 않다고 도리질을 했다. 우 옹이 던진 위로의 말은 내 마음을 파고들어, 여태까지의 모든 것을 보상받은 기분이었다. 그리고 우 옹의 말씀은, 바로 당시 병사들의 심정 그 자체가 아닐까 여겨졌다.

"민족을 지키느라 죽음을 각오했습니다. 그렇지만 그때 조국은 없었지요. 조선은 일본 내에밖에 있지 않았습니다."

우 옹이 말씀하신대로, 유감스럽게도 당시 그들에게 있어서의 '조국'은 일본이었다. 그리고 일본을 위해 목숨 걸고 싸우는 것이 민족을 지키는 일이기도 했다.

하코다 씨의 기사는 다음과 같은 우 옹의 말로 맺어졌다.

"나는 민족이란 '어머니'라고 생각한다. 어머니가 있으니까 필사적으로 지킨다. 우리는 일본 병사로 죽는 대신, 나중에 남을 민족의 지위가 크게 향상되리라 믿었다. 친일이라느니, 반민족행위라느니 하고 간단하게 잘라 이야기할 것이 아니다."

일본이 패전하고 대한민국이 수립되는 과정에서, 당시 일본군인·군속이었던 사람들은 그 순간 한국도 일본도 챙겨주지 않는 존재가 되었다. 그뿐 아니라 목숨을 걸고 조선 민족의 긍지를 지키려던 행위가, 조국의 동포로부터 반민족행위자로 규탄받기에 이르렀다.

현재로서는 우 옹처럼 아슬아슬하게 살아날 수 있었던 분들의 증언으로밖에는 당시 그분들의 고뇌를 엿볼 수가 없다. 우 옹의 말씀 한 마디 한 마디가 귀중하게 여겨졌다.

어느 조선인 병사의 유족과 야스쿠니신사

여름, 8월이 다가오면 태평양전쟁을 되돌아보는 프로그램이 숱하게 제작된다. 그리고 보수 계열은 '일본국을 목숨 걸고 지켜주신 존경스러운 일본군 병사들'을 화제에 올린다. 그런 발언을 직접 목격할라치면 나는 항상 이런 의문을 가진다.

"그 존경스러운 분들 가운데 조선인 병사도 포함시켜 주시는지요?"

나는 오랫동안 언론보도를 통해 "조선과 타이완 출신 태평양전쟁 희생자 유족 여러분은 일본군 병사로서 전사한 고인이 야스쿠니신사에 모셔진 것을 아주 질색한다"고 여겼다. 그런데 실제로는 반드시 그렇지만은 않다는 사실을 알았다.

'일본에 올 때마다 형이 모셔져 있는 야스쿠니신사를 참배한다'는 분이 있었다. 그 분의 집에서는 가문의 영예로 일컬어질 만큼 우수했던 형이, 특공 '가이텐(回天)'[태평양전쟁 당시 일본 해군이 개발한 어뢰 – 옮긴이]으로 전사했으므로 대외적으로는 '행방불명'으로 해둔 모양이었다.

"일본 총리의 야스쿠니 참배에 반대하는 사람들이 있으나, 조선인 전몰자에 대해서도 총리가 야스쿠니를 참배하여 머리를 숙이는 게 당연한 일이라고 본다"는 유족의 의견도 들려온다. 조선인 병사의 유족들로서는 야스쿠니신사가 위령을 위한 '그저 하나의 신사'에 불과하다는 측면이 있음도 사실인 것이다.

그렇지만 이런 의견은 일본에서건 한국에서건 절대로 다루어진 적이 없다.

언제쯤이면 목숨 걸고 일본국을 지켜주신 2만 3천 명의 '조선인 군인·군속'을 진심으로 위령하는 날이 올까? 조국의 동포들마저 내팽개친다면, 하다못해 그 은혜를 입은 우리라도, 언젠가 조국 동포들로부터 위안을 얻는 날이 올 때까지, 그 혼령이 부디 편안하기를 빌고 싶다.

당시 그들로서는 '조국'이었던 일본을 위해, 고뇌 속에서 목숨을 던진 그 분들의 혼령을, 평화를 누리고 있는 우리가 진심으로 위령해 나갈 수 있으면 참으로 좋으련만….

법륜사와 더불어 걸어가련다

사천으로부터 10년째의 법요 /

'전통 사찰' 지정이라는 반가운 소식 /

손님으로 온 공군 병사들

사천으로부터 10년째의 법요

2017년 10월 28일. 이 날은 사천에서의 석비 건립으로부터 10년째인 구구절 법요다.

이 해 나는 출판사 산고칸(三五館)에서 석비 건립에 얽힌 자초지종을 엮은 책을 7월말에 막 출간했다.[그 후 2018년 8월 15일 WAC BUNKO에서 개정판 간행 - 옮긴이]

그때까지 나는 석비에 관해 그리 적극적으로 화제에 올리지 않았다. 왜냐하면 숨을 죽인 채 거행하고 있는 법요도, 광복회에 알려지면 또 다시 중지하라는 압박을 받게 될지 몰랐기 때문이다. 게다가 이미 모로 누운 채인 석비마저 부쉬 버리라고 요구할지 모른다는 조바심도 났다.

그걸 내 스스로 공표하는 것은, 그 전모를 한 권의 책으로 정리한 다음이라고 작정하고 있었다. 불교에서는 '무상無常'이라고 하여 형체가 있는 것은 언젠가 사라진다고 가르친다. 그렇다면 제아무리 견고한 석비라도 영원하지는 않을지 모른다. 하물며 광복회의 위협을 받는다면 언제 또 부수어질지 알 수 없다.

하지만 이런 식으로 그 경위를 한 권의 책으로 써서 남겨두면, 설령 석비는 부수어지더라도 석비를 건립한 사실을 남길 수 있다. 이것은 아무리 광복회라고 한들 훼손하지 못한다. 나아가 한국을 35년이나 정점定點 관측해온데다, 환갑을 넘긴 지금의 나로서는 이제 거리낌 없이 한국이 안고 있는 문제점을 지적할 자격이 있다고 믿는다.

이 책을 발간한 다음, 나는 스스로에 대해 이 석비에 관한 사항을 세상에 공표하도록 금지를 풀었다. 이 책과 석비에 관해서는 신문과 잡지에서도 다루어졌고, 나 역시 나 자신의 SNS 등을 통해 발표했다. 그 반향도 있어서 2017년도 법요에는 일본에서 일부러 찾아주신 분이 많았다.

어느 재일 뉴커머[Newcomer, 기존의 재일동포가 아니고 근자에 일본으로 건너간 한국인을 일컬음 – 옮긴이]는 꼭 석비를 참배하겠다면서 후쿠오카에서 달려왔다. 도중에 그는 부산의 친척집에서 1박하면서 석비 이야기를 꺼내자, 친척이 10년 전의 신문기사 스크랩을 가져와 "이 기사에 나온 석비인가?" 하고 묻더라는 것이다.

설마 그리 해묵은 기사를 소중하게 간직하고 있으리라고는 상상조차 하지 못했다면서, 그 분은 놀람과 함께 깊은 감회에 젖었다고 한다. 그런 이야기를 듣고 나도 '역시 그런가?' 하고 생각했다. 석비에 관한 일은 극히 일부 지역에서밖에 자세하게 다루어지지 않았다. 그럼에도 정성껏 챙겨주신 한국인들도 있었던 셈이다.

법요를 할 때면 나는 언제나 하루 전날 절에서 1박 한다. 그 해에는 나와 더불어 템플스테이를 해주신 분이 예년보다 많았다. 한국 사찰은 일본에 견주어 문호가 개방되어 있다. 신도가 아닌데 경내에 들어가도 괜찮은지 주저하게 되는 일본의 사찰과는 상당히 다르다.

한국에서는 템플스테이라고 해서 절에서의 불교적인 예법을 체험할 수 있는 프로그램이 준비되어 있다. 누구나 종교와 상관없이 참가할 수 있다.

참선이나 108배라는 예배, 사경寫經이나 염주 만들기 등을 배우면서 저절로 불교문화에 친근해지도록 하자는 시도다. 외국인을 대상으로 한 관광 상품으로서도 인기를 끈다. 그로 인해 숙박시설도 훌륭하게 정비해 놓은 곳이 많다. 청결한 침구와 한국 스타일의 수행복도 갖추어져 있다.

일본과 가장 다른 점은, 스님들과 우리 중생의 거리가 아주 가깝다는 사실일까? 한국에서는 저마다 지닌 괴로움과 걱정거리에 스님들이 선선히 귀를 기울여준다. '권위 있는 존재'라기보다, 우리와 더불어 고뇌하고 고민해 주는 것이 한국의 스님들이다.

서울의 베드타운이라고 할 용인에 자리한 법륜사. 이 사찰은 도심에서 가깝기도 하여 연수를 겸한 기업이나 단체로부터 도회의 떠들썩함에서 벗어나 본격적으로 수행하고 싶다며 장기 체류하는 사람, 가볍게 휴양을 겸하여 하룻밤을 보내는 사람 등 각자가 바라는 스타일을 택할 수 있도록 한다.

법요 전날에는 템플스테이 프로그램을 소화하고, 밤에는 다들 모여 석비 건립까지의 경위에 관해 이야기를 나누었다. 10년 전 사천에서 일어난 석비 철거 소동의 뉴스 영상도 상영했다. 밀고 당기는 소동에 모두들 놀란 표정을 지었다. 그런 다음 빙 둘러앉아 서로 의견을 교환했다. 재일동포, 한국인, 일본인, 저마다의 입장에서 여러 소회를 들을 수 있었다.

이튿날 아침은 아직 동이 트기 전인 네 시부터 대웅전에서 아침예불을 올린다. 그 뒤 신도들이 자원봉사자로 만들어주는 여러 가지 반찬이 준비된 식당에서 바이킹 스타일의 아침식사를 하고 있노라면, 차츰차츰 날이 밝아온다.

우리는 석비를 청소하느라 걸레와 물통을 들고 연못 언저리에 있는 석비로 향했다. 다들 부지런히 삼족오 오브제에 달라붙어 걸레질을 한다. 그 모습을 바라보면서 나도 모르게 눈물이 흘러내렸다.

이 석비의 배경을 깊이 알게 된 여러분이 정성껏 깨끗하게 닦아주신다. 삼족오도 이제까지의 법요 가운데 가장 즐거워하는 것처럼 여겨졌다. 나는 참지 못하여 얼굴을 묻고 울음을 터뜨렸다.

'전통 사찰' 지정이라는 반가운 소식

법요가 시작되기 전의 짬을 이용하여, 담당자의 안내로 드넓은 경내를 산책하면서 이 절의 유래와 건물에 관한 설명을 들었다. 법륜사는 부지도 넓고, 산기슭을 이용하여 몇몇 가람이 여기저기 점재하는 아름다운 사찰이다.

본존인 석가여래 석불은, 한국의 국보이며 세계문화유산으로도 지정된 경주 석굴암의 석불보다 크다. 법륜사에서는 먼저 이 불상을 만들어 경내에 안치한 뒤, 거기에 맞춰 나중에 본당인 대웅전을 지었다.

삼족오도 이제까지의 법요 가운데 가장 즐거워하는 것 같았다. 나는 참지 못하고 얼굴을 묻고 눈물을 터뜨렸다

　　대웅전은 남방 불교 계통의 독특한 건축양식으로, 그런 형식의 가람으로서는 한국 최대급 규모를 자랑한다. 우리 일행은 그런 법륜사에 관한 설명을 천천히 거닐면서 들었다.

　　그런데 스님 한 분이 달려와 주지 스님이 나를 찾는다고 알려주었다. 방문객들 뒷바라지와 과자, 차 등을 준비하느라 나는 아직 주지스님에게 인사도 드리지 못했다. 나는 일행과 떨어져 주지 스님의 거처로 갔다.

　　응접실로 들어서자 현암 스님이 만면에 웃음을 띠고 반겨주었다. 늘 그랬듯이 차를 권해 주면서 기쁜 소식이 있다고 운을 뗐다. 올해 (2017년) 2월, 이 법륜사가 '전통 사찰 108호'로 지정되었다고 한다. 문수산文殊山 법륜사는 1996년부터 공사에 들어가 10년 만인 2005년에 창건한 비교적 새 사찰이다.

선대先代인 초대 주지 스님에게 이곳에 절을 지으라는 꿈속의 계시가 내려져 건립한 사찰이었다. 새삼 조사를 해보니 이곳에는 전신前身이었던 고찰古刹이 있었고, 그 유적으로 문수산에는 고려시대의 마애불이 있다.

어느 대학교수가 이런 사실을 조사하여 보고서로 정리한 뒤 정부에 제출하자, 새로운 사찰로서는 이례적으로 '전통 사찰'로 지정된 모양이었다.

"말로는 이루 그 기쁨을 다 표현하기 어렵군요."

그렇게 말하면서 스님의 얼굴이 환하게 펴졌다.

"전통 사찰로 지정되었다는 것은, 한국 정부가 문화재로 인정하여 앞으로는 나라로부터 보조를 받을 수 있게 되었음을 뜻하지요. 다시 말해 귀향기원비나 거기에 모셔진 혼령들도 국가로부터 보호를 받는 셈입니다. 이제 더 이상 아무 곳으로도 옮기지 않아도 괜찮은 거예요. 모두가 법륜사와 함께 국가의 비호 아래 놓인 것이니까."

그 이야기를 듣고 우리는 손을 맞잡고 기쁨을 나누었다. 현암 스님 덕분에 여기에 안치되어 모셔진 혼령이, 다름 아닌 한국 정부에 의해 지켜지고 위안을 받게 되었다. 이 소식에 영령들도 다 같이 기뻐했으리라.

나는 몇 해 전부터 구구절 법요에는 한국의 승복을 걸치고 참석했다. 한국의 승복은 내 눈에 참으로 아름답게 비쳤다. 앞으로 평생, 구구절에 임할 때에는 그런 마음을 겉으로도 드러내고 싶었다.

처음 승복 차림으로 스님들 앞에 섰을 때에는, 마치 내가 '가짜' 같아서 부끄러웠다. 그런데도 스님들은 다들 반겨주었다. "틀림없이 전생에 한국 스님이었음이 분명해!"라면서 옷고름을 바로잡고, 목에 건 염주를 단정히 해주셨다.

구구절 법요에 앞서 자기 소개를 할 시간이 주어졌고, 주지스님의 소개를 받아 참석자들에게 법륜사와 신자들의 큰 발전을 비는 것으로 인사를 갈음했다.

11시부터 극락보전에서의 법요가 시작되었다. 신도들과 함께 합동으로 구구절 법요에 참가하게 된지 5년째를 맞았다. 항상 맨 처음 해외에서 참가한 우리 일행이 신도들에게 소개되고, 내가 여러분들에게 한 마디 인사와 감사의 말씀을 드리는 게 정례화되었다.

소개받은 나는 마이크를 손에 쥐고 이렇게 이야기했다.

"조금 전 주지 스님으로부터 올해 2월, 이 법륜사가 전통 사찰로 지정되었다는 말씀을 들었어요. 진심으로 축하를 드림과 아울러, 다 신도 여러분의 덕택으로 여겨 깊이 감사드려요. 이로써 귀향기원비에 모신 혼령도 한국 정부가 지켜주게 되었어요. 정말로 고맙습니다. 앞으로 법륜사와 여러분의 큰 발전을 빕니다."

내 인사에 이어서 주지 현암 스님이 다시금 전통 사찰이 된 사실과, 귀향기원비와 거기에 모셔진 태평양전쟁 희생자의 혼령도 영원히 법륜사가 지켜나갈 것임을 신도들에게 다짐했다.

법요에서는 독경이 울려 퍼지는 가운데, 일본에서 참석한 분들도 한 사람씩 차례대로 제단 앞으로 나아갔다. 그들은 한국 신도들이 하는 것을 곁눈질하여, 엉겁결에 배운 한국식 예법을 따르며 혼령의 명복을 빌었다. 그 아름다운 광경을 바라보면서 내 마음은 따뜻함으로 충만해졌다.

손님으로 온 공군 병사들

법요가 끝나자 신도들이 점심을 드는 동안 나는 담화실에서 차를 준비했다. 지난 몇 해 동안 해마다 법요를 돕기 위해 찾아오는 홋타 나호(堀田奈穂) 씨, 서울에서 사진관을 운영하는 그녀의 아이디어로 금년의 과자에는 다소 신경을 쓰기로 했다.

"후쿠미 씨, 우리의 기분이 좀 더 많은 신도들에게 전해지도록 과자를 주머니에 담아 거기에 메시지를 넣어서 나눠드리면 어떨까요? 그러면 담화실로 오지 못한 신도들에게도 우리의 마음이 전해지고, 선물로 여길 수도 있어요."

그래서 우리는 하루 전날부터 마치 부업副業이라도 하듯 과자 주머니 만드는 작업에 매달렸다. 주머니에는 한글로 다음과 같이 쓴 조그만 하늘색 쪽지를 넣었다.

'태평양전쟁 때 희생되신 한국 분들을 우리는 아름다운 가을 하늘 아래 해마다 위령하고 있습니다.'

담화실에서는 일본에서 가져온 카스텔라와 일본차를 대접하고,

오시지 못한 분들에게도 선물로 과자 주머니를 돌렸다. 담화실 앞에 서는 나호 씨와, 미용가로 한국에서도 활약하는 가쿠 사오리(加來沙織里) 씨, 서울 생활이 오래 된 하타야마 게이꼬(畠山惠子) 씨가 "차 한 잔 드세요!"라며 신도들에게 권하고 다녀, 이내 분위기가 환하게 밝아졌다.

　잠시 뒤 군복 차림을 한 20여 명의 씩씩한 청년들이 우리 앞을 지나갔다. 그들은 인근 부대에 근무하는 군인이라고 했다. 한국 군대에는 부대 내에 종교 시설이 갖춰져 있다. 그날은 불교 신도인 병사들을 스님이 인솔하여 법륜사 견학을 온 모양이었다.

　나는 그들을 담화실로 초대하여 차와 과자를 권했다. 약간 당황하고 쑥스러워 하는 표정을 지으면서, 서로의 얼굴을 두리번거리며 실내로 들어오는 때 묻지 않은 그 순진한 모습이란….

　인솔해온 스님은 그들이 공군 병사들이라고 가르쳐 주었다. 그냥 군인이라고 해도 마음이 들뜨기 마련이다. 하물며 공군 병사라는 말을 듣자 나는 무어라고 형언할 길 없는 감상에 젖어들었다.

　지금 바로 내 눈앞에 있는 이 청년들과 똑같은 젊은이들이, 당시 특공이나 병사로서 나라를 위해 목숨을 던졌는가 하는 상념에 사로잡히지 않을 도리가 없었던 것이다. 예의 바르고 단정하게 앉아서 내 이야기에 귀 기울여주는 청년들이 대견스러웠다.

　내년에도 구구절에 우리는 참석해요. 다시 또 병사들을 데리고 꼭 와주세요."

　나는 인솔한 스님에게 신신당부했다.

　10주년의 법요는 각별하게 감개무량했다. 그날도 기대하지 않았

법륜사를 방문한 근처 공군부대 병사들의 늠름한 모습을 보며 탁경현을 떠올렸다.

던 많은 분들이 일본에서 달려와 주셨다. 모든 정리가 마무리되자 우리도 서울로 돌아갔다. 그때 나오 씨가 푸른 하늘을 향해 셔터를 누르면서 한마디 했다.

"후쿠미 씨, 저 구름이 흡사 삼족오처럼 보이지 않으셔요? 틀림없이 우리를 배웅해 주는 것 같아요."

2017년은 사천 사건으로부터 10년째였지만, 이듬해 2018년이야말로 법륜사로 옮긴 지 10주년이 된다. 나는 그 순간 다짐했다.

"이제 사천에서의 괴로웠던 일들은 깨끗이 잊어버리자. 앞으로는 법륜사와 더불어 걸어 나가기로 하자. 그것이 이 귀향기원비의 역사다."

2018년 10월 17일(음력 9월 9일). 이날이 귀향기원비 10주년의 법요이자, 다시 새로운 출발점 앞에 서게 되는 날이다.

후기

지혜와 용기로 한일의 상극을 넘어서고 싶다

한반도에서는 얼마 전 문재인文在寅 대통령과 김정은金正恩 위원장의 남북 수뇌회담이 있었고, 잇달아 미·북 회담이 이뤄졌습니다. 격동하는 한반도 정세를 일본도 한국도 주시하고 있습니다. 아마도 앞으로 아시아 정세가 어떤 식으로 변화해 갈지 세계 각국이 신중하게 그 동향을 지켜보겠지요.

그런 가운데 바로 얼마 전까지 한국에서 들끓었던 위안부상像이나 징용공상像을 에워싼 반일적인 여론과, 아베(安部) 총리에 대한 강렬한 비판도 일단 진정된 것처럼 여겨집니다. 목전의 '보다 커다란 문제'를 위해 하찮은 일(?)은 일단 거둬들인 것일까요?

그러나 이런 일들이 일단 결착된 다음, 한국이 과연 어떤 방향으로 나아갈지 신경이 쓰입니다. 동북아시아의 평화와 안정을 리드해 가는 것은 뭐니 뭐니 해도 한국과 일본에 달려 있다고 보기 때문입니다.

지금은 잠시 잦아든 것처럼 여겨지지만, 한국 측에는 여전히 심각한 문제가 많이 있다는 느낌이 듭니다. 하나는 몬스터처럼 되어 가는 시민단체에 의해 국가의 방향타를 잡지 못하게 되리라는 한국의 체질 문제입니다. 특히 반일을 국시처럼 여기는 나머지 시민운동가들과 일반 시민의 괴리가 큰 것으로 비쳐집니다.

목청 높여 반일을 부르짖는 사람들의 활동만이 두드러지며, 두 나라 언론도 그것을 지조 없이 보도하고 부추깁니다. 그로 인해 서로의 이미지가 크게 손상되지나 않을까 우려됩니다. 더구나 일본에서는 사람들 사이에서 '더 이상 참을 수 있는 한계를 넘었다'는 분위기가 번져납니다. 울화통이 터진다는 말처럼 온 나라가 피로감에 휩싸이고, 그토록 얌전한 일본인도 '피로'에서 '분노'로 마음이 변하고 있는 게 아닐까요?

실제로 문화교류의 장면에서는 서로 존중하고, 여전히 우정을 쌓아가고 있습니다. 하지만 그것을 흔적조차 남기지 않고 없애 버리고 말만큼, 한국의 반일 활동은 때로 집요하고 격렬합니다. 이런 일이 계속된다면 두 나라를 위해, 나아가서는 동북아시아의 안정과 발전을 위해 바람직할 리가 없습니다.

한국에서 이 같은 일본 배싱(두드리기)이 격화되는 이유의 하나로 '한국에서는 일본이 한반도를 합병한 시대의 일이 철저하게 무시되고 있다'는 점을 들 수 있으리라 봅니다. 시대는 지층地層처럼 엄연히 내려쌓이는 것이어서, 어느 시기만을 '없었던 일'로 만들 수는 없습니다.

한국인들로서는 인정하고 싶지 않은 일일지 모릅니다. 그렇지만 한국의 근대화는 교육에서 인프라 정비, 산업에서 사고방식에 이르기까지 '일본 통치시대'에 그 기초가 놓였음을 사실로서 직시하지 않으면 안 된다고 생각합니다.

나는 이전부터 지방자치단체가 만드는 관광용 책자 등을 읽으면서 그 해설문이 대단히 표층적인 것뿐으로, 왜 역사를 깊이 파고들지 않는지 불가사의하게 여겼습니다. 그런데 어느 날 인천시가 작성한 책자를 읽으면서 깨달았습니다.

인천시는 일제시대 일본의 고베(神戸)와 요코하마(橫浜)를 모델로 건설된 도시입니다. 항만 시설, 서울과 인천 간의 한국 첫 철도 건설(경인선), 상하수도 정비, 기상청, 우편·통신 시스템의 확립, 은행과 학교, 자치를 이루기 위한 공민관 등이 일본에 의해 건설되어 갔습니다.

지금은 국제도시의 면모를 자랑하는 인천의 기초, 그 대부분이 일제시대의 유산에 의해 형성되었다고 해도 지나치지 않습니다. 그러나 인천시가 제작한 책자에는 거기에 관한 언급이 없습니다.

인천뿐 아니라 행정이 제작한 지방도시 소개 간행물은 일본 통치시대, 즉 '한국으로서는 부負의 역사'를 너무 무시하려 한 나머지 내용이 얄팍해지지 않을 도리가 없는 것입니다. 불과 수십 년을 돌이켜보는 것만으로도 일제시대의 잔상殘像이 도처에서 드러나 버리기 때문입니다.

그것을 어떻게 해석하느냐는 별도로 치고, 일제시대에 어떤 정책을 폈으며, 그것이 어떤 형태로 실시되어 현재에 이르렀는가 하는 '사실'을 국민이 분명하게 아는 게 중요하지 않을는지요? 알리지 않고 가르치지 않음으로써 지금의 한국이 모순투성이가 되었다고 생각합니다. 그것은 사람 역시 마찬가지로 여겨집니다.

한국인으로서는 고통스러운 일일지 모르겠습니다만, '한국인은 한 때 일본인으로 살았던 시절이 있었다'는 역사적 사실은 부정할 수 없습니다. 그런 사실을 인정하지 않고 부정하려고 하니까, 스스로의 역사와 자국민의 일부를 부정하는 자기모순이 생겨납니다. 그 바람에 '비뚤어진 사회'가 되어 버리는 게 아닐까 싶습니다.

인정하고 싶지 않은 기분은 이해합니다만, 불쾌하다고 해서 얼굴을 돌려버린다고 해서 현실적으로 있었던 일을 없었던 것으로 만들 수는 없습니다. 사실을 직시하고, 실제로 어떤 시대였던지 아는 게 중요하지 않을까요.

그렇게 함으로써 서로를 미워하지 않고, 예전에 문화를 함께 해온 사람끼리 서로 이해하고 존중하는 것이 중요하리라 봅니다. 역사적인 상극에서 생겨난 아픔과 고통을, '서로 보듬고 위하는 사이'가 되었으면 하고 절실하게 바랍니다.

이 책을 집필하는 도중에 문재인 정권이 탄생했습니다. 법률가 출신인 대통령에게는, 당연한 일이로되, 법에 의거한 국가 운영을 기대합니다. '국민 정서법'이라는 따위의 말이 당당하게 통하는 국가라면 어찌 되겠습니까? 서로의 발전을 위해서도 한일 두 나라 국민이 이웃사람으로서 손을 맞잡고, 서로 신뢰하며 부드러운 분위기가 만들어졌으면 더할 나위 없겠습니다.

특히 '문화인'이라는 장르에 속하여 활동하는 우리는, 항상 정치적 불화의 희생이 되어 왔습니다. 민간 레벨의 조그만 노력이 언제나 강권적인 정치 역학으로 짓눌려 왔음을 우리가 피부로 느꼈던 것입니다.

한일 간에는 수시로 거대한 폭풍이 불어 닥치고, 그럴 때마다 진지하게 가꾸어온 나무들이 뿌리째 흔들리곤 했습니다. 그래도 우리는 안달하지 않고 다시 처음부터 공들여 가꾸어 나갔습니다. 부디 한일 두 나라 여러분이 지혜와 용기를 갖고, 이 상극을 넘어설 수 있는 길을 찾아주시길 기대합니다.

끝으로 이 책을 떠받쳐준 많은 분들께 감사드립니다. 귀향기원비 건립과 관련해서도 실로 여러분들이 응원을 보내주셨습니다. 우선은 이 자리를 빌려 도움을 주신 모든 분들께 진심으로 고마움의 인사를 드립니다. 그리고 무엇보다 법륜사의 현암 주지 스님께 경의와 감사를 올립니다. 덕분에 많은 혼령이 고국으로 돌아올 수 있었습니다. 부디 법륜사에서 한숨 돌린 다음, 다시 고향산천으로 날아올라 부모의 품에 안길 수 있기를 기원해마지 않습니다.

스님께는 '전우戰友'라는 말투가 실례이겠지만, 나로서는 현암 스님이 영령들이 쉴 곳을 지키느라 함께 싸워주신 그야말로 '전우'나 다름없는 분입니다. 그런 현암 스님과 짝지어 주시고, 법륜사와의 인연을 맺어주신 이 세상의 신령, 부처님께 엎드려 감사드립니다.

그리고 바라건대 부디 이 훌륭한 현암 스님이 계신 법륜사가, 더욱 더 발전할 수 있기를 여러 영령들과 더불어 기도할 따름입니다. 나도 돌아다닐 힘이 남아 있는 한, 앞으로도 어김없이 구구절에 찾아뵙겠습니다.

석비가 안치된 곳은 사찰이지만, '사상도 종교도 민족도 넘어서서' 뜻있는 분이라면 누구나 찾아주시길 바랍니다. 그리고 여기 법륜사가 한국과 일본이 서로를 이해하는 원점이 되기를 꿈꾸어 봅니다.

2018년 7월 길일吉日
법향심法香心 구로다 후쿠미

구로다 후쿠미는 왜 배신당했나?

여배우 구로다 후쿠미 씨는 유수의 한국통이다. 한국에서도 지명도가 높고, 친한파(지한파) 일본인의 한 사람으로 잘 알려져 있다. 한국어로 번역된 저서도 있으며, 한국어가 유창하여 한국 텔레비전 드라마에도 출연했다.

한국 정부로부터 우호 친선의 공적으로 훈장을 수여받았고, 한국 지방자치단체의 '관광 홍보대사'로도 임명되었다. 그녀가 쓴 한국 가이드북 『서울의 달인』은 타이틀이 절묘하기도 하여 롱셀러로서 지금도 여전히 일본인의 마음을 사로잡는다.

나는 그녀와 한일 관계 세미나와 강연회, 대담 등으로 종종 자리를 함께 해왔다. 그녀의 저서가 번역되어 서울에서 번역 출판기념회가 열렸을 때에는 축사를 한 적도 있었다. 나와는 같은 성씨여서, 이 따금 한국에서 가족이나 친척으로 여겨지는 '즐거운 오해'를 즐기기도 한다. 개인적인 친근감도 있는지라 이 자리에서는 '후쿠미 씨'로 부르고자 한다.

이 책은 한국통 친한파로서 '한국의 달인'임이 분명한 후쿠미 씨의 '선의善意'가, 한국에서 마지막 순간에 왜 배신당했는가 하는 생생한 체험기이다. 한국의 소위 반일 감정의 실태實態와 현상現狀을 실제 체험으로 전해 주는 귀중한 기록이다.

그녀는 지금으로부터 30년 가까운 예전에 꿈속에 나타난 한국인 특공대원의 자취를 더듬고, 그 혼령을 한국 땅에 '귀향'시켜 주려는 마음에서 위령비 건립에 매달렸다. 오랜 우여곡절 끝에 위령비는 '귀향기원비'로서 완성되었고, 현지 지방자치단체의 협력을 얻어 고향에서 가까운 조그만 시립 공원에서 제막식을 거행하기에 이르렀다.

그런데 그날, 시민단체를 자칭하는 지역 사람들이 반대를 외치며 밀려드는 바람에 제막식은 무산되고 만다. 철거된 기원비는 그 후 이리저리 떠돌다 서울 근교의 비구니 사찰에 몰래(?) 안치되었다. 이 불행한 사태의 전말에는, 후쿠미 씨가 위령의 대상으로 삼은 한국인이 '일본의 특공대원'이었다는 사실이 깊숙하게 연관되어 있는 것으로 여겨진다.

다시 말해 현재 한국 사회의 역사 인식 차원에서는, 특공대원은 아직도 그 위령조차 허용되지 않는 존재라는 배경이 도사리고 있기 때문이다. 특공대원에 관해서 이야기하자면 한국에서는 2002년 여름, 다카쿠라 겐 주연으로 한국인 특공대원을 다룬 일본 영화 〈호타루〉가 공개된 적이 있다. 오프닝에서는 방한한 다카쿠라 겐이 무대 인사까지 했다.

그러나 매스컴에서 부분적으로 화제가 되긴 했으되 반향은 그다지 크지 않았다. 해방된 지 반세기 이상이 지났고, 일제시대의 전쟁을 '체험'한 사람들이 한국 사회에서 점점 사라져가는 상황에서는 그럴 수도 있었다.

영화는 전사한 한국인 특공대원의 유품을 전우였던 생존 일본인(다카쿠라 겐)이, 전후 꽤 세월이 흐른 뒤 고향의 유족에게 전한다는 스토리였다. '전우'로서 찾아온 다카쿠라 겐에게 한국의 유족들은 당초 만나기를 거부한다. 유족들은 특공대원으로 죽은 육친이 일본인의 전우였다는 역사를 받아들이고 싶지 않았던 것이다.

그러나 마지막에는 한국인 특공대원이 출격하기 전에 말한 "나는 일본을 위해 죽는 게 아니다. 조국(한국)을 위해, 그리고 연인 도모꼬(知子)를 위해 죽는다"는 '유언'을 다카쿠라 겐으로부터 전해 듣자, 비로소 마음을 열고 유품을 받아들인다. 이 영화는 한국인 특공대원이 "일본을 위해 죽는 것이 아니라 조국을 위해 죽는 것이다"고 말하게 함으로써, 한국에서의 상영이 가능했다고 해도 무방하리라.

덧붙여서 한국인 특공대원의 심정을 그린 이이오 겐시의 논픽션 스타일의 소설 『가이몬다케 ─ 폭음爆音과 아리랑 노래가 사라져 간다』에는 그들이 "나는 조선을 대표한다. 도망치거나 하면 조국이 웃음거리가 된다" "나는 조선인의 배짱을 보여 주겠다" "조선인의 긍지를 위해(죽는다)" 등등의 증언을 한 사실이 소개되어 있다(졸저 『한국 반일 감정의 정체』 角川書店 발간 참조).

그런 점도 있어서 후쿠미 씨는 귀향기원비의 비문에도 상당히 신경을 쏟았다. 그 경위는 본문에 자세히 나와 있지만, 그것이 유별나게 특공대원을 미화하거나 애석하게 그린 것이 아니라 모든 한국인

전쟁 희생자에 대한 위령과 평화를 기원하고 있다.

　그렇지만 그래도 시민단체는 이를 용납하지 않았고, 한국인 특공대원의 고향에서 귀향기원비를 건립하는 일은 여태 실현되지 않고 있다. 그녀는 기원비 건립을 방해한 광복회 등 한국의 반일적인 단체와, 그 횡포에 대해 아무 말도 하지 않는 한국 사회의 현상現狀에 날카로운 비판을 터뜨린다. 그러나 이런 현상의 배경에는 한국으로서의 특이한 역사적 사정이 있다고밖에 하지 않을 수 없다. 거기에 관해 써두고자 한다.

　오해를 무릅쓰고 말하자면, 한국의 반일 감정이라는 것은 일본에 의한 한반도 지배가 끝난 다음, 일본으로서는 전후, 그들로서는 해방 후에 형성되었다. 일본에 의한 한국합병 기간은 35년이었으므로 1945년 해방 당시 한국 사회에서 40대 이하는 교육 등으로 일제시대를 경험한 사람들이었다. 특히 전쟁 중에는 소위 '황국·신민'으로서의 일본인화 교육이 진행되어, 해방 무렵의 한국인은 거의 일본인이 되어 있었다고 할 수 있다.

　그런 가운데 갑자기(!) 일본 통치가 끝나고 해방되었다. 일본인이 되어 가던 한국인들은 신생 한국의 국민으로서 서둘러 한국인으로 되돌아가지 않으면 안 되었다. 그를 위해서는 한국인의 의식에서 일본적인 것을 지워 버려야 했다. 그래서 행해진 것인 일본 통치가 얼마나 나빴던가 하는, 국가와 사회를 통틀어 전개한 일본 부정 캠페인이다.

　'일본이 우리에게 얼마나 나쁜 짓을 했는가?'를 있었던 일 없었던 일을 가리지 않고, 모든 부정적인 이야기를 끌어들여 교육, 아니 '세뇌'했다.

　일본 부정이라는 반일적인 민족교육은, 한국인이 새롭게 한국인으로 재탄생하기 위해서는 불가피한 일이었다. 그 작업은 대단히 강력하고 집요했다. 그것은 거꾸로 일제시대가 한국인으로서는 긍정적(인 기억)이었음을 말해 준다. 한국에서는 지금도 과거 부정의 반일 언설言說이 활발하지만, 역설적으로 말하자면 그들에게 과거의 일본 통치가 실제로는 그만큼 긍정적이었다는 이야기가 된다.

전후(해방 후)의 한국에서는 일본의 '대중문화 금지' 정책이 길게 이어졌다. 수입은 물론, 방송이나 출판, 공연 등 공개된 곳에서의 일본 대중문화 수용은 법적으로 허용되지 않았다.

그 해금이 시작된 것은 김대중 정권(1998~2003년)부터인데, 해방 후 한국 사회에서의 일본 대중문화 금지는 흔히 들먹이는 것 같은 '반일 감정 탓'이 아니다. 다소 비틀어서 이야기하자면, 거꾸로 반일 감정이 없었거나 약해졌기 때문에 법적으로 금지하지 않을 수 없었던 것이다. 한국 사회에 진짜로 반일 감정이 존재했더라면, 법적으로 금지하지 않더라도 사람들이 스스로 거부했을 게 아닌가.

해방 후 혹은 현재에 이르기까지 한국 사회의 역사인식에서, 일제시대와 연관된 터부가 몇몇 있다. 그 중 최대의 터부는 '한국인은 일본 통치에 동의, 협력했다'와 '일본은 좋은 일도 했다(은혜를 베풀었다)'는 것이다. 일러서 '식민지 근대화론'인데, 이런 터부를 건드리는 한국인은 사회적으로 말살 대상이 되고, 일본인이라면 이따금 국외 추방의 쓰라림을 맛본다.

해방 후 한국인의 역사인식에서는 특히 '일본 통치에의 동의, 협력'을 인정하려 들지 않는다. 즉 한국합병 아래에서 '일본인이 되어 갔다'는 께름칙한 과거는 어찌 되었건 인정하고 싶지 않은 것이다. 그러므로 대일對日 공식 역사관은 오로지 '강제와 수탈과 저항'의 역사관이다.

그 결과 가령 한국합병조약(1910년)으로부터 100년이 흐른 2010년, 한국에서는 민관을 통틀어 '합병조약 무효론' 캠페인이 펼쳐졌다. 지금도 학자나 언론은 집요하게 무효론을 주장한다. 합병 시절보다 합병에서 해방된 뒤의 시간이 더 길어졌음에도, 여전히 유효한지 무효한지에 얽매이는 것은 합병에 의한 동의·협력의 역사를 인정하고 싶지 않고, 지워 버리고 싶기 때문이다.

그런 '심정'은 일본인이라도 이해할 수 있다. 단지 심정은 이해하더라도 역사(사실)를 부정하거나 왜곡하여, 그것을 일본인에게 밀어붙여서는 곤란하다.

나는 지금으로부터 약 20년쯤 전, 일본에서 출판한『한국인의 역사관』(文春新書)의 내용을 에워싸고 '광복회'와 '정신대문제 대책협의회(挺對協)'로부터 격렬하게 항의 받은 적이 있다. 양쪽 다 한국에서는 이른바 최강의 반일 단체이며, 그 대표들이 날마다 몰려와 비난을 퍼부으면서 저서의 절판을 요구했다.

앞쪽 단체는 이 책에서도 등장하지만, 후자는 위안부 문제 지원 단체이다. 졸저가 일제시대의 역사에 대해 '대일 협력'이라고 쓴 부분이 괘씸하다는 것이었다. 예컨대 위안부 문제에서는 '감사와 위로를'이라고 쓴 부분, 항일 문제에서는 '광복군' 등 저항투쟁보다 일본군에 가담한 한국인 쪽이 훨씬 많았다는 부분(사실)이 모독적이라고 했다.

한국 사회는 한국인 특공대원에 대해서는 광복회가 말하듯 지금도 민족적인 배신을 의미하는 '친일파'의 상징처럼 인식하여, 그들은 부정적 존재가 되어 있다. 그들이 처했던 시대 상황이나 출격 전의 통절한 심정 등에는 거의 눈길조차 던지지 않는다. 후쿠미 씨는 그 안타까움을 분노를 담아 적어 놓았다.

일제시대 전쟁터에서는 한국인 위안부나 특공대원이나, '일본인과 함께' 싸웠다. 우리 일본인들은 거기에 감사하고, 그 은혜에 보답하지 않으면 안 된다. 후쿠미 씨가 '뜻(志)'을 세워 헌신적으로 완성한 한국인 특공대원의 귀향기원비는, 지금 서울 교외 용인시의 비구니 사찰 법륜사 경내에 건립되지 못한 채 모로 누워 있다.

석비는 절의 배려로 예쁜 잔디에 둘러싸여 있다. 그러나 아직도 세워지지는 못한다. 그 모습은, 한국과 일본 사이의 메워지지 않는 역사인식의 엇갈림을 상징하고도 남는다.

구로다 가쓰히로(黑田勝弘)
《산케이신문》 서울 주재 객원 논설위원

법륜사 대웅전. 2017년 2월, 전통 사찰 108호로 지정됐다.

법륜사法輪寺
주소; 경기도 용인시 처인구 원삼면 고당리 243-2   /   전화번호; 031-332-5702~3

국립중앙도서관 출판예정도서목록(CIP)

그래도 나는 포기하지 않는다 / 지은이: 구로다 후쿠미 ; 옮긴이: 조양욱. -- 파주 : 장수하늘소, 2018
    p. ;   cm

원표제: それでも, 私はあきらめない
원저자명: 口田福美
원서의 총서표제: Wac bunko
일본어 원작을 한국어로 번역
ISBN 978-89-94627-70-0 03910 : ₩17000

태평양 전쟁[太平洋戰爭]
한일 관계사[韓日關係史]

913.072-KDC6
952.033-DDC23   CIP2018032175

그래도 나는 포기하지 않는다

2018년 10월 29일 초판 1쇄 펴냄

지은이/ 구로다 후쿠미
옮긴이/ 조양욱
펴낸이/ 길도형
편집/ 길도형
디자인/ 최은경
인쇄/ 수이북스
제책/ 수이북스
펴낸곳/ 장수하늘소
출판등록 제406-2007-000061호
주소/ 경기도 고양시 일산서구 덕산로 250
전화/ 031-923-8668   팩스/ 031-923-8669
E-mail/ jhanulso@hanmail.net
Copyright ⓒ 구로다 후쿠미, 2018

ISBN 978-89-94627-70-0 03910